CÓMO RECUPERAR SU AUTOESTIMA

**NUEVAS TÉCNICAS E INTERPRETACIONES
PARA MUJERES QUE DESEAN SENTIRSE MEJOR
CONSIGO MISMAS LA MAYOR PARTE DEL TIEMPO**

CÓMO RECUPERAR
SU AUTOESTIMA

CAROLYN HILLMAN, C. S. W.

**SIMON &
SCHUSTER**

**AGUILAR
LIBROS EN
ESPAÑOL**

SIMON & SCHUSTER
Rockefeller Center
1230 Avenue of the Americas
New York, NY 10020

3   5   7   9   10   8   6   4

Impreso en los Estados Unidos de América
Datos de catalogación de la Biblioteca del Congreso
Puede solicitarse información

ISBN 0-684-81550-8

© Aguilar, Altea, Taurus, Alfaguara, S.A. de C.V.
Av. Universidad 767, Col. del Valle
México, 03100, D.F.
Teléfono 688 8966

CÓMO RECUPERAR SU AUTOESTIMA
Título original en inglés:
Recover your Self-Esteem

Aguilar es un sello del **Grupo Santillana** que edita en Argentina, Chile
Costa Rica, Ecuador, España, Estados Unidos, México, Perú, Portugal,
Puerto Rico, República Dominicana,
Uruguay y Venezuela.

ÍNDICE

A mi madre, Lillian Hillman, que
me enseñó a valorarme.

AGRADECIMIENTOS

En primer lugar deseo agradecer a las mujeres que confiaron en mí, permitiendo que entrara en sus vidas mientras enfrentaban valerosamente sus sentimientos y experiencias más dolorosos. He aprendido mucho de ellas, y no sólo del dolor que causa sentirse imperfecto e inferior, sino también de la fuerza que debemos recuperar de la desdicha y el marasmo de la autodesaprobación y el odio contra nosotras mismas, para salir adelante y poder amarnos, apreciarnos y valorarnos. Quiero agradecer a cada una de ustedes el enriquecer mi vida y compartir la suya conmigo.

De manera especial quiero agradecer a "Rose" por permitirme incluir sus bellos poemas y artículos, a "Ayanna" por su conmovedor poema, a "Diane" por compartir su viaje personal con los lectores y a "Lois" por su cuidadosa lectura del manuscrito. Las mujeres sobre quienes trata este libro existen en la vida real, aunque en ocasiones sus historias fueron mezcladas en estas páginas. En todos los casos, la información que pudiese identificarlas ha sido alterada con objeto de mantener la confidencialidad.

Agradezco también a mis colegas y amigos que leyeron total o parcialmente el original, y que con generosidad me comunicaron sus opiniones y me dieron sugerencias y aliento: Isabel DeMaster, Renana Kadden, Zenith Gross, Rita Sherr y Adele Holman. En particular agradezco a la doctora Shelley Ast por su inestimable ayuda con el manuscrito, así como por su infalible certeza sobre la importancia y el valor de este libro.

Asimismo, quiero reconocer a las personas que forman parte de mi vida y que creyeron en este libro desde sus inicios, y que siempre estuvieron dispuestas a alentarme y a apoyarme: en especial a mi esposo, Steve Harrigan, y mis hijas Nurelle y Robyn; también a mi madre, Lillian Hillman, mis hermanas Sara Schutz y Shelly Warwick, mi hermano Henry Hillman, a mis amigos, así como a los miembros de las asociaciones *Feminist Therapy Collective* en Nueva York y *Bergen County Women Therapists* de Nueva Jersey, quienes me proporcionaron apoyo y estímulo.

Finalmente, quiero expresar mi gratitud a Zenith Gross por su invaluable ayuda para escribir la propuesta del libro, a Eileen Fallon por el entusiasmo con que creyó en este libro y por colocarlo para su publicación, y a mi editora Kara Leverte por su apoyo y visión.

INTRODUCCIÓN

Soy una mujer profesionista de mediana edad, de clase media. Me gradué en una universidad de prestigio, después cursé un programa de maestría de dos años, un programa psicoanalítico de cuatro años y tuve dos años de entrenamiento como terapeuta sexual. Vivo en la ciudad de Nueva Jersey, en los Estados Unidos, con mi esposo, dos encantadoras hijas y nuestro querido gato, en una casa que me encanta. Ejerzo la psicoterapia en un consultorio particular en la ciudad de Nueva York, lo cual me ofrece retos y satisfacciones. Por si esto no bastara, soy suficientemente atractiva y gozo de excelente salud. En pocas palabras, parecería que tengo todo, todo lo que una mujer necesita para sentirse satisfecha con su vida y consigo misma.

A pesar de ello, durante años me pregunté: *¿por qué* no me siento a gusto? ¿Por qué por cualquier insignificancia me siento fea, o pienso que soy terca, egoísta o rechazada? Mientras ponía mi consultorio, imaginaba que mis pacientes pensaban que yo lo tenía todo resuelto y, por lo general, me sentía serena, confiada, imperturbable, rebosante de autoestima, y a veces esto era cierto. Pero en ocasiones me sentía como una masa llena de temores insuperables. Podía observar en mis consultas cómo algunas mujeres, independientemente de que tuvieran éxito o no, de igual manera luchaban con la inseguridad y la frustración.

Mi conciencia feminista, que tuvo sus orígenes a fines de la década de los sesenta, cuando cursaba la licenciatura, sin duda me ayudó a discernir las causas por las que las mujeres tan frecuentemente adolecemos de baja autoestima. Nos es difícil valorarnos porque crecemos en una sociedad que nos limita y nos considera inferiores. Este análisis feminista, si bien proporciona cierta explicación al problema, no aporta soluciones para que una mujer pueda ayudarse a sí misma. Ciertamente, sería de gran ayuda que la sociedad en general y los hombres en particular valoraran con igualdad a la mujer pero, a pesar de los mejores esfuerzos políticos de muchas de nosotras, tal entendimiento está aún lejos de verse. ¿Qué haremos entre tanto?

Mientras luchaba con la cuestión de mi autoestima y la de mis pacientes, me fui dando cuenta de cómo muchas de ellas tenían dificultades para valorarse. Podían aceptar, ser comprensivas, respetuosas y solidarias con mucha gente, elogiarla y alentarla, mientras que ellas mismas se regañaban y se menospreciaban.

La experiencia me fue mostrando que valorarse y autoestimarse están estrechamente ligados. Durante los casi 25 años que llevo practicando la psicoterapia he desarrollado varias técnicas y enfoques para ayudar a las mujeres a construir su autoestima. Este libro es el resultado de ese proceso y espero que les sea útil.

Después de leer el libro me interesaría saber cómo respondiste a los pasos para lograr la autoestima y conocer tus experiencias personales durante este proceso. Puedes escribirme a Fireside Press, Simon and Schuster, 1230 Avenue of the Americas, Nueva York, Nueva York 10020.

PARTE I

LA IMPORTANCIA DE VALORARSE

Tanto en mi trabajo como terapeuta como en mi vida personal, he encontrado que el primer paso para el cambio es comprender las cosas de manera racional. Primero debo comprender por qué mi aspiradora hace ese ruido extraño, o por qué estoy enojada o molesta, y luego actuar para componer la aspiradora o para lidiar con lo que me molesta para poder sentirme mejor. De igual manera, comprender por qué nos sentimos incapaces, inferiores o inútiles nos ayuda a comprender cuál es el problema y esto nos permite dar los pasos necesarios para elevar nuestra autoestima.

Por lo tanto, he comenzado por analizar el porqué, ya sea individualmente o en grupo, las mujeres somos propensas a devaluar nuestra autoestima, por medio de una explicación de los principios generales que permiten que alguien se sienta valioso. A partir de esta cimentación, tú, lectora, podrás avanzar a la segunda parte del libro, la cual ofrece pasos específicos y prácticos, diseñados para aumentar tu autoestima. La tercera parte del libro se centra en cómo mantener tu autoestima en situaciones que conllevan tensión: cuando te encuentras inquieta o deprimida, cuando estás criando hijos o haciendo el amor, o bien en el trabajo.

Primero veamos por qué la autoestima puede ser una cuestión tan problemática.

CAPÍTULO 1

ESTAR AHÍ PARA TI

Marcy fue despedida de su trabajo. Después de un mes de infructuosa búsqueda, se siente vacía y frustrada.

Los tres hijos de Nancy nunca están listos a la hora de ir a la escuela, a pesar de que ella los despierta a tiempo, de que siempre les pide que se apuren y de que finalmente les grita. Cuando se van, Nancy se sienta, con la cabeza entre las manos, sintiéndose una madre regañona, gritona, ruin y fracasada.

Linda se arma de valor, toma el teléfono y llama al hombre que conoció en la fiesta de la semana pasada. Él dice estar muy ocupado preparando un informe y que no puede hacer planes mientras tanto. Ella cuelga el auricular y se siente apenada, avergonzada, sin atractivo, poco seductora e incapaz de inspirar amor.

Karen, vicepresidenta de mercadotecnia, escribe un informe que incluye sus recomendaciones para aumentar las ventas. Su jefe, sin embargo, decide seguir las recomendaciones de Charlie. Karen se pasa toda la semana insegura, cuestionando su capacidad.

Sally ha luchado con su peso toda su vida. Hace dietas y llega cerca del peso deseado, después gradualmente recupera su peso anterior además de algunos kilos extras. Cuando su peso llega a lo que ella llama "proporciones de miedo", empieza a hacer dieta de nuevo, desesperada. Cuando sube más de dos kilos y medio de su peso óptimo, se siente gorda, fea y sin atractivo.

Elaine va manejando rumbo al trabajo cuando su auto falla, se ahoga y no arranca. Voltea a ver a su esposo, sentado a su lado, y le reprocha por no dar mejor mantenimiento al auto, a pesar de que ella sabe que su esposo, al igual que ella, no entiende de autos.

Marcy, Nancy, Linda, Karen, Sally y Elaine son todas mujeres competentes, agradables, pero de autoestima muy frágil. No importa cómo las vean otros, por dentro ellas se sienten frustradas e inadaptadas. Cuando algo sale mal, no dudan en culparse. Aun Elaine, que reacciona culpando a su esposo y no a sí misma, lo hace para protegerse de su inseguridad. La percepción de su propio valor es tan inestable que no puede soportar la idea de ser responsable de una dificultad más, de tal suerte que cuando algo sale mal, busca a alguien a quien culpar. Estas mujeres son como muchas de nosotras.

Cuando reaccionamos a la decepción culpándonos o culpando a otros es porque no contamos con una reserva interna de valores y aprecio por nosotras que nos permita afrontar la tormenta en que nos encontramos. No estamos seguras de nuestro propio valor como para poder aceptar la responsabilidad de aquello con lo que contribuimos a nuestros problemas, sin condenarnos a nosotras mismas. Tampoco somos lo suficientemente capaces de reconocer el papel que desempeñan en nuestras dificultades tanto los demás como las cosas que están fuera de nuestro control, y nos culpamos por no haber sido capaces de controlar lo incontrolable. Cuando las cosas no ocurren como deseamos, en lugar de ayudarnos, la mayoría de las veces nos culpamos y escarbamos en todo aquello que pensamos está mal en nosotras.

Podemos culparnos por unas cuantas culpas "manifiestas", o podemos tener una larga lista mental de nuestras fallas, como ser socialmente torpes, tímidas, desatinadas, gordas, inoportunas, feas, aburridas, simples, tontas, flojas, demasiado emotivas, sin aspiraciones, temerosas, egoístas, sin ambición, desorganizadas e indignas de merecer amor. Algunas de nosotras hemos pasado toda nuestra vida sintiendo que algo está mal en nosotras, o que todo está mal, a menudo sin tener una idea clara de lo que está realmente mal. Es sólo un sentimiento de que muy dentro de una hay algo terriblemente mal, algo que falta o que no funciona.

Ansiamos sentirnos mejor con nosotras mismas. Sabemos que mientras más nos agrademos, mejor nos sentiremos y seremos más agradables a los demás. Es del conocimiento público que las personas con alta autoestima tienen un aura a su alrededor que las hace atractivas y seductoras. Para muchas de nosotras, sin embargo, darnos cuenta de lo que valemos es una meta que está más allá de nuestro alcance. No obstante, a pesar de nuestro pesimismo, la mayoría de nosotras no nos damos por vencidas. Creemos que si tan sólo pudiéramos corregir aquello que está mal en nosotras, o en nuestras vidas, entonces estaríamos conformes con nosotras mismas.

Cuando adolescente era gorda, aniñada y torpe. Ansiaba ser sofisticada y cortejada, y pensaba que si tan sólo fuese mayor y delgada, y tuviera la ropa adecuada, sería atractiva y admirada. Pero cuando llegué a los 30 años me di cuenta de que no importaba qué tan mayor o delgada fuese, qué tan bien vestida estuviese, nunca sería sofisticada. Mi personalidad es cálida y franca y no encantadora y fríamente controlada. Decidí entonces que necesitaba aprender a sentirme bien conmigo misma tal como era y dejar de ansiar la sofisticación que yo pensaba me haría atractiva.

Muchas mujeres falsamente creen, como yo creí, que no se pueden apreciar a sí mismas porque no han tenido suficientes logros para merecer sentirse bien con lo que son. Piensan que para poderse valorar, deben primero hacer algo más: perder peso, casarse, tener hijos, ser mejores madres, adquirir una pose o producir algo maravilloso. Sin embargo, en muchos casos aun al alcanzar estas metas no se dan los resultados deseados.

Muchas mujeres triunfadoras se estancan en una rutina en la cual, no importa qué tan grande sea el logro, sienten que no es suficiente. Necesitan hacer más y más para llenar su percepción interna de incompetencia. A menudo, a pesar de obtener el respeto y la admiración de los demás, por dentro se sienten falsas y viven con el miedo de fallar la siguiente vez, exhibiendo así su deficiencia. Ven cada logro como algo que sólo aumenta las expectativas de los demás respecto de ellas, lo cual las expone a una caída más grande cuando su inseguridad sea revelada. Ansían sentirse contentas y satisfechas, pero la autosatisfacción es lo único que no pueden alcanzar.

La autoestima sólo puede surgir del interior, de la aceptación y la aprobación internas. Sin esta autoaprobación, los efectos de los reconocimientos externos sólo duran el tiempo que dura la gloria. Cuando esto termina, la mujer adicta a los logros sufre una severa pérdida de su estima, y a menudo se deprime. *Para ser realmente valiosas como personas debemos aceptarnos tal y como somos.*

Las mujeres somos particularmente vulnerables a sentirnos inadaptadas y a depender de la aprobación de los demás para sentirnos seguras. La sociedad, más que valorarnos como seres humanos completos e individualizarnos, nos socializa para que atraigamos, demos y agrademos a los demás. Somos "buenas chicas" si hacemos lo que se nos dice, bajamos la voz, voluntariamente ayudamos y cuidamos nuestros modales. Los anuncios publicitarios y los medios de comunicación constantemente nos bombardean con mensajes que nos dicen que debemos ser bellas y deseables, que nuestro propósito en la vida es atrapar y conservar a un hombre y que fracasar en ello o elegir otras opciones significa que estamos frustradas e inadaptadas. La codependencia, un problema que ha merecido mucha atención en años recientes, implica obtener la percepción de valía personal partiendo de la aprobación de los otros, más que generarla dentro de una misma, y esto es precisamente lo que se nos enseña a hacer a las mujeres. Por ende, no es de sorprender que tantas de nosotras tengamos una autoestima limitada o frágil. Debemos enfrentarnos a nuestra educación y nuestra cultura para aprender a valorarnos como verdaderamente somos.

Si alguna vez has repasado las actividades del día en tu mente, pensando en todo lo que debiste hacer mejor y te repites que eres incapaz, entonces sabes lo mucho que agota esta auto recriminación. Si alguna vez has estado indecisa antes de hacer algo y luego te has pasado el día (la semana o el mes) sintiéndote culpable, entonces sabes cómo la culpa puede consumir tu energía y amargar tu tiempo libre. Es muy común que las mujeres de todas formas de vida y con distintos logros desperdicien tiempo y energía en hacerse sentir torpes y, por lo tanto, se sientan desdichadas.

Empero, por lo general la mujer no está consciente de que se está minando constantemente a sí misma y de que está erosionando su autoestima. En lugar de ello, piensa que tiene una "imagen mediocre de sí misma" o un "complejo de culpa" que está por encima de ella. La buena noticia es que nada está más alejado de la verdad. Tú no eres una víctima impotente ante fuerzas internas incontrolables. Si no te valoras a ti misma es porque te tratas de manera crítica y minimizante. Déjame explicarte.

Un modo útil de comprender lo que sucede cuando te sientes mal es considerar que tienes una niñera y una niña internas. Tu niña interna contiene tus sentimientos, tus deseos, tus aspiraciones y tus necesidades. El trabajo de tu niñera interna es el de velar por ti como lo haría una madre: cuidar que comas bien, que duermas lo suficiente, que seas puntual, que actúes de un modo ético y moral y que cumplas con tus responsabilidades. Cuando tu niñera interna te ve derrumbarte, trata de hacer que te levantes y que continúes bien, pero puede hacer esto de formas muy diferentes.

Algunas de nosotras, las afortunadas, tenemos una niñera que nos critica de manera constructiva y nos aconseja de un modo comprensivo, amable, alentador, que acepta, apoya y aprueba. Otras de nosotras, menos afortunadas, llevamos dentro una niñera que en realidad es un crítico interno que trata de ayudarnos menospreciándonos y rebajándonos.

Nuestro crítico interno es la parte de nosotras que siempre nos dice lo que debimos y pudimos haber hecho... Nos dice que otras personas son mejores y más afortunadas que nosotras y que somos inferiores... Nos dice que por mucho que nos esforcemos nunca lo lograremos, porque carecemos de capacidad y el éxito es para otras personas, no para nosotras.

¿Recuerdas haber escuchado la voz de *tu* niñera interna? Piensa en alguna ocasión en que hayas estado bajo presión, con tensión... Tenías cosas que hacer, decisiones que tomar... No estabas segura de qué hacer y cómo manejar las cosas. Tal vez tu niñera te tranquilizó, te dijo que te calmaras y que te dieras un descanso, que tus decisiones son por lo general buenas, pero que también es normal cometer errores... Te dijo que eres una persona que vales, que eres agradable y así permanecerás, indistintamente de cómo resulten las cosas. Si tu guardián interno te habló de esta manera, no te costará trabajo recordar que sentiste ayuda y apoyo.

Empero, tal vez tu voz interna se dirigió a ti de una manera distinta y te dijo que siempre estás muy alterada, que no puedes manejar la presión como lo hacen los demás, que no puedes tomar buenas decisiones porque tú en realidad no sabes lo que deberías saber... Te dijo que no puedes cometer errores, porque entonces todos se darán cuenta de lo incompetente que eres, que no eres realmente buena o agradable y que careces de lo necesario para tener éxito, y que ahora todos lo sabrán. Si tu crítico interno te habló de esta manera, recordarás que esto aumentó la presión bajo la cual te encontrabas y dificultó que actuaras con eficiencia.

Todas tenemos partes vulnerables, áreas en las cuales nos sentimos particularmente inseguras o con las que nos sentimos mal. Éstas son las áreas donde nuestro crítico interno constantemente nos acecha. En mi caso particular, soy vulnerable a sentirme "gorda" (toda mi vida he luchado con mi peso), terca (se me dificulta encontrar la línea divisoria entre ser tenaz o demasiado insistente), egoísta (no me es fácil balancear mis necesidades y las de los otros), impaciente (me disgusta esperar) y rechazada (con base en algunas experiencias de mi infancia). Mi crítico interno, cuando no lo vigilo, siempre está listo para enfatizar estas áreas, al interpretar actos como prueba de que estoy demasiado gorda o soy terca, egoísta, impaciente y rechazable; en pocas palabras, que no soy digna de merecer.

Si no te agradas a ti misma es porque tú, al igual que muchas de nosotras, tienes un crítico interno que constantemente te dice que eres inadaptada e incompetente, que debiste haberlo hecho mejor, actuado mejor, sentido mejor o visto mejor; te dice que otras personas son más capaces que tú y que tus logros no son suficientes, que el fracaso está a la vuelta de la esquina y que, si das un paso en falso, caerás al abismo del rechazo y el abandono.

La autoestima sólo puede desarrollarse si conviertes este censor interno en un guardián amoroso y estimulante. Los diez pasos que se describen en la parte II te mostrarán cómo lograrlo. Aprenderás a reconocer y a apreciar tus puntos buenos y a apoyarte y ser comprensiva contigo cuando te encuentres en dificultades. Aprenderás a darte estímulo y a elogiarte por las cosas que haces, antes que criticarte por lo que no haces. Aprenderás cómo darte ánimos cuando te fijes tus metas y a no lastimarte si fallas en el camino. Y, sobre todo, aprenderás a darte el reconocimiento y el respeto que ansías. Cuando te valoras, te das lo que necesitas para sentirte segura y capaz, y creas para ti las condiciones propicias para crecer. Entonces te podrás valorar por quien eres y no por lo que logras.

Paradójicamente, también podrás lograr más y sentirte mejor acerca de lo que haces. Ésta es la magia de la autoestima: mientras mejor te sientas contigo, menos tendrás que demostrar tu valía ante otros y ante ti, y por tanto tendrás más energía para lograr cosas, divertirte y sentirte mejor contigo misma.

Éste no es un proceso rápido y fácil; no creas que con unos cuantos ejercicios tu concepto de ti misma cambiará radical y permanentemente. Todos sabemos que la vida no es así. El cambio siempre requiere tiempo y esfuerzo constante. Tú no aprendiste a menospreciarte en una semana y tampoco cambiarás esto en una semana. ¡Pero puedes hacerlo! Los pasos que muestra este libro, síntesis de casi 25 años de experiencia en ayudar a mujeres a aceptarse y adoptar una actitud positiva con ellas mismas, están diseñados para darte las herramientas que necesitas para tratarte con la amabilidad y la comprensión que dan la autoaprobación, el crecimiento y el éxito, al cual yo defino así: *El éxito es ser feliz primero contigo misma, y después con tu vida.*

Yo creo firmemente que en verdad queremos y necesitamos, una vez que nuestras necesidades primordiales estén adecuadamente satisfechas, una vida en la cual nos sintamos bien con nosotras mismas, con lo que hacemos y con la gente que nos rodea. Sin embargo, no podemos sentirnos bien si no somos felices por dentro. Sin seguridad interna, ningún logro parecerá suficiente, y es difícil estar cerca de los demás si nos sentimos inseguras e insatisfechas.

Sé que esto dista mucho de la manera en que comúnmente se define y se mide el éxito. Después de todo, coloco riqueza, fama, nivel social, logros y alcances en un plano secundario. Lo hago así porque no tiene caso "tenerlo todo" si no te hace feliz, y si no estás feliz contigo misma todos los logros del mundo no podrán conseguirlo. Existe mucha gente que posee fama y riqueza, que es la envidia de otros, pero que por dentro no se siente feliz. (Un ejemplo trágico sería

Cristina Onassis, heredera de una enorme fortuna amasada por su padre, Aristóteles, el magnate griego; fracasó en cuatro matrimonios y murió a la edad de 37 años. Su gran fortuna y su estilo de vida de *jet-set* no lograron que encontrara una relación plena ni le dieron el sosiego interno que tanto necesitaba.)

El dinero, la fama y los logros sólo tienen valor cuando están integrados en una percepción positiva de una misma. De no ser así, la persona "exitosa" permanece infeliz e insatisfecha. Ninguna cantidad de dinero, fama o logros puede llenar el vacío interno.

Cuando aprendes a valorarte, aprendes también a sentirte bien contigo tal como eres y liberas tu energía para alcanzar tus metas. Vivirás, no en el futuro ("Seré feliz cuando gane mucho dinero, o cuando prospere en mi carrera, o cuando encuentre a la persona indicada con quien compartir mi vida"), sino en el presente, disfrutando de ti misma y sintiéndote bien contigo aun cuando te esfuerces por lograr más.

Esto te colocará en lo que llamo el *ciclo del éxito*, dentro del cual el hecho de valorarse a una misma conduce a aumentar la autoestima y la esperanza, lo cual impulsa a esfuerzos positivos por los que te enorgulleces y te sientes bien y triunfadora, lo cual produce, a su vez, más valoración.

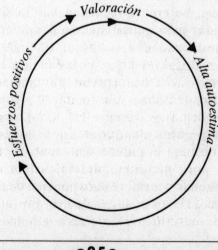

Esto podrá parecer simple y obvio; sin embargo, a menudo es difícil ponerlo en práctica. Muchas mujeres cultas, sensibles, capaces, no se dan a sí mismas la valía que necesitan para sentirse bien consigo y para tomar medidas positivas, sino que se atacan, critican y regañan en la creencia de que la severidad es la mejor manera de motivarse hacia el cambio. Se aguijonean para alcanzar metas, están atentas a sus deficiencias y temen que si dejan de insistir en sus defectos desistirán de tratar de mejorar y no harán nada.

Tal vez tú te sientas así también. ¿Utilizas tu energía para degradarte, en lugar de utilizarla para enfrentarte a la situación y crecer? ¿Buscas el apoyo y la aprobación de los demás sin reconocer que es de ti misma de quien más necesitas aliento y aceptación? ¿Estás resentida con los demás por no valorarte, pero a pesar de ello finalmente te culpas por no hacer más y por ser tan poca cosa? ¿Te dices a ti misma: "¡Haz algo que impresione y entonces te aprobaré!"? Entonces sabes que tal comportamiento es tan efectivo como decirle a una planta: "Primero crece y luego te daré agua."

Por supuesto que no tratarías a una amiga como te tratas a ti misma. Si una amiga estuviese decepcionada, responderías con cariño, consuelo y apoyo, en lugar de lastimarla. Tú bien sabes que una persona que está alterada o frustrada necesita aliento y esperanza. Lo último que le dirías sería: "Eres un fracaso irremediable." Entonces, ¿por qué te tratas de esa manera?

Muchas mujeres no pueden valorarse porque han sido educadas para pensar que se debe dar y no recibir. La sociedad enseña a la mujer que dar es bueno y recibir es malo. A la hora de la comida les servimos a todos primero y a nosotras al último. En la vida, de igual modo, pensamos que primero debemos ocuparnos de los demás y cumplir con todas nuestras responsabilidades, antes de que se nos permita darnos a nosotras mismas. Y parece que nunca hemos hecho lo suficiente para merecer nuestra propia aprobación y recibir. Más bien, nos esforzamos por vivir de acuerdo con las expectativas de la sociedad: ser dadivosas y capaces (la mujer es capaz de hacerlo todo, siempre y cuando permanezca fuera de los dominios del hombre y no lo moleste), y para nosotras inevitablemente ya no alcanza. Así comienza el ciclo de autocrítica dentro del cual, al reprendernos a nosotras mismas y recitarnos nuestra letanía de defectos, pretendemos ayudarnos.

Cuando este autocastigo no funciona —y de hecho sale el tiro por la culata, pues nuestra autoestima decrece y nos hace perder la esperanza y sentirnos impotentes—, la única solución que encontramos es la de criticarnos más, al pensar que la falla yace no en la técnica, sino en la aplicación demasiado suave de ésta. Así, aun cuando lo que deseamos es salir de nuestra desdicha, cavamos más profundo el hoyo en que estamos. Éste es el *ciclo del fracaso*, un círculo vicioso en donde percibir fracaso conduce al menosprecio, lo cual disminuye la autoestima. Baja autoestima produce sentimientos de desesperación y desaliento, lo cual agota la energía y la fe requeridas para esforzarse y realizarse, lo que a su vez produce más fracasos.

¿Esto te parece conocido? ¿Apoyas a otros pero te menosprecias a ti misma? ¿Crees que, no importa cuánto hagas, no es suficiente o no vale nada? Cuando cometes un error, ¿te dices a ti misma: "Qué idiota soy", en vez de darte apoyo? ¿Te parecen ordinarias tus cualidades, pero consideras tus fracasos demasiado importantes? ¿Te mides a ti

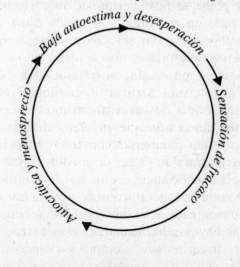

misma y a tus logros con una regla que resulta estar siempre treinta centímetros más alta que tú?

Desde que nacemos todos estamos rodeados de personas que nos evalúan y juzgan todos los aspectos de nuestra vida. Padres, hermanos, parientes, maestros, sacerdotes, jefes, colegas: es una lista interminable de personas dispuestas a decirnos si estamos, y sobre todo si no estamos, a la altura de las circunstancias. La sociedad nos envía mensajes adicionales, vía las instituciones y los medios de comunicación. ¿Qué debemos hacer con todos estos mensajes? ¿Cómo podemos saber si estamos a la altura? ¿Cuáles opiniones debemos aceptar y cuáles rechazar? ¿Cómo podemos distinguir las críticas sinceras, bien intencionadas y precisas de las que no lo son? ¿Cuáles críticas son producto de la envidia y la competencia? ¿Cuáles surgieron del deseo de mantenernos sumisas? Las posibilidades son interminables. ¿Cómo podremos desarrollar una autoevaluación precisa con todos estos mensajes?

Las mujeres que se hallan en el ciclo del fracaso, las que generalmente se sienten decepcionadas de sí mismas y de sus logros, han establecido un orden dentro de esta confusión creando una sencilla serie de *directrices del fracaso*:

1. Si otros me critican, están en lo correcto. Han penetrado en mi corazón y en mi alma (aunque me acaben de conocer) y han visto mi inferioridad atinadamente.
2. Si la gente me elogia, es porque se ha dejado engañar por mis virtudes "aparentes" (trabajo, talento, modo de ser agradable, físico, etc.). Cuando me conozca mejor cambiará de opinión.
3. No importa lo que logre. Importa lo que no he logrado.
4. Mis logros han sido golpes de suerte; mis fallas, incompetencia e ineficiencia.
5. Si no soy un éxito total, entonces soy un fracaso. No hay puntos medios, no hay regulares, no hay aceptables, no hay puntos buenos por el esfuerzo.

Un importante supuesto acompaña estas directrices: "Si no vivo a la altura de mis expectativas, entonces no valgo nada y no merezco nada, y mucho menos ser valorada."

Estas directrices pueden reducirse a un común denominador: "Si yo lo hice, no puede valer mucho." Así, muchas mujeres se atrapan en un círculo vicioso: ansían desesperadamente probarse a sí mismas y a los demás que pueden ser y son exitosas, para lo cual utilizan reglas que están totalmente en su contra y así evaluar los resultados de sus esfuerzos, por lo cual no pueden verse más que como un fracaso cuando no alcanzan logros suprahumanos.

"Pero", ya te escucho objetar (como he escuchado a muchas de mis pacientes), "yo no pretendo alcanzar metas suprahumanas. Sólo quiero lograr lo que para otros parece tan sencillo: una carrera que me satisfaga, o una buena relación, o la capacidad para educar correctamente a mis hijos, o poder estar relajada con la gente, o no estar intranquila o deprimida. Todo mundo puede hacer esto. ¿Por qué yo no? Debe ser porque hay algo mal en mí que me impide alcanzar lo que yo más quiero."

Estas objeciones, sin embargo, no apuntan a la causa del problema. Los objetivos en sí no son suprahumanos. Lo que sobrepasa la realidad son las expectativas de que podrás alcanzar tus metas sin el apoyo de ti misma. Cuando mides cada paso que das con un criterio perfeccionista y severo, te reprimes para alcanzar el éxito. La manera de crecer y cambiar para lograr lo que esperas de la vida no es criticándote, sino ayudándote a sentirte bien como eres.

Veamos el ciclo del fracaso en acción a través del examen de algunas actitudes autocríticas:

"Todo el mundo puede controlar la situación, pero yo siempre echo todo a perder."
"Todo el mundo progresa, y yo permanezco igual."
"Debí haberlo hecho mejor."
"No valgo nada."

"No debí haber cometido este error."

"Jamás podré aprender."

"Soy una madre/hija/esposa/trabajadora terrible."

"Detesto mi apariencia."

"No merezco ese beneficio."

"No merezco vivir."

"Mi problema es que siempre siento lástima de mí."

"Es tiempo de haber hecho mucho más con mi vida."

"¡Qué fracaso soy!"

Es obvio que estos pensamientos están muy lejos de ser buenas motivaciones. Lo cierto es que conducen a un callejón sin salida. Si piensas que siempre echas a perder las cosas, estás predeterminada a pensar que no tiene caso intentar algo más, ya que estás convencida de que también eso lo echarás a perder. Si crees que todo el mundo ha progresado y que sólo tú te has estancado, entonces, ¿cómo puedes creer que vas a alcanzar ese progreso a fecha "tan tardía"? Si crees que no vales lo suficiente, o que no lo mereces, entonces, ¿de dónde vas a poder sacar el coraje para intentar hacer grandes progresos? Si crees que no puedes aprender, entonces querrás evitar todo fracaso por anticipado, rehusándote a dominar cualquier cosa nueva. Lo más inmovilizante de todo es creer que eres un fracaso. En esta sociedad, que da tanta importancia a la competencia y a los logros, tanto personales como profesionales, ¡qué vergüenza te echas encima cuando te etiquetas como un fracaso! Al tenerte en tan baja estima, todo lo que sientes es rechazo, depresión y decepción, emociones que entrampan e impiden cualquier acción positiva.

Si tienes dudas acerca de la veracidad de esto, verifícalo en ti misma.

Lee de nuevo las frases entrecomilladas anteriores, lentamente, como si hablaras de ti misma; pretende que así es como verdaderamente te percibes y considera cómo te sientes.

¿Qué sentiste al atacarte? ¿Estás deprimida? ¿Desanimada? ¿Descorazonada? Éste es el resultado inevitable de atacarte. Nadie se siente alentado, seguro de sí y listo para enfrentar el mundo cuando es rebajado y minimizado.

Para cambiar, mejorar y crecer se necesita tener esperanza, energía positiva y fe en una misma. Imagínate dirigiéndote a ti misma con cariño y apoyo. Trata de decirte:

"Esto puede ser difícil, pero con constancia estoy segura de que puedo lograrlo."

"Aunque no todo salió como yo hubiera querido, reconozco que me he esforzado, y que eso es lo importante."

"Cometí un error, pero errar es humano. Es parte del aprendizaje y el crecimiento."

"Me ha costado mucho trabajo aprender esto porque me pongo nerviosa. Si me tranquilizo lo podré entender."

"Hay aspectos míos que como madre/hija/amante/esposa/trabajadora quiero mejorar, pero reconozco que en algunos soy muy buena."

"A pesar de que no soy tan guapa como me gustaría ser, tengo bonitos ojos, bonita piel y una linda sonrisa. Me gusta mucho mi apariencia."

"Soy una buena persona y merezco ser feliz."

"He tenido muchos problemas y me haría bien un poco de cuidado y cariño."

Considera cuán diferente te hacen sentir estas afirmaciones: *experimenta la energía que generas cuando te respetas y alientas.*

Los niños necesitan ser reconfortados para convertirse en adultos exitosos que se saben valorar. Los niños necesitan *compasión* por sus sentimientos, *aceptación* de su individualidad, *respeto* por su valía, *ánimo* para luchar, *apoyo* con amor y *caricias* físicas y emocionales. Estas actitudes y comportamientos reconfortantes son las condiciones de crecimiento bajo las cuales la gente florece:

Compasión
Aceptación
Respeto
Incentivo
Caricias
Apoyo

Para ser feliz en la vida debes saber *acariciarte*.

Tomemos como ejemplo el caso de Diane, quien aprendió a salirse del ciclo del fracaso y entrar al ciclo del éxito valorándose ella misma.

Cuando acudió a mí por primera vez, Diane luchaba por ser "alguien", por pertenecer, por gustar, por ser importante, por ser segura de sí, por tener una carrera y una familia. A la edad de 28 años se cuestionaba por qué no había podido alcanzar todas estas metas. Venía de una familia de clase trabajadora de Chicago, había cursado estudios universitarios en Illinois con la ayuda de una beca y después vino a Nueva York para labrar su futuro. A pesar de ser inteligente, atractiva, de buen ver, con estudios universitarios y ambiciosa, continuamente era rechazada en trabajos en los cuales se sentía distinta de sus compañeros. No era feliz soltera, pero la experiencia con su padre, que era alcohólico, egoísta, distante, libertino y además la rechazaba, le había creado un sentimiento de temor y desconfianza hacia los hombres. Tenía muy poca experiencia en relacionarse con hombres y había perdido la esperanza de formar la familia que deseaba.

Al tratar de arreglar sus problemas, Diane alternaba entre culpar al mundo —por no darle una oportunidad, por no recompensarla, por dar todo lo bueno a otros— y culparse a sí misma. En el fondo, pensaba que debía haber algo realmente mal en ella que ahuyentaba a la gente y la dejaba sola e insatisfecha. Constantemente trataba de imaginar qué podía ser aquello, pero al mismo tiempo le daba miedo descubrirlo, por pensar que sería algo demasiado horrible para poder soportarlo. Así, criticaba aquello que podía controlar: ser muy reservada, no muy positiva, sarcástica, ensimismada, tímida, torpe, sin chispa social. La lista era interminable. Cada nuevo calificativo la hacía sentirse peor, más desesperada, más deprimida. Aunque a veces sentía lástima de sí misma, en ningún momento tuvo verdadera compasión por ella ni se reconoció ningún crédito por tratar de mejorar su vida.

Diane seguía atormentándose porque no sabía de qué otro modo podía motivarse para cambiar. Pensaba que la manera más lógica de tratar de mejorar su vida era descubrir sus fallas para corregirlas. Cuando trabajamos juntas, se dio cuenta de que al destrozarse se estaba tendiendo una trampa. Aprendió que la gente, como las plantas, necesita ser "regada" para crecer y florecer, y que el agua que necesitamos es la de la bondad humana: compasión, aceptación, respeto, incentivo, caricias y apoyo. Con el tiempo y con esfuerzo aprendió cómo darse estos nutrimentos, esta caricia. Ahora está contenta consigo misma, tiene un trabajo que le satisface profesionalmente y un matrimonio próspero. (En la parte II encontrarás más detalles sobre el proceso por el que Diane atravesó para aprender a valorarse.)

Tú también puedes elevar tu autoestima y encaminarte hacia la obtención de tus metas al aprender a valorarte. Aceptarte, tener compasión de tus sufrimientos internos y reconocerte como una persona de valía innata produce elevada autoestima. El aliento y el apoyo te ayudan a persistir frente a los obstáculos, sean internos o externos. Las caricias, tanto físicas como emocionales, refuerzan tu percepción de ti misma como valiosa, capaz, atractiva y digna de amor. Al acariciarte te equipas para encontrar la felicidad y el éxito en la vida. Cuando empieces a acariciarte siguiendo los diez pasos de la parte II de este libro te darás la mano de ayuda que necesitas para lograr lo que quieres. Pero primero examinemos el concepto de *caricia* con más detenimiento.

CAPÍTULO 2

CARICIAS: SEIS MANERAS DE VALORARTE

Compasión
Compasión es "tristeza por los sufrimientos o problemas de otro, aunada al ansia de ayudar"; la percepción de "padezco por lo que estás pasando y quiero ayudarte porque me importas". ¿Acaso alguien te ha dicho esto? ¿Qué sentiste?

La compasión, cuando la crees genuina y la aceptas, es como una poción curativa que va directamente a tu dolor y te da consuelo y apoyo. Recuerda alguna ocasión en que hayas estado muy alterada por algo y que alguien haya respondido compasivamente. Tal vez se trató de algún problema tuyo (como ser despedida), o de algo completamente fuera de tu alcance (como la muerte de un ser querido). Recuerda cómo te sentiste cuando alguien se acercó a ti con cariño y compasión. Esto no hizo que el problema desapareciera (tú seguías sin trabajo y tu ser amado no podía volver a la vida), pero sin duda te ayudó. Tal vez te sentiste menos sola, o tu estado de ánimo mejoró, de tal suerte que tus problemas no parecían ya tan graves y te sentiste menos impotente en tus intentos por manejarlos. ¿No crees que sería maravilloso sentir esa compasión reconfortante cada vez que sufres?

En ocasiones la puedes obtener de algunas personas, pero tal vez seas muy cautelosa o te avergüence compartir tus problemas con otros. O quizá no haya personas comprensivas a quienes puedas acudir. Afortunadamente no es necesario que dependas de otros para obtener comprensión. Puedes aprender a dártela tú misma. Puedes aprender a desarrollar tu voz interna que te cuida y te quiere, que está lista para alegrarte y alentarte a seguir.

Aceptación

La compasión y la aceptación van de la mano. Cuando nos respondemos a nosotras mismas con compasión —en vez de deprimirnos y decepcionarnos de nosotras—, nos estamos aceptando como el ser humano imperfecto que somos. Si te despidieran de tu trabajo, tu reacción inmediata podría ser enojarte y disgustarte. En lugar de eso, imagina que aceptas que tus limitaciones, problemas o conflictos intervinieron para que no desempeñaras bien tu trabajo. En lugar de reñirte, sería mucho más útil tratar de encontrar cuáles son esos impedimentos y ayudarte a resolverlos. También pudiste haber sido despedida por causas fuera de tu alcance (políticas de la empresa, recortes de personal, discriminación, etc.). De cualquier modo, te sientes pésimamente y necesitas a alguien que te consuele y te ayude, alguien que te quiera aun cuando echas a perder algo. Necesitas aprender cómo aceptarte tal como eres y estar ahí para ti.

Todos tenemos problemas y fracasos, y cosas que hemos echado a perder, o que no hemos podido superar. Pero eso no nos hace incapaces de merecer cariño, afecto y ayuda. No siempre podemos hacer todo bien. Por el contrario, debemos aceptarnos y apreciarnos como somos, aunque también esforzarnos por mejorar.

Todo el mundo desea ser aceptado y comprendido. La aceptación nos ayuda a sentirnos bien con nosotras mismas. Cuando una mujer me dice, con mucha vergüenza y mortificación, que actuó de manera mezquina, o sintió celos, o que aplazó una decisión, o no pudo dar la cara, o cometió un error, mi respuesta por lo general es: *únete a la raza humana.* Somos criaturas imperfectas. Una vez que aceptemos que ser, en ocasiones, de espíritu poco generoso o echar a perder las cosas es parte de la vida, podremos entrar al espacio emocional que nos permita reconocer que tenemos fuerzas, virtudes y un potencial inadvertido. Los efectos de alivio y motivación que producen la aceptación y la compasión serán reconocidos en seguida por cualquiera que haya estado en un grupo de apoyo con gente que comparte problemas o retos similares, tales como grupos de madres primerizas, mujeres solas, en busca de trabajo, víctimas de violación, de edad avanzada, escritoras, etcétera.

Mucha gente teme aceptarse porque cree que la aceptación la conducirá al estancamiento y la resignación. Erróneamente piensa que la aceptación significa darse por vencida. Esto es absolutamente falso. Aceptarse a sí mismo no significa adoptar la actitud: "Así es como soy y no puedo remediarlo." Aceptarte significa reconocer y apreciar tus atributos positivos, además de advertir tus fallas y comprender que no sólo son parte de la condición humana, sino también producto de tus experiencias individuales. Tus fallas no te hacen inútil: sólo te hacen humana, con fuerzas y carencias. De hecho, no sólo la aceptación no conduce al estancamiento, sino precisamente a lo opuesto:

La aceptación conduce al cambio.

Ésta es una de las grandes paradojas de la vida. Enfrentarte a ti misma y aceptar —de manera constructiva, no crítica— aquello que antes negabas u odiabas de ti te ayuda a cambiar lo "negativo" en positivo; no aceptarte te mantiene estancada. Lydia es un buen ejemplo de esto.

Antes: A Lydia le cuesta trabajo interesarse por los demás, pero no lo admite porque piensa que es malo ser egoísta. Cuando se descubre, o alguien la descubre, pensando sólo en ella misma, cree que es una persona nefasta por ser egoísta y resuelve ser más generosa. Sin embargo, al culparse por estar tan ensimismada se siente peor, y por lo tanto más infeliz y con necesidad de consuelo. Su desdicha la altera aún más. Se pregunta: "¿Qué pasa conmigo?", y concluye: "Otra vez siento pena por mí." Al rehusarse a resolver sus limitaciones se agrede, deprime y enreda más, y por lo tanto es menos capaz de responder y dar a otros.

Después: A Lydia le cuesta trabajo interesarse por los demás. Más que molestarse y culparse por ser egoísta, acepta que eso es un error humano, sin dejar de desear ser más afectuosa e involucrarse más con otros. Al no culparse, puede considerar el porqué de su egoísmo. Empieza a ponerse en contacto con la niña que lleva dentro, cuyas necesidades fueron ignoradas por padres emocionalmente inexistentes que la hacían sentirse vacía y limitada. Para compensar su privación, ahora quisiera ser el centro del universo.

Cuando Lydia hace contacto con su pena interna y acepta a aquella niña lastimada, algo empieza a cambiar. Las barreras que erige para protegerse del sentimiento de vulnerabilidad e impedir ser lastimada nuevamente, comienzan a suavizarse. Al comprenderse y tenerse compasión ha creado una reserva interna de bienestar, y por ende se siente menos vacía. Comienza a experimentar que puede dar sin agotar sus reservas. De esta manera, aceptar su egoísmo y tener compasión por su niña interna la vuelve más generosa.

Éste es un cambio verdadero, y es muy diferente del cambio superficial que ocurre "al tratar de ser generoso". Estos esfuerzos superficiales, a pesar de ser bien intencionados, generalmente no perduran, porque sentimientos más profundos tiran hacia el lado opuesto. Si una mujer no acepta sus sentimientos permanecerá en conflicto, consciente de querer ser, por ejemplo, generosa, pero inconscientemente sintiéndose vacía.

Cuando nos aceptamos, nos acercamos a nosotras mismas y aceptamos lo que los demás nos dan. Mientras más recibamos, más tendremos para dar.
Para llenar el vacío dentro de ti, tienes que permitirles a los demás conocer tus defectos. Sin embargo, no podrás hacerlo si tú misma no te permites conocerlos, pero sin criticarte ni reprenderte. A medida que aprendes a valorarte, te capacitas para abrirte a ti misma y a otros, obteniendo así el cuidado, la aceptación y la aprobación que necesitas y mereces.

Por supuesto que el caso anterior de una mujer ensimismada que se vuelve más generosa es sólo un ejemplo de cómo la autoaceptación conduce al cambio. No pretendo que la mayoría de las mujeres con problemas de autoestima sean egoístas, más bien lo contrario: las mujeres con baja autoestima no suelen anteponer sus propias necesidades y decidirse a satisfacerlas.

A la mujer no se le enseña a afirmarse y casi nunca es recompensada cuando actúa de manera asertiva. Al hombre, en cambio, a través del deporte y del servicio militar se le enseña a competir ferozmente, aun cuando sea miembro de un equipo. A la mujer se le enseña a hacer su mejor esfuerzo, pero debe tomar en cuenta los sentimientos de los demás y evitar herirlos. El hombre está más preparado para el rechazo en las lecciones de la vida: permanecer en la banca si no desempeña bien un deporte, invitar a mujeres a salir y ser rechazado, no llorar. Generalmente resiste el rechazo distanciándose de sus sentimientos. Por lo tanto, no suele estar en contacto con sus emociones cuando aprende a reafirmarse.

Por otra parte, a la mujer le resulta fácil hacer conexiones emocionales, pero se le dificulta reafirmarse para obtener lo que desea o necesita, o aun para permitirse comprender qué es lo que necesita. Pasa gran parte de su tiempo haciéndose cargo de los demás y se le dificulta encontrar el equilibrio entre la satisfacción de las necesidades de los otros y las suyas. Cuando se centra en sus necesidades, tiende a sentirse culpable y egoísta. Cuando dedica la mayor parte de su tiempo y energía a los demás, se siente agotada e inferior. Frecuentemente, el justo medio entre ambas cosas es muy difícil de alcanzar.

En realidad, esta búsqueda del equilibrio perfecto entre satisfacer nuestras necesidades y las de los otros es una ilusión. ¿Qué mujer puede combinar perfectamente el deber hacia sí misma con el deber hacia los otros? Lo más que podemos esperar es permanecer en contacto con nuestras necesidades y aceptarlas como válidas, al tiempo que vamos y venimos entre estos dos polos, a veces oscilando hacia una dirección y otras hacia la opuesta. Si tu vida no tiene un flujo, si siempre estás pensando en los otros (o, raras veces, mirando a tu interior), comienza por aceptar que es ahí donde te encuentras sin juzgarte. Esta sola aceptación te ayudará a empezar a cambiar tu punto de vista.

Aprender a aceptarte a ti misma es un proceso que se da paso a paso, con el tiempo. A medida que avanzas, estás destinada a encontrar viejos hábitos y patrones que te hacen retroceder. Por lo tanto, una de las primeras cosas que debes aceptar es que no vas a cambiar de la noche a la mañana. El cambio ocurre con lentitud, y a cada paso necesitas valorar lo que estás haciendo, más que enfocarte en lo que no estás haciendo.

Respeto

¿Te sientes deprimida porque no te toman en cuenta? ¿Ansías ser comprendida, apreciada y valorada? ¿Gastas mucha energía oponiéndote a ser menospreciada? ¿Tratas siempre de agradar a la gente para ser considerada de la manera en que deseas? Entonces sabes cuán importante es el respeto: levanta, anima a sentirse competente y ayuda a asirse de la fuerza interna.

Empero, la mujer no es respetada en nuestra sociedad. Los papeles tradicionales de la mujer —madre y ama de casa— no son considerados difíciles, agotadores o importantes. Las propias mujeres, acostumbradas a ser menospreciadas, frecuentemente dicen: "Yo sólo soy una ama de casa", con tono de disculpa.

Cuando mis hijas eran pequeñas, mi marido las cuidaba dos o tres días mientras yo trabajaba, y yo me encargaba de ellas el resto del tiempo. Ambos estuvimos de acuerdo en que hacerse cargo de las niñas era doblemente difícil y agotador que trabajar fuera de casa. Esta experiencia nos hizo tener más respeto por quien atiende a niños.

Las mujeres que trabajan fuera de casa tampoco reciben el respeto que merecen. Si tienen hijos, a menudo se presupone que al trabajar los desatienden. Sin embargo, nadie considera que los hombres, aun aquellos que son padres solteros, descuiden a sus hijos por el hecho de trabajar. Y el argumento de que los ingresos que generan los hombres son necesarios para sostener a la familia sólo es salirse por la tangente, pues la mayoría de los ingresos de las mujeres también son vitales para el hogar.

Las mujeres solteras (divorciadas o viudas) o sin hijos no corren mejor suerte. Las mujeres que no se han casado son rechazadas, las que no tienen hijos son consideradas egoístas y antinaturales, a las lesbianas se les otorga aún menos respeto, y las viudas "han perdido su razón de ser" (a menos que se rediman volviéndose a casar).

Las mujeres tienen dificultades en particular para ganarse el respeto en el trabajo. Debemos mantenernos en la delgada línea entre ser demasiado pasivas y demasiado agresivas. Lo que en un hombre se considera competitividad sana, en una mujer puede verse como obsesión, terquedad o algo "poco femenino". (Véase el capítulo 17 respecto de la autoestima en el trabajo.) Asimismo, las mujeres no tienen en el trabajo el mismo acceso a los símbolos y recompensas de respeto (buenos salarios, ascensos, bonificaciones, cargos, aumentos). Esto se aplica aún más a mujeres de color, quienes cargan el peso de ser doblemente devaluadas.

Cuando la sociedad nos muestra un poco de respeto, nos es difícil respetarnos nosotras mismas. Cuando se nos dice que nuestro valor reside ya sea en el cuidado de los hombres y los niños o en ser parte de un bello equipo, una posesión más, es difícil apreciar nuestro valor intrínseco. Cuando el trato de la sociedad nos dice que no somos tan capaces como los hombres y que las mujeres de color valen aún menos, no es de sorprender que tengamos que esforzarnos tanto por respetarnos a nosotras mismas. Mentalmente podemos reaccionar con indignación por ser devaluadas, pero a nuestro estómago le cuesta trabajo no tragarse el mensaje dominante y sentir que somos inferiores. Mientras más nos reafirmamos sin meternos en luchas de poder, mejor nos sentimos. (Este tema se trata en los capítulos 11 y 17.) Sin embargo, reafirmarnos exteriormente no es suficiente: también debemos aprender a respetarnos desde dentro.

¿Recuerdas algún día en que te sentías muy deprimida y alguien te dijo que apreciaba algo de ti? Tal vez era tu sonrisa, o tu trabajo, o tu habilidad para jugar. ¿Recuerdas cómo te sentiste entonces, ese sentimiento grato, rebosante, irradiando tu cuerpo, mientras pensabas: "Sí, tengo una bonita sonrisa, o hago muy bien mi trabajo... Soy buena para divertirme y ser espontánea"? Siente ese resplandor del autorrespeto que te conforta, tranquiliza y llena de energía. ¿No crees que sería maravilloso sentir siempre ese resplandor emanando desde dentro? ¡Podrías conquistar el mundo!

Desgraciadamente, puedes encontrar este resplandor muy pocas veces. ¿Te detienes para admitir estos buenos sentimientos? ¿O los rechazas y te dices: "Está bien, tal vez sí tenga una bonita sonrisa, o haga bien mi trabajo, o disfrute del juego, ¿pero eso qué? Tengo tantos defectos y hay tanta gente que no me respeta, y esta persona tampoco me respetaría si me conociese mejor"? Hete aquí siguiendo la directriz del fracaso número 2 de la lista del capítulo 1 ("Si la gente me elogia es porque se ha dejado engañar por mis virtudes superficiales, pero cuando me conozca mejor cambiará de opinión"), lo cual provoca baja autoestima, que a su vez produce sentimientos de inseguridad. Afortunadamente no estás atorada ahí. Puedes aprender a respetarte a ti misma, para que tengas el respeto interno y encuentres tu centro, lo cual es vital para la autoestima.

Incentivo

Todos necesitamos aliento para crecer, alcanzar metas y confiar en que podemos lograrlas. Cuando un bebé empieza a caminar, los orgullosos padres estiran los brazos y dicen: "Ven aquí. Tú puedes." El bebé, al sentirse alentado, da otro paso. Los padres lo levantan rebosantes de orgullo y dicen: "¡Lo lograste!" ¡Qué sensación de triunfo compartida por todos! A otro bebé que está aprendiendo a caminar se le dice: "Ten cuidado, no te vayas a caer, no intentes llegar hasta acá. Puedes lastimarte. Yo voy por ti." Este bebé también aprenderá a caminar, pero sin la misma sensación de éxito. A pesar del éxito exterior, a este bebé se le enseña a pensar que tal vez no logre su cometido y que no debe correr riesgos.

Las mujeres que no fueron suficientemente alentadas en su etapa de crecimiento, con frecuencia tienen dificultades para alentarse ellas mismas. Y demasiado a menudo no se alienta a las mujeres. La sociedad está llena de mensajes que las inducen a ser objetos bellos en espera de ser juzgados y elegidos, no seres humanos plenos. Cuando no se nos ha alentado, es difícil decirnos a nosotras mismas: "Puedo hacerlo", porque sentimos que no podemos. Más vale estar a salvo y no intentar, que hacerlo y fracasar. (Recuerda las directrices del fracaso: "No hay recompensa por intentar" y "Cualquier logro que no sea el éxito total es fracaso".) A menudo, nos decimos:

"¿Para qué pedir un aumento si ya sé que no me lo van a otorgar?"

"No tiene caso salir, sólo me voy a sentir inquieta y no podré controlar mis nervios."

"Nunca encontraré un compañero. Ya no queda ninguno bueno, y si acaso existe alguno, no me querría."

Muchas de nosotras manejamos sentimientos de inseguridad, desalentándonos aún más, y lo hacemos cuando más necesitamos ser alentadas, cuando necesitamos creer que lo que deseamos es alcanzable y que podemos lograr nuestras metas.

Es difícil para muchas mujeres creer que algo es alcanzable, porque no nos permitimos progresar. No hemos aprendido que el cambio ocurre por lo general de manera lenta e irregular y que la mayoría de las metas sólo se logran a través del método de tanteos. Un bebé aprende a caminar al dar un paso, caer, levantarse, dar un par de pasos, caer de nuevo, y así hasta que finalmente camina casi sin caerse. Imagina qué ocurriría si después de caer tres veces, el bebé se dijese: "Tres fallas y estás fuera. Terminó. Sólo soy un fracaso. Nunca aprenderé a caminar. Y parece tan fácil para otros."

Muchas mujeres creen que si no logran algo al primer intento, entonces está fuera de su alcance. No se dan cuenta de que pedir un aumento, aunque éste sea negado, puede hacer más factible el aumento en el segundo intento, y que el solo hecho de pedirlo es un logro por el que deben enorgullecerse. De la misma manera, una mujer intranquila —que a menudo se siente sola, insegura, abrumada e incompetente— necesita mucho apoyo para enfrentar y vencer los miedos que provocan su ansiedad.

La mujer que cree que nunca encontrará a la pareja adecuada rara vez hace un esfuerzo por hallarla. Si acaso lo hace y no la encuentra, concluye que no debió haber hecho el esfuerzo. No se da reconocimiento por intentar y no se alienta a seguir tratando. En lugar de eso se va a casa reprendiéndose y sintiéndose rechazada. Piensa cuánto mejor se sentiría si su voz interna dijera: "Sé cómo te sientes. Es terrible desear algo y no encontrarlo, y es penoso tratar de atinarle al bueno y siempre sentirte rechazada." (Compasión.) "Supongo que la mayoría de las mujeres se sienten como tú." (Aceptación.) "Pero hay que reconocer que tienes lo tuyo." (Respeto.) "Fuiste muy valiente al ir, pese a lo vulnerable que te sientes. Yo creo que si sigues buscando, finalmente encontrarás a alguien. Estas cosas requieren de tiempo, esfuerzo y persistencia. En verdad creo que tienes mucho que ofrecerle a la persona indicada, y si persistes en buscar, la encontrarás." (Incentivo.)

Apoyo

¿Te has sentido alguna vez tan deprimida que sólo querrías quedarte en cama y esconderte del mundo por unas cuantas semanas, o meses, o años, con la esperanza de que las cosas mejoraran mágicamente en tu ausencia? Te sentías agotada y débil y el mundo parecía desolado. Ansiabas tener un hombro en el cual apoyarte, alguien que te amara, que fuese como un padre afectuoso que tomase tu mano y te sacara de tu desdicha, alguien que te diera aliento para seguir adelante.

Todos ansiamos tener este tipo de apoyo, saber que tenemos un padre que nos quiere, nos cuida y nos valora: alguien con quien compartir nuestras penas y alegrías, alguien con quien siempre podamos contar, que se preocupe por nosotras y esté de nuestro lado; alguien que nos confirme que no importa cuál sea nuestro problema, no estamos solas, porque ese alguien está ahí y le importa lo que nos ocurra.

Cuando nos apoyamos nosotras mismas, somos este tipo de padre afectuoso, el padre que hubiésemos querido tener, al que pudiéramos acudir, que nos asegurara que no importa lo que ocurra, siempre podemos regresar a casa y ser amadas. Apoyarse a una misma es hacerse saber que no importa qué tan mal estén las cosas, no importa qué pérdidas o desengaños podamos sufrir, siempre estaremos en nuestro lugar para amarnos, reconfortarnos y protegernos.

Tal apoyo nos permite sentir que estamos paradas en tierra firme. Sabemos que aun si resbalamos, no caeremos de la faz de la Tierra hacia el espacio, sin ancla y solas, por toda la eternidad. Antes bien, nos sentimos ancladas y seguras, con otras gentes y con nosotras mismas.

Los niños educados con el apoyo de sus padres pueden explorar, desarrollarse y crecer sintiéndose a salvo, seguros de que si algo no sale bien no estarán solos para resolver el problema. A medida que estos niños maduran, incorporan esta presencia de soporte dentro de sí. Aprenden a creer en sí mismos y a correr riesgos porque no se sentirán fracasados si las cosas no salen bien. Por el contrario, saben cómo brindarse apoyo en los ratos malos, al tiempo que conservan su fe en ellos mismos y en su futuro. El apoyo que recibieron de sus padres les abrió el camino para poder apoyarse.

Muchas de nosotras, sin embargo, no recibimos apoyo de niñas. Como adultas, ahora ansiamos y buscamos apoyo al tiempo que desconfiamos y nos frustramos. Con frecuencia tememos confiar en alguien por miedo a ser defraudadas, traicionadas o abandonadas. A pesar de nuestro enorme deseo de apoyo, tal vez no podamos aceptarlo porque no nos sentimos con la fuerza necesaria, o con la suficiente confianza en nuestra habilidad de valernos por nosotras mismas. No podemos aceptar que nadie más sea nuestra "muleta" (excepto en situaciones y periodos limitados), a menos que creamos que no caeremos y que no quedaremos permanentemente heridas si se nos quita de repente esa muleta.

En mi trabajo como terapeuta frecuentemente me he encontrado con este problema. Una mujer ansía ser ayudada, aún más, rescatada, pero al mismo tiempo se pone murallas: no sabe cómo se puede ser independiente y a la vez dependiente, fuerte y necesitada, capaz y vulnerable. Tomemos a Mónica de ejemplo.

Mónica, una ejecutiva que ahora mantiene una relación afectuosa y que le brinda apoyo, acudió a mi terapia cuando tenía escasos 30 años, después de haber terminado una relación de dos años. La relación se había caracterizado por frecuentes pleitos y poco sexo. Como podrá adivinarse, tenía problemas de intimidad. Ansiaba ser guiada y cuidada, y también deseaba poder valerse por sí misma. Lidiaba con estas necesidades opuestas y temía que el hecho de sentirse dependiente, necesitada y vulnerable significase que no podía ser independiente, fuerte y capaz. Por ende, negaba y suprimía todos los sentimientos de "debilidad" por temor a sentirse abrumada y no poder funcionar.

Este conflicto salió a colación en varias sesiones en las que me decía cuán importante era yo para ella y me daba más crédito del que me correspondía por su progreso, en lugar de reconocer el importante papel que ella desempeñaba en los cambios que estaba logrando. Al mismo tiempo mantenía su distancia; con frecuencia se le dificultaba hablar de lo que tenía en la mente, a veces se enojaba sin razón, dejaba de venir cuando más lo necesitaba y por lo general recurría a muchas maniobras para ponerme barreras, debido al temor de que sus necesidades de dependencia la llevaran a ser una persona débil.

Como muchas de nosotras, Mónica tuvo que aprender que estamos llenas de sentimientos aparentemente contradictorios. Queremos ser fuertes y queremos que nos cuiden. Queremos compartir intimidad y queremos que nos dejen solas. Queremos emoción y queremos paz y tranquilidad. Queremos aventura y queremos seguridad. El secreto yace no en tratar de imaginar qué es lo que realmente deseamos, sino en aceptar el ir y venir entre ambos polos. *Dejarnos estar en donde estamos nos lleva a un nuevo lugar. Encerrarnos en donde desearíamos estar nos lleva al estancamiento.* Cuando necesitamos apoyo, lo pedimos y lo tomamos, nos sentimos mejor y más fuertes. Cuando necesitamos apoyo, lo negamos y tratamos de actuar sin él, nos aislamos y por lo tanto nos sentimos más necesitadas. Las personas verdaderamente independientes son las que con mayor facilidad pueden ser dependientes, y las personas que con más facilidad se permiten satisfacer sus necesidades de dependencia son las que se hacen realmente independientes.

Algunas mujeres que luchan con conflictos de independencia/dependencia se van al otro extremo. En lugar de vivir una vida plena, ponen barreras a la gente y, como Mónica, se aferran a su dependencia por temor a que, si se valen por sí mismas, nadie vaya a tratarlas. Consideremos el caso de Jackie.

Jackie, una profesionista de alrededor de 35 años, hermosa, inteligente y agradable, continuamente establecía relaciones en las que se dedicaba a complacer a su compañero. En lugar de decir lo que realmente pensaba y sentía, decía lo que ella suponía que él quería oír. Tal era la tensión que esta farsa le producía que, inclusive, un fin de semana era suficiente para desear escapar de inmediato. Sin embargo, permanecía con esa relación, generalmente por años, por miedo a quedarse sola. Cuando finalmente rompía con ella era después de haber iniciado otra.

Respecto de otros aspectos de su vida, Jackie también temía ir tras lo que quería. Vivía en un departamento pequeño, aguardando el matrimonio para cambiarse, pese a que podía pagar uno mejor. En el trabajo también optó por un puesto de nivel medio que no exigía que fuese competitiva. Literalmente tenía miedo de ocupar el asiento del conductor, y por lo mismo nunca había aprendido a manejar.

En la terapia, Jackie se hizo consciente de cómo continuamente disminuía sus propias fuerzas por temor a que nadie se ocupase de ella, puesto que ella sola podía hacerlo. Este temor es común entre mujeres. Nos han enseñado que el hombre quiere una "mujer completa", sensual, dadivosa, que sólo se ocupe de complacerlo. Una mujer de carrera, autosuficiente, a menudo se le presenta como fría, exigente, distante, sin otras metas fuera de su profesión. En consecuencia, Jackie escondía partes importantes de sí misma con el objeto de protegerse de ser abandonada.

Logró comprender que para relacionarse con un hombre y estar a gusto debía sentirse en libertad, ser ella misma, y que esta libertad sólo llegaría cuando estuviese firmemente anclada a su capacidad de ser independiente, de tal suerte que ya no tuviese temor de estar sola. Por primera vez en su vida permaneció por un periodo largo sin establecer ninguna relación, y durante este lapso compró y amuebló el tipo de departamento que por tanto tiempo había esperado, fue ascendida en el trabajo y aprendió a manejar un auto. Cuando adquirió confianza en su capacidad para hacerse cargo de sí misma, pudo establecer una relación en la que podía ser ella misma sin temor a perder a su pareja, porque sabía que podía valerse por sí misma.

¿Eres alguien que careció de apoyo en su etapa de crecimiento? Tal vez, entonces, pienses: "¿Por qué habría de depender de alguien? Él o ella me defraudarán, o me abandonarán, o tal vez no estén a mi altura." Si éste es el caso, tal vez tengas dificultades con tus relaciones. Tales dificultades pueden tomar formas muy distintas:

- Por un lado puedes estrechar los lazos en una relación, pero por otro lo evitas al buscar sólo personas incapaces de dar apoyo, con quienes no arriesgas ser realmente tú misma.
- Puedes esconderte y negar tus verdaderas fuerzas para asirte de un ser querido que tú consideras es tu única fuente de seguridad, y al hacer esto creas un distanciamiento, por negar toda una parte de tu personalidad.
- Evitas involucrarte antes que permitirte arriesgar ser defraudada.
- Puedes mantener una relación con la cual permanen-

temente te sientes ambivalente y culpas a tu compañero, tanto como a ti misma, por tu descontento. En el fondo puedes desear apoyo, pero temes que al depender de otro perderás la capacidad de valerte por ti misma. De esta manera, aun cuando se te ofrece apoyo, puede ser difícil que lo aceptes.

Cualquiera que sea tu estrategia, para poder permitirte realmente hacer uso del apoyo de otros primero necesitas sentirte segura de que no te debilitarás al hacerlo. Esta seguridad se adquiere cuando aprendes a darte apoyo tú misma. Al apoyarte produces fuerza interna, y esto te hace sentirte menos vulnerable, puesto que sabes que no importa cuán mal estén las cosas, tú estarás ahí, para ti misma, como un padre protector, y te harás sentir apoyada y querida. Entonces habrás entrado al círculo del apoyo, en el cual, al apoyarte a ti misma, te permites aceptar el apoyo de otros, lo cual refuerza tu habilidad para confiar en ti.

Acariciar
¿Has mimado alguna vez a un gato acariciándolo suavemente por todas partes? El gato se deleita con tus caricias, estrechándose o encogiéndose y ronroneando. *¿Recuerdas que alguien te haya acariciado a ti de esta manera? Tal vez alguien masajeó suavemente tu espalda o tu cuello, o paseó sus dedos por tu cara o por tu pelo. Quizá puedas imaginarte siendo niña y que tu madre te mece en su regazo, o que tu padre te balancea en sus brazos. Déjate deleitar con estas sensaciones: el tacto, el sonido de palabras amorosas, ojos que te sonríen, el olor de un cuerpo. Ahora experimenta los sentimientos que estas sensaciones te evocan. Te sientes querida, viva, feliz y muy bien contigo misma. Te sientes maravillosa y especial por haber podido inspirar esas caricias. No tuviste que ganártelas, las mereciste sólo por ser tú. Te sientes como el tipo de persona a quien le ocurren cosas buenas, y te sientes digna de merecer todas estas cosas que la vida puede ofrecer. Sientes como si el mundo te sonriera y se regocijara de tu existencia, y tú de estar en el mundo, segura de*

ti misma y en espera del éxito. Con esta clase de estímulos de seguro encontrarás lo que desea tu corazón.

Desafortunadamente algunas de nosotras tuvimos estímulos muy diferentes. Tuvimos pocas caricias en nuestra etapa de crecimiento y entramos a la edad adulta sintiendo que el mundo nos desaprueba y que no tiene lugar para nosotras. Nos sentimos como la niña pobre con su cara contra el cristal del aparador de la tienda de caramelos, mirando las golosinas que sólo son para otros, nunca para ella. Nos parece que la vida es una lucha cuesta arriba constante, en donde estamos condenadas, como Sísifo, a empujar eternamente el pedrón hasta la cima de la montaña, sólo para que de ahí vuelva a rodar hacia abajo y tengamos que empezar de nuevo. Ansiamos tener alguien que nos rescate, que nos dé esperanza, que nos saque del embrollo; alguien que nos transforme de ser víctimas de la vida a personas felices, satisfechas y exitosas. Sin embargo, tenemos pocas esperanzas reales de que esto ocurra. La imagen que tenemos de nosotras mismas oscila entre fantasías tipo la princesa Diana y la Mujer Maravilla (que es como decir que bajo esta débil apariencia se halla una extraordinaria mujer) y sentirnos piltrafas humanas, inservibles. En realidad no deseamos ser rescatadas, tanto porque en el fondo sentimos que no lo merecemos como porque el mundo no nos parece un lugar que acoja, un lugar donde seamos amadas, acariciadas y valoradas.

Necesitamos aprender a rescatarnos, acariciándonos, dándonos algo del amor, el aprecio y la aprobación que deseamos. Entonces también nosotras podremos sonreírle al mundo y sentir que nos sonríe, y pensaremos que nada puede detenernos.

Algunas personas se acarician físicamente cuando necesitan consuelo. Con frecuencia yo me descubro frotando suavemente mi brazo, o acariciando mi mejilla o mi cabeza. En otras ocasiones, en particular cuando estoy cansada o tensa, recurro al abrazo de alivio que produce un baño caliente. Siempre me hace sentir tranquila y rejuvenecida. Pero la mayoría de las veces me acaricio con palabras: palabras de consuelo, esperanza, apoyo, aliento y aceptación.

Quizá sea difícil imaginarte dándote a ti misma compasión, aceptación, respeto, incentivo, caricias y apoyo. Para mucha gente, la sola idea de valorarse es ir a contrapelo, pero el concepto es fácil de entender.

Agredirse a uno mismo resulta en una autoestima disminuida y fracaso, en tanto que valorarse produce crecimiento, optimismo, aumento de autoestima y éxito.

Sin embargo, en el fondo puede ser difícil creer que acariciarse uno mismo sea el verdadero camino hacia el cambio.

Tal vez te consideres indigna e incapaz, que necesitas ser castigada, o al menos reformada, antes de que puedas aprobarte. Tal vez creas que al portarte bien contigo misma sólo te echarás a perder y ratificarás tus aspectos indeseables. ¿De dónde vinieron estas apreciaciones negativas y qué es lo que hace que tantas mujeres adopten medidas draconianas al tratar consigo mismas?

CAPÍTULO 3

¿POR QUÉ SOMOS COMO SOMOS?

Nos devaluamos, nos tratamos con dureza, nos enjuiciamos y nos criticamos porque nos han enseñado a hacerlo. En los capítulos anteriores vimos algunas maneras en que nuestra cultura demerita las aptitudes de la mujer para estimarse ella misma. Ahora examinemos la influencia de los primeros representantes de nuestra sociedad y transmisores de nuestra cultura, con los cuales hemos tenido contacto en nuestra vida: nuestros padres, o figuras paternas.

Cada uno de nosotros llega al mundo con sus propios rasgos de personalidad y temperamento. Algunos emergen del vientre como bebés vigorosos que viven la mayor parte del tiempo despiertos y con intensidad; otros son más serenos, duermen mucho y se consuelan fácilmente. Desde el momento en que nacemos nuestro temperamento comienza a interactuar con el de los miembros de nuestra familia, generalmente con el de la madre, y luego con los del padre y los hermanos y demás familiares. Gradualmente el círculo se extiende para incluir parientes, amigos de la familia, compañeros, amigos, maestros, entrenadores, vecinos, guías de grupos en campamentos, sacerdotes y muchos otros con los que tenemos contacto en nuestra vida, de uno u otro modo. En cada una de estas interacciones existe la oportunidad de ser valorados o acariciados (según el concepto de "caricias" que ya explicamos).

Un reconocido estudio que abarca desde bebés de dos meses hasta la edad adulta muestra que una determinante crucial en el crecimiento emocional y el desarrollo de un niño se encuentra en la manera en que los padres responden al temperamento de éste.[1] Si los padres reaccionan hacia la personalidad del niño con aceptación y afecto, él seguramente crecerá sintiéndose bien consigo mismo y capaz de lograr muchas cosas. Por otro lado, si los padres reaccionan con disgusto, enojo, frialdad o temor, el niño crecerá sintiéndose inquieto y a veces se meterá en problemas.

Algunos niños tienen la suerte de tener padres cuyas personalidades reaccionan bien con la suya, o (aún más afortunados) padres que pueden apreciar su personalidad aunque sus temperamentos choquen. Otros no cuentan con tanta suerte. Tienen padres que los desaprueban, que constantemente los critican y les exigen que sean diferentes y mejores. Otros, aún, tienen padres que los ignoran la mayor parte del tiempo, que sólo les prestan atención cuando los necesitan. Los hijos de estos padres distantes, críticos o egocentristas crecen sintiéndose que no son lo suficiente buenos para merecer el amor de sus padres, de suerte que constantemente se critican a sí mismos, con la esperanza de mejorar y, por tanto, de ganar la atención y la aprobación de sus padres. Los más desafortunados son los niños cuyos padres parecen odiarlos; nada que los pequeños hagan está bien o puede agradarlos. Los niños reciben el mensaje de que nunca debieron haber nacido y se odian por existir y tener necesidades, identificándose así con sus padres. Pasan su vida intentando compensar lo que creen que está mal en ellos.

La mayoría de la gente tiene experiencias de crecimiento mixtas. Tal vez uno de los padres era protector y cariñoso y el otro era distante o crítico o estaba ausente. Quizás ambos padres eran a veces demasiado críticos y, a veces, cariñosos y compasivos. Tal vez uno de los padres era a la vez egocentrista y crítico o se involucraba demasiado, además de ser crítico. Puede ser que tus padres se hayan divorciado y vuelto a casar, y que hayas crecido yendo y viniendo entre dos hogares muy distintos. Quizá tu figura o figuras paternas no eran papá y mamá, sino sólo mamá, abuelos, una tía, una familia adoptiva, un hermano o hermana, o una niñera.

Las posibilidades de experiencias con los padres son infinitas, porque cada ser humano es único y cada pareja de padres es un par único, y porque cada niño que nace de una pareja es también único. Dos niños que crecen en la misma familia, aun dos niños cercanos en edad, con frecuencia tienen experiencias con los padres y familiares muy distintas. Estas diferencias pueden deberse al temperamento del niño, o al hecho de haber nacido antes o después, o al sexo, o a la manera en que los padres se sienten con ellos mismos, por separado o juntos, por tener otro hijo, por tensiones de la vida o por el color del cabello del niño. Es posible que los padres desearan con desesperación un hijo varón y tuvieron una hija. Tal vez la segunda hija se parece a la abuela, a quien la madre adoraba u odiaba. Tal vez el primer hijo era deseado para probar la virilidad del padre y el segundo fue excesivo. O tal vez el primer hijo trastornó por completo la vida de los padres, mientras que el segundo entró a una familia ya más enfocada hacia los hijos. Puede ser que los padres hayan dedicado mucha energía a sus dos primeros hijos, y que los dos últimos hayan sido criados por los hermanos mayores. Quizás los padres estaban muy ocupados en su profesión mientras los dos primeros eran pequeños, y luego volcaron su energía hacia el último. Las posibilidades son interminables.

Para comunicar clara y coherentemente nuestras experiencias con nuestros padres necesitamos hacer algunas generalidades y establecer categorías, sin dejar de reconocer que éstas no se adaptan a todos y a nadie con exactitud. Consideremos, entonces, diferentes estilos de ser padres y sus efectos en nuestra capacidad de protegernos y acariciarnos a nosotras mismas. Para simplificar, me referiré al cuidador principal como "la madre" y al secundario como "el padre", aunque éste no sea siempre el caso.

Primero quiero aclarar que estamos examinando estos estilos de ser padre para ayudarnos, no para culpar a los padres. Creo firmemente que la mayoría de los padres, sin importar qué tanto hayan podido satisfacer nuestras necesidades, hicieron lo mejor que pudieron en ese entonces; ellos también fueron hijos y sufrieron los estragos que causan la familia y la sociedad. Sin embargo, esto no significa que no tengamos el derecho de sentir enojo o tristeza o de sentirnos lastimados por muchas de las cosas que nuestros padres hicieron o no hicieron. Es importante reconocer estos sentimientos y analizarlos bien para que no carguemos con ellos por el resto de nuestra vida. Sabemos que "aquél que no aprende de la historia, está destinado a repetir sus errores". Nuestra historia es importante para cada uno de nosotros, para no perpetuar lo que empezó en la niñez. Algunos de los pasos descritos en la parte II de este libro están diseñados para ayudarte a dejar los patrones destructivos que aprendiste en tu etapa de crecimiento.

La madre suficientemente buena

El psicoanalista británico D. W. Winnicott describe a "la madre suficientemente buena" como una mujer que a pesar de estar lejos de la perfección, puede responder adecuadamente a las necesidades de su hijo, de tal suerte que éste crece con la seguridad de que puede contar con ella cuando la necesite y de que el mundo es un buen lugar en donde puede ser él mismo y donde sus necesidades serán satisfechas.[2] A medida que el niño pasa por los diferentes estadios del crecimiento y del desarrollo, desde el lazo simbiótico, la separación y la individualización hasta lanzarse al mundo, la madre está presente para atender sus necesidades, poner límites apropiados, guiarlo y apoyarlo, pero siempre con la capacidad de dejarlo ir: da a su hijo tanto raíces como alas.

¿Parece sencillo? Es fácil decirlo, pero no hacerlo. Recuerdo cuando yo era una madre novata y una bebé de seis meses me dejaba exhausta. Me angustiaba no saber si debía o no dejarla llorar hasta que se durmiera cuando despertaba a las 2:00 am después de haber dormido sólo dos horas. Me preguntaba si en realidad me necesitaba o si la haría sentirse rechazada y abandonada si no acudía a ella. O si, como sostenía el pediatra, la bebé estaba desarrollando malos hábitos de dormir y debía incitarla a dormir toda la noche de corrido, no sacándola de la cuna. Empapada de bibliografía psicoanalítica por mi recién terminada carrera, ansiaba encontrar un libro sobre los pormenores de cómo "ser una madre lo suficientemente buena", un libro tipo el del doctor Spock, pero de enfoque psicoanalítico. Para cuando nació mi segunda hija, dos años y ocho meses después, ya había descubierto que no todo lo que hiciese era de crucial importancia. Había aprendido que ningún acto cotidiano mío —como sacarla de la cuna o no sacarla, salir en la noche o no salir, o aun gritarle o no gritarle— la iba a arruinar de por vida. Más bien, lo importante era la calidad de mi cuidado en su conjunto, la presencia afectiva real, con todo y mis limitaciones. También había aprendido que los niños son resistentes (aunque algunos son más vulnerables que otros), que nacen con procesos biológicos fuertes que los obligan a crecer y a desarrollarse, y que se necesita algo más que un grito de vez en cuando, o una medida de disciplina errónea, para malograr estos procesos.

La madre o el padre demasiado involucrados

Algunas hemos tenido un padre o una madre, como generalmente es el caso, que no podía desprenderse de nosotras. Cuando empezábamos a dejar el tibio abrigo del vínculo materno e intentábamos lanzarnos a ver el mundo con nuestros primeros pasos, mamá estaba ahí sobreprotegiéndonos, deseando tener a su bebé en brazos. A medida que crecíamos y persistíamos en querer descubrir lo que el mundo podía ofrecer, mamá empezó a disgustarse y a reñirnos, o trató de hacernos sentir culpables por desear separarnos de ella. Quizás a veces nos dejaba solas (con lo cual nos sentíamos rechazadas al ser "abandonadas" por ella), pero por lo general se entrometía insistentemente, tratando de hacerse amiga de nuestros amigos, leyendo nuestro diario o correspondencia, ordenando nuestra manera de vestir y nuestras acciones. Cuando tratábamos de separarnos, recibíamos el mensaje de que éramos malas por dejarla. Mientras más persistíamos en separarnos y "abandonarla", más nos atacaba.

No importa que cuando niñas respondiéramos a nuestra madre con obediencia o con rebelión, o un poco de las dos; al final nos sentíamos mal. "He de ser muy mala, por hacer enojar tanto a mamá y estar tan furiosa con ella", pensábamos. Debajo de nuestro sufrimiento, rabia y culpa, nos sentíamos solas... y anhelábamos a la madre cariñosa, amorosa, dadivosa y llena de dulzura de la primera infancia. Como adultas, podemos buscar este tipo de cercanía, pero estamos condenadas a ser defraudadas, dado que lo que pretendemos alcanzar no es posible en una relación adulta. Por otro lado, si logramos separarnos de mamá (muchas no lo logramos y permanecemos atadas a ella en una relación de amor/odio de por vida), muchas veces tenemos miedo de permitir a alguien estrechar los lazos por temor a perder nuestra autonomía ganada a pulso.

También tenemos muchas dificultades protegiéndonos a nosotras mismas. Podemos sentir lástima de nosotras por haber tenido una infancia difícil, pero al mismo tiempo se nos dificulta ser realmente compasivas. En el fondo nos vemos a través de los ojos de mamá, como "la hija mala que abandonó a su madre", y estamos llenas de culpas que tratamos de mitigar tal como lo hizo mamá.

Ésta es una manera común, pero ineficaz, de manejar la culpa. Tratamos de compensar nuestra culpabilidad y nos sentimos muy mal. Nuestra desdicha nos sirve tanto para expiar nuestra culpa como para incentivar un mejor comportamiento. Sin embargo, esto no funciona. Por ejemplo, si nos sentimos culpables por no visitar a nuestros padres, reprochárnoslo puede expiar nuestra culpa, pero no nos ayudará a comprender nuestra ambivalencia respecto de visitarlos. Mientras nos culpemos a nosotras mismas, en lugar de aceptar y analizar nuestros sentimientos, seguiremos renuentes a visitarlos y nos sentiremos culpables. Decirnos lo malas que somos no sirve para mejorar, sólo nos provoca culpa.

Las que tuvimos padres entrometidos quizás alcancemos logros importantes —desarrollamos mucha fuerza desprendiéndonos de mamá—, pero nuestros logros no nos impresionan y no estamos satisfechas, porque en el fondo nos sentimos culpables. Nos duele una parte de nosotras en la que no podemos admitir a otros, aunque sintamos que son los otros los que no están ahí o no quieren entrar. No nos damos cuenta de que no hemos abierto la puerta.

Consideremos el caso de Vivian, que a los 30 años parecía tenerlo todo: una profesión exitosa, un marido amoroso, una hermosa casa y un bebé. Su niñez, sin embargo, fue distinta. En su adolescencia tuvo que luchar para separarse de una madre posesiva, agresiva e irracional. Por años no le había hablado a su madre. Anhelaba a la madre amorosa de su primera infancia y creció con un desaliento cada vez mayor, a medida que reconocía que esta búsqueda era ilusoria. Después, cuando tuvo un bebé, sufrió una gran decepción al descubrir que esto, en lugar de hacerla sentir satisfecha, aumentó su necesidad de aquello que sólo una madre puede dar.

Sintió un vacío que ninguna relación pudo llenar. Su marido, a pesar de ser afectuoso y cumplido, se mantenía distante. Y aunque ella se sentía segura en su relación, puesto que no amenazaba su autonomía ni la hacía temer el abandono, se sentía aislada. Anhelaba poder apoyarse en su marido y obtener comprensión y apoyo, pero temía mostrarle sus sentimientos porque no podía soportar el sufrimiento que sentía cuando exponía sus carencias y su necesidad y él no podía responder como ella deseaba. Sus amigos también la decepcionaban, preocupados por ella pero ajenos.

Vivian ansiaba sentirse mejor, tener un poco de esperanza, aliviar el dolor, la soledad, el vacío interno, pero no podía hacerlo. Se sentía agotada, y muy enojada con el mundo por no haber tenido una buena madre. Cuando aprendió a cuidarse y a acariciar a su pequeña niña interna, empezó a llenar algo de su vacío y a sentirse más equilibrada.

El padre/madre distante

Algunas de nosotras tal vez tuvimos un padre o una madre que no se interesaba en nosotros, de quien nunca tuvimos suficiente atención, cuya caricia añorábamos. El poema de Rose, una joven mujer que entró a terapia porque padecía intensa angustia, expresa de manera conmovedora esta añoranza:

Escuchar tus llaves abrir la cerradura no siempre era una invitación a sonreír y decir: "¡Ya llegó papá!"
Porque cuando entrabas a la casa, tantas cosas parecían escapar repentinamente antes de que cerraras la puerta.
Saber que estabas en casa significaba que la risa infantil debía cesar; los sonidos del juego debían enmudecer; y cualquier cosa que no se relacionara con poner tu cena en la mesa simplemente no te interesaba.

A veces te detenías en mi cuarto en tu camino hacia la cocina para darme una bolsa de dinero para que contara las monedas y eso era divertido y emocionante para mí.

Pero si no había dinero que contar, o cupones que sumar, no tenías nada que decirme y no tenías tiempo ni paciencia para que yo te dijese algo.

Pero estaba bien, tal vez estabas muy hambriento y no podías hacer nada hasta después de haber comido.

Yo podía esperar.

Escuchar que te levantabas de la mesa y salías de la cocina significaba que, tal vez, podría hablarte.

Pero eso no era fácil que ocurriera porque querías recostarte en tu cama y leer los periódicos.

Tantas cosas ocurrían en todo el mundo de seguro eran más importantes y más interesantes que lo que yo podía tener en mente.

Además, si empezaba a hablarte tú no podías escuchar las noticias en la radio.

Pero estaba bien; tal vez, cuando terminases de leer el periódico y de escuchar las noticias, me dejarías entrar a tu mundo, al menos por un rato.

Yo podía esperar.

Escuchar que apagabas la radio significaba que ya habías tenido suficientes noticias por el día.

Y, tal vez, entonces era el momento para que yo entrara y me sentara junto a ti, por un rato.

Tal vez, pudiese hablarte acerca de algo que me había pasado ese día, o quizás escuchar lo que te había ocurrido a ti.

Pero cuando salía de mi cuarto y me acercaba al tuyo de repente te oía apagar la lámpara en tu mesita de noche.

Era tan temprano todavía; pero tú siempre te acostabas temprano.

Creo que mamá tenía razón cuando decía que trabajabas mucho y estabas cansado en la noche.

Pero era curioso: todos los papás de mis amigos trabaja-

ban mucho, pero no se acostaban tan temprano.
Pero bueno, está bien; de todas maneras no tenía nada
especial que decirte.
Tal vez mañana no estuvieses tan cansado.
Yo podía esperar.

Existen muchas razones por las cuales los padres pueden ser distantes. Mamá puede estar seriamente deprimida e inaccesible. Papá pudo tener padres distantes y jamás aprender a acercarse a la gente. O quizás esté tan ocupado ganándose la vida que no se da cuenta de qué tan distante está. O puede ser que mamá se sienta tan agobiada por todas sus responsabilidades que sólo quiere que la dejen en paz. Cualquiera que sea el motivo, los efectos en el niño son los mismos. Él ve y siente sólo una cosa: "Necesito a mamá y a papá, y no están conmigo."

Cuando un pequeño necesita el amor y la atención de los padres y no los recibe, concluye que hay algo mal en él, que le falta algo esencial, algo necesario para atrapar y mantener el interés de los otros. En el caso de que haya sido la madre quien permaneció distante, la niña o niño crece sintiéndose desprotegido, inseguro y retraído. Si el que mantuvo una relación distante fue el padre, la hija, ya adulta, con frecuencia añora tener una relación amorosa, al tiempo que se siente inútil e inadaptada.

Las que tuvimos un padre distante entramos a la edad adulta añorando cercanía, pese a que frecuentemente tememos ser vulnerables. Buscamos la magia que nos hará como "todo el mundo": amadas, aceptadas, valoradas. Esta búsqueda se convierte en nuestro santo grial, nuestro vellocino de oro. Sólo que, en lugar de recorrer el mundo en su búsqueda, buscamos dentro de nosotras para descubrir aquello que está mal, aquello que falta, de lo que carecemos; lo que nos hace ser vulnerables. Si tan sólo pudiésemos encontrar la llave mágica, podríamos darle la vuelta y corregir todo.

El padre o la madre narcisista

"Espejito, espejito, dime: ¿quién es la más hermosa de todas?" Ésta era la pregunta que hacía la madrastra de

Blancanieves al espejo mágico. Para tenerla contenta y evitar su ira, el espejo debía contestar: "Tú, tú eres la más hermosa de todas." Algunas de nosotras fuimos educadas por este tipo de padre o madre, quienes se relacionaban con nosotras como si nuestra razón de existir fuese ser el reflejo de su grandeza. Éramos tratadas como la extensión de ellos mismos, no como un ente aparte. Se nos incitaba, si no es que forzaba, a participar en las actividades en que nuestro padre/madre era, o deseaba ser, bueno, sin importar cuáles fuesen nuestros intereses o talentos. Debíamos vernos como nuestro padre/madre deseaba que nos viésemos, y a menudo nos arreglaban para encuadrar con su imagen de la hija perfecta. Nuestros padres narcisistas se hallaban demasiado inmersos en su propia grandeza y en su vacío interno para poder vernos con claridad o para ofrecernos compasión, aceptación, respeto, incentivo, caricias y apoyo. En lugar de esto, su respuesta hacia nosotros dependía de lo mucho o poco que pudiésemos satisfacer *sus necesidades* y alimentar *su ego*.

Las que fuimos criadas por progenitores narcisistas, frecuentemente tenemos dificultades para relacionarnos comprensivamente con otros. No podemos dar lo que nunca recibimos. Aunque tengamos una personalidad agradable, encantadora, seamos divertidas y eruditas y muchas veces tengamos un gran número de gente que llamemos amigos, en el fondo nos sentimos vacías. Nuestras relaciones por lo general carecen de verdadera intimidad, y es muy difícil para nosotras dar caricias o recibirlas. Cuando nos acercamos a la mediana edad, con frecuencia tendemos a deprimirnos cada vez más, a medida que nuestros juveniles atractivos empiezan a desvanecerse y la gente pierde interés en jugar al espejo con nuestras resplandecientes superficies. Ansiamos ser vistas, apreciadas y amadas, pero no sabemos cómo permitir a otro ser humano acercarse realmente a nosotras. Asimismo, casi nunca somos conscientes de que no estamos cerca de las personas que nos rodean. Sólo sabemos que algo nos está pasando, que nos hace infelices y constantemente nos sentimos molestas y solitarias.

Ayanna fue criada por una madre narcisista y un padrastro distante. A los 34 años ya había intentado muchas veces complacer a su madre, y fracasado. Trataba de vestirse muy bien, tener una carrera profesional, ser independiente y elegir a un hombre que su madre aprobase. Nada funcionó. Si a algo temía la madre era a que Ayanna la superase, por lo que continuamente le hacía entender que esperaba que echase a perder todo. Ayanna trató entonces de echar a perder las cosas. Fue expulsada de la universidad, la corrieron del trabajo, fue desalojada de su casa y se mudó de nuevo con su madre. Pero esto tampoco funcionó, ya que la madre, en su típico estilo de mártir, hizo que no se sintiera bienvenida.

Cuando empecé a trabajar con Ayanna, siempre tenía una sonrisa. Era una persona realmente agradable, el tipo de mujer a quien la gente siempre considera simpática. Por dentro, sin embargo, era una niña muy lastimada que había ocultado sus carencias, soledad y desesperación —su auténtico yo— para mantenerse a salvo del dolor de querer y no tener, necesitar y no tener quien satisfaga esas necesidades, mostrarse vulnerable y atenta y encontrarse sola. El siguiente poema de Ayanna expresa estos sentimientos:

Mi sonriente amistad,
no pidas demasiado de mí.
Quiero ser querida,
no atender tus lágrimas
y tu dolor.

Tus lágrimas y tu dolor
no me afectan.
Mi armadura es de acero,
mi sonrisa deslumbra,
ciega, seduce...
Hay un vacío
después de la juerga.
No me pidas que lo llene.
Sólo pídeme que sonría.
No me pidas que seque tus lágrimas;
con todo este acero
no puedo escucharte.

Oculta el dolor
tras una sonrisa.
Pregúntame del clima
y de mi trabajo,
sobre dinero e inflación.
No me preguntes
por qué nunca me casé
o si alguna vez amé
o por qué viajo sola.
Con todo este acero
no puedo escucharte.
La defraudé,
porque yo quiero
una amistad sonriente,
no del tipo que se lleva bajo la piel
como semillas plantadas
bajo la oscura, oscura tierra,
sino la amistad sonriente
que revolotea cerca de la superficie
como el aceite en el vinagre,
que nunca se mezclan,
sólo están ahí.
Nunca vayas detrás de la sonrisa
para hacer un viaje
hacia el cielo
en mi palomino.

Dame aliento.
Yo sonrío
placenteramente.
Nunca una mala palabra
digas de nadie.
No te arriesgues
a quitarte la máscara
y ver las nubes
y los arcoiris.
Sólo sonríe y mantén
esa sonrisa de marfil

esmaltado, llena de oro.
Sonríe y construye ese muro.
Y sonríe.

Ayanna habla por muchas de nosotras cuando dice tener miedo a "quitarte la máscara y ver las nubes... y los arcoiris". Tenemos miedo de quitarnos la máscara porque creemos que nos protege de nuestro dolor, el dolor de no sentirnos amadas "tal como somos", de querer ser nosotras mismas y obtener caricias en vez de ser ignoradas, rechazadas o criticadas. Entonces tratamos de ser lo que nuestros padres quieren o lo que la sociedad quiere que seamos y tratamos de no querer lo que por experiencia sabemos que no podemos tener. Y después de un tiempo olvidamos lo que realmente queremos y perseguimos lo que sabemos que sí podemos obtener: aprobación de nuestra superficie, nuestro "falso yo", y desconocemos lo que nos falta y el porqué de nuestro vacío interno. Sólo sabemos que algo nos falta. Si tratamos de penetrar en nuestro vacío, de ver lo que hay más adentro, nos podemos espantar, por hallarnos sin máscara en un mundo desolador.

La madre/padre inseguros

Algunos padres o madres son tan inseguros que, por más buenas intenciones que tengan, sólo pueden ser modelo de inseguridad para sus hijos. Éste es el caso de la madre que continuamente dice: "No sirvo para nada... Me siento culpable... Nunca hago lo suficiente." O el padre que constantemente da a entender: "Soy débil... Soy un fracaso... No soy bueno en nada." Los hijos perciben esta inseguridad de los padres y los ven como débiles e inadaptados. Es probable que estos niños se consideren también insustanciales y se cuestionen: "¿Cómo puedo merecer algo cuando soy producto de un ser tan inferior?"

Cuando son adultos, algunos de estos niños se identifican con el padre/madre más fuerte, tal vez el padre/madre dominante, en tanto que otros se identifican con el inseguro y se harán inseguros y excesivamente deseosos de complacer. Las mujeres inseguras tienden a buscar figuras autoritarias (con frecuencia compañeras) que parecen seguras de sí, con la esperanza de hallar un padre/madre con confianza en sí mismo que les confiera el manto del valor y la capacidad. Desafortunadamente, con demasiada frecuencia las mujeres inseguras eligen compañeros (u otras figuras de autoridad, como jefes) cuya aura de seguridad resulta ser falsa: un compañero que de primera impresión parece tener mucha seguridad en sí mismo, pero que al ser visto con mayor detenimiento resulta ser simplemente obstinado, testarudo y crítico. La mujer insegura se empeña entonces por complacerlo, pero inevitablemente fracasa (porque no hay manera de complacer a las personas demasiado críticas), se culpa a sí misma por esta falla y, por tanto, alienta su sensación de incapacidad. Con el paso de los años, las mujeres inseguras acumulan rencor en contra de sus compañeros, pero son incapaces de reafirmarse a sí mismas. Se sienten tan inseguras que ansían ser reafirmadas, que se les diga que son buenas, valiosas, competentes y que pueden ser amadas, pero ellas no pueden hacerlo. Consideremos a Lois.

Cuando Lois entró en terapia tenía 48 años, había estado casada por 22 y tenía tres hijas adolescentes. Su madre, Gertrude, fue huérfana, y creció en una casa hogar. Se casó con un hombre a veces benévolo, con frecuencia tirano, y tuvo cuatro hijos con él, de los cuales Lois fue la menor. Gertrude delegaba todas las decisiones a su marido, dado que se menospreciaba. Lois creció con un modelo de madre títere. Gertrude no prestaba mucha atención a sus propias necesidades, ni a las de Lois, y ponía todo su interés en complacer a su esposo.

El matrimonio de Lois reprodujo muchos aspectos de la unión de sus padres. También ella se casó con un hombre a veces benévolo, con frecuencia tiránico, a quien se esforzaba por complacer, al tiempo que sentía una enorme rabia contra él. Ella también actuó como títere y, consecuentemente, sus hijas, a pesar de amarla, le tenían poco respeto. Lois estaba consciente de esto y trataba con más fuerza de reafirmarse, pero le resultaba muy difícil. Sabía que las numerosas inseguridades de sus hijas se debían a ella. Deseaba ser un modelo de seguridad y confianza, pero no podía. Se sentía incompetente, inadaptada, temerosa del castigo y del abandono si se atrevía a dar la cara. Anhelaba ser acariciada por su familia, porque ella misma no podía hacerlo.

La madre/padre en extremo crítica/abusiva
Los cuentos de hadas están llenos de historias de ogros y brujas malvadas y enormes lobos malos. Para la mayoría de nosotras estas figuras sirven de sustitutos de los sentimientos mezquinos, de enojo, violentos, que tememos tanto en nosotras mismas como en nuestros padres. La malvada madrastra es ambas: mamá cuando está enojada y dice "no", y una personificación de nuestra furia contra mamá por habernos dicho no. De igual manera, el lobo que amenaza con "soplar y resoplar y tirar la casa" es al mismo tiempo la representación de papá cuando está enojado y la representación de nuestros sentimientos cuando estamos enojadas con papá por ordenarnos hacer algo.

Los niños que son educados en una atmósfera de aceptación y valoración aprenden a ubicar los aspectos buenos y malos de sus padres. Mamá y papá pueden ser estrictos, gritar, enojarse o preocuparse, pero también son sensibles, están pendientes, dan apoyo y afecto. De la misma manera, estos niños aprenden a ubicar sus propios aspectos buenos y malos. Pueden sentirse malos, rencorosos, celosos y agresivos, tanto como afectuosos, cariñosos, compasivos y generosos. El "mal" interno, entonces, se hace tolerable, porque lo malo no se percibe como negativo, sino que se reconoce y acepta como parte de la condición humana. Estos niños se convierten en adultos que pueden amarse como sus padres los amaron, no sólo cuando fueron perfectos, sino todo el tiempo.

Pero, ¿qué decir de aquellas de nosotras que crecimos con una madre que generalmente (no sólo de vez en cuando) era en verdad una malvada bruja? ¿O con un padre que era un enorme lobo malo? Sufrimos el incesante, terrible trauma de que se nos dijera que éramos malas, sin voluntad, tontas, locas.

Nada de lo que hiciéramos estaba bien. Ningún esfuerzo nuestro para mejorar las cosas servía. Nuestras tentativas por sentirnos amadas, respetadas, valoradas y apoyadas fracasaban siempre. Constantemente se nos reñía y humillaba, o hasta se nos golpeaba o violaba. Y todavía se nos decía que merecíamos ese castigo porque éramos malas.

¿Cómo entonces podemos sentirnos bien y querernos "con todo y verrugas" cuando nuestras verrugas nos parecen enormes deformidades y nuestras virtudes tan sólo una fantasía? Aprendimos a agredirnos, criticarnos, regañarnos y castigarnos imitando el comportamiento viciado que veíamos en casa, en lugar de una verdadera valoración. Rachel y Sharon crecieron en dos diferentes tipos de hogares abusivos.

Rachel, hoy día una exitosa profesionista, inicialmente acudió a mí después de graduarse, cuando se encontraba deprimida y dando tumbos, sin poder encontrar un fin que perseguir en la vida. La menor de dos hijas, se crió en una familia judía que puso mucho énfasis en la educación. Su hermana era brillante, la joya de la familia y muy apreciada por su autoritario padre. Rachel, quien padece de un impedimento de aprendizaje que no se le diagnosticó hasta los 20 años, no fue buena estudiante. Era menospreciada por su padre, que la rechazaba, rehusaba dedicarle tiempo y la llamaba "tonta", "floja" y "retrasada". No es de sorprender que Rachel se haya ido de casa en su adolescencia, para huir de él. A sus veintitantos años, después de haber tenido buenas experiencias de trabajo, entró a la universidad, decidida a demostrar que no era tonta. Sin embargo, se resistía a hacer sus tareas, en parte porque temía ser tachada de incapaz y en parte porque no quería ceder a los requerimientos de sus maestros, como antes se había opuesto a obedecer las órdenes de su padre. Logró convencer a sus maestros de darle tiempo, satisfaciendo así su necesidad de sentirse especial y atendida, al tiempo que terminaba laboriosamente sus trabajos. Sin embargo, nunca lograba sentirse lo suficientemente especial. Siempre, a la vuelta de la esquina estaba la posibilidad de ser cuestionada, de recibir una reprimenda y de ser reprobada. No importaba qué tanto demostrase sus capacidades (finalmente logró graduarse con honores), en el fondo aún sentía que su padre tenía razón y que era tonta, floja, incompetente, un fracaso. Por un lado estaba furiosa con su padre por no darle caricias, pero por otro no podía acariciarse ella misma.

La actitud de Rachel reflejaba la actitud de su padre hacia ella. Muy en el fondo, se veía con los ojos de su padre, es decir, con desdén y desprecio. Vivía con el temor de que su "tontera" fuese descubierta. A pesar de que constantemente estaba en guardia y dispuesta a la ofensiva a la menor indicación de que sus derechos estaban siendo infringidos —determinada a no ser nunca más la víctima desamparada de su "padre"—, no podía repeler o derrotar al padre crítico dentro de ella. En consecuencia, a menudo se sentía deprimida y le costaba mucho trabajo motivarse. Con nuestro trabajo de terapia logró reemplazar a su padre interno por una estimulante niñera interna, logrando así estar en paz consigo misma y proseguir sus metas personales y profesionales con confianza y seguridad.

Los padres de Sharon, de clase media y educación universitaria, abusaron física y verbalmente de ella. Sharon, primogénita, no fue una niña deseada, y difícilmente fue tolerada. Constantemente se le gritaba, se le pegaba, se hacía burla de ella y se le decía que era fea, mala, y loca. Recuerda haber intentado con desesperación ser buena, no hacer nada malo, no pararse en la noche al baño por miedo a ser golpeada. Pasó su niñez con terror a la cólera y los ataques de sus padres. Cuando fue adulta, se agredía de igual modo. Cuando la conocí no estaba consciente de la ira contra sus padres, aunque intelectualmente reconocía la dimensión de su crueldad; había dirigido esa ira hacia sí misma, y temía estar loca. No obstante haber aprendido a reafirmarse, permanecía temerosa de toda autoridad, aterrada de que descubriesen qué loca estaba y la rechazaran y abandonaran.

Los hijos de padres excesivamente críticos o abusivos no pueden evitar sentir que sus padres están en lo correcto y que ellos son malos. La razón por la que necesariamente sienten que son malos es que la alternativa es aún peor: creer que mamá y papá son malos. Si mamá y papá son malos, entonces no hay esperanza, escapatoria ni salvación. Una niña que ha sido víctima de abuso y tiene moretones, cicatrices o quemaduras por todo el cuerpo, aun así quiere a su mamá, quiere ser amada por la persona que debe amarla, se aferra a la posibilidad de ser amada y acariciada. De este modo, si mamá y papá no son malos, entonces ella debe ser mala. Todo debe ser su culpa. Si tan sólo pudiese ser buena, lo que ellos quieren, necesitan y aprecian. Pero no importa cuánto se empeñe en satisfacerlos, jamás lo logra; la siguen criticando, le siguen gritando, pegando. Entonces, ha de merecerlo. Es tan mala, y están tan decepcionados de ella. Es su fracaso.

Estos sentimientos de incompetencia y fracaso son difíciles de sacudir. Las niñas que han sufrido abusos se convierten en mujeres que son demasiado sensibles a las evidencias de sus fallas y desatienden en gran medida la evidencia de sus cualidades. Otros podrán verlas como personas agradables, atractivas, exitosas, pero ellas, como Sharon, se sienten rechazables, feas y un fracaso. Deben aprender, como lo ha hecho Sharon, a reconocer y valorar sus verdaderas fuerzas, y a reemplazar su crítico interno abusivo por una niñera interna compasiva, alentadora. Sharon, ahora, no sólo ha desarrollado una percepción positiva de sí, sino que también es muy hábil para reconocer y afianzarse en su propio valor, aun frente a la crítica o a otras reacciones negativas.

¿Qué tipo de padre(s) o figura(s) paterna(s) tuviste? Algunas de ustedes habrán tenido un padre/madre que encuadra perfectamente en una de estas categorías. Otras, tal vez tuvieron un padre/madre que era más bien una amalgama de dos o más categorías de las descritas anteriormente. Quizás tu madre fue tanto insegura como entrometida, o insegura y distante. O tu padre era narcisista y distante, o narcisista y muy crítico. O puede ser que hayas tenido una madre que era suficientemente buena... y murió cuando eras aún pequeña, con lo cual se volvió instantáneamente inaccesible. Tal vez tu padre fue suficientemente bueno hasta que tenías siete años, porque entonces se quedó sin trabajo y se volvió depresivo y distante. Quizás fuiste criada por tu abuela, lo suficientemente buena, y por un tío abusivo. Puede ser que ninguna de estas clasificaciones sea suficiente.

Los seres humanos son complejos, están llenos de sentimientos conflictivos, son altamente capaces de tener inconsistencias y de funcionar en distintos niveles y de muchas maneras. Se resisten a entrar en una serie de cajones clasificados. No intentes meter a tus padres en uno de estos cajones si no les queda. En lugar de eso, emplea este sistema de clasificación, en la medida de lo posible, para entender cómo fuiste influida por los estilos de ejercer la paternidad con los cuales fuiste educada. Es importante reconocer los estilos, dado que: *Tenderás a tratarte como tus padres te trataron.*

Como vimos, en momentos difíciles algunas de nosotras nos sosegamos, consolamos y alentamos, mientras que otras nos pateamos. Algunas de nosotras tenemos una niñera interna compasiva y que nos da apoyo, mientras que otras tenemos un crítico interno despectivo y abusivo. Esto ocurre porque el modelo de nuestra niñera interna fue tomado de nuestros padres y de otras figuras de autoridad. Si nuestros padres se dirigían a nosotras con amor y cuidado, nos valoraban y nos acariciaban, entonces, aprendimos a amarnos y valorarnos y acariciarnos. Por otra parte, si nuestros padres generalmente nos descuidaban o eran enojones y duros; si nos colmaban de críticas y desaprobación, aprendimos a odiarnos, menospreciarnos y despreciarnos. Si eran modelos de inseguridad o culpa, aprendimos a hacernos responsables de todas nuestras dificultades y a culparnos por ser tan incapaces.

En nuestros años de crecimiento algunas de nosotras tuvimos experiencias importantes con otras personas, fuera de nuestra casa, que nos ayudaron a formar nuestras actitudes hacia nosotras. Algunas tuvimos una maestra que vio nuestro potencial y nos dio un incentivo especial y nos apoyó. Otras tuvieron una guía scout o un amigo de la familia que se convirtió en un tipo de padre para ellas, por el respeto que manifestaba y el apoyo y los consejos que daba. Otras más tuvimos un abuelo, tía o vecino que nos quería y acariciaba. Aquéllas que tuvimos alguna de estas relaciones afirmativas, quizás tengamos una niñera interna moldeada, al menos en parte, a imagen de esa persona alentadora.

Otras de nosotras encontramos figuras de autoridad que sólo nos hicieron sentirnos peor, maestras que nos hicieron sentir tontas, entrenadores que nos hicieron sentir incompetentes, abuelos que nos decían que éramos desobedientes, compañeros que nos menospreciaban y nos excluían. Si nuestros padres nos valoraban, estas experiencias negativas eran mitigadas; pero para aquéllas que en gran medida no éramos acariciadas por nuestros padres, estas experiencias sólo reafirmaban nuestros sentimientos negativos hacia nosotras y se convertían en leña para el fuego interno de menosprecio.

Dado que nuestra niñera interna fue moldeada a imagen de nuestros padres, aquellas de nosotras que no tuvimos buenos padres, y que por lo tanto, como adultas necesitamos apoyo, desgraciadamente somos también las que menos posibilidades tenemos de obtenerlo. ¿Cómo podemos sentirnos valoradas cuando nuestro crítico interno constantemente nos riñe? ¿Cómo, si nos da miedo permitir a la gente que se nos acerque? ¿Cómo podemos aceptar la caricia de otros si nuestra niñera interna nos dice que no lo merecemos y que no debemos sentirnos bien? Antes de poder ser acariciadas por el mundo, necesitamos aprender a acariciarnos nosotras mismas.

PARTE II

DIEZ PASOS PARA AGRADARTE

Los siguientes diez pasos están diseñados para enseñarte a apreciarte a ti misma. Practícalos lo mejor que puedas, y aprenderás a valorarte. Es preferible que sigas los pasos en el orden que se indica, pues cada uno tiene su fundamento en el que le precede. Sin embargo, puede suceder que a medida que avances en la lectura quieras practicar algunos y otros no; puedes hacerlo. Cualesquiera que sean los pasos que des para elevar tu autoestima, te serán de gran ayuda. Incluso si sólo decidieras leer este libro tratando de aplicar los conceptos aquí vertidos sin hacer ninguno de los ejercicios, te estarás ayudando.

Algunas de ustedes quizá se sientan un poco absurdas, falsas, tensas o confundidas, o creerán que no tiene sentido valorarse. Si te sientes así, detente y date los incentivos y el apoyo que necesitas. Ten confianza y haz algo diferente. No tienes nada que perder (estos ejercicios no pueden lastimarte) y sí mucho que ganar. Date la mano, la necesitas.

No hay ningún misterio en estos pasos. Son simples y claros; fueron diseñados para que logres sentirte valiosa y dejes de criticarte y menospreciarte. Además, te dicen cómo debes "acariciarte".

Cuando hagas los ejercicios, date todo el tiempo que necesites. La mayoría de las mujeres pierden mucho más tiempo culpándose y deprimiéndose que haciendo estos ejercicios; recuerda que el tiempo que les dediques te va a reditar grandes beneficios ahora y siempre. Aparta un tiempo, permanece tranquila, sin interrupciones; elige un lugar en donde puedas sentirte cómoda y escribir. Para algunos ejercicios necesitarás lápiz y papel. A menos que así se indique, no tienes que terminar los pasos en una sola sesión.

Es mucho mejor hacer sólo un paso a la vez. Después de terminar un paso, y antes de pasar al siguiente, vas a necesitar un tiempo para analizar tus sentimientos. Estos pasos te van a ser muy útiles, siempre y cuando te comprometas a seguirlos; termínalos si esto no mina tu autoestima.

A medida que vayas avanzando, recuerda que esto te servirá para toda la vida. No debes apresurarte; quizás desees repetir algunos pasos. Pregúntale a tu percepción interna qué es apropiado, sé tu propia guía. Si algunos de los pasos te parecen difíciles o te provocan conflicto, es probable que estén tocando un punto vulnerable, cercano a sentimientos difíciles de enfrentar. Eso es bueno, porque esos sentimientos son precisamente los que más importa analizar, y el hecho de enfrentarlos te ofrece una mayor posibilidad para cambiarlos. Si estás tentada a saltarte un paso o a no terminar alguno, ¡detente! Analiza lo que estás sintiendo. Pregúntate a qué le temes y sigue así hasta que obtengas la respuesta. No te detengas a averiguar si tus miedos son racionales. Con frecuencia nos inmovilizamos por miedos que nuestra mente califica de triviales pero que nos descontrolan. Cuando sepas qué es aquello a lo que le temes, seguramente sentirás el alivio necesario para empezar a ocuparte de ese paso. Cuando comiences el paso, es muy importante que te permitas dejarlo cuando lo desees. Relájate, no te fuerces.

Algunas de ustedes pueden sentirse renuentes a seguir los pasos aun sin saber de qué tratan y cuál es su alcance. Si es el caso, lee primero todo este apartado o, si lo prefieres, todo el libro. Cuando termines, analiza cómo te sientes. Si consideras que obtuviste la suficiente ayuda con sólo haberlo leído y no deseas hacer los ejercicios, no hay problema, está bien. Por ningún motivo quiero que estos pasos se conviertan en una pesada carga.

Por otra parte, si al leer los pasos crees que alguno o todos podrían ayudarte, te exhorto a practicarlos. Como cualquier cosa que se aprende, te será más fácil valorarte a medida que vayas aplicando los conceptos aquí presentados. Ésta es tu oportunidad de aprender a ayudarte, para que así te agrades, te sientas bien y tengas éxito. ¡Tómala!

A medida que practiques los pasos, bríndate apoyo e incentivos, y no esperes un cambio inmediato. Los viejos hábitos son difíciles de erradicar. Si tienes por costumbre denostarte, en lugar de valorarte, deberás invertir mucho tiempo y esfuerzo para reemplazar tu viejo hábito de criticarte y menospreciarte por la sensación de acariciarte. Este cambio no es fácil de lograr, pero se consigue. Toma esta oportunidad, cambia tu vida. Aprende a darte la compasión, la aceptación, el respeto, el incentivo, las caricias y el apoyo, que son las llaves de la autoestima.

CAPÍTULO 4

PASO UNO: RECONOCE TUS PUNTOS BUENOS, CONFÍA EN TI

Reconoce tus puntos buenos
El primer paso para elevar tu autoestima es aprender a reconocer y apreciar tu habilidad, tu capacidad y tus cualidades personales.

Haz una lista de lo que más te guste de ti misma y titúlala: "¡Lo que más me gusta de mí!" Escribe todo en términos positivos (por ejemplo: "Soy generosa", en lugar de "¡Soy tacaña!") e inicia cada atributo con la palabra "Yo".

Tal vez este ejercicio te parezca difícil, ya que no estás acostumbrada a pensar en lo que te gusta de ti, sino que te la pasas pensando en lo que no te gusta. Si es así, aleja de momento esos pensamientos (los estudiaremos más adelante) y prométete que sólo verás tus puntos positivos.

Comienza por escribir los atributos positivos que primero te vengan a la mente. Para Diane (la chica de la que se habló al final del capítulo 1) eran los siguientes:

Yo tengo buena voz.
Yo le gusto a los niños.
Yo soy puntual.
Yo soy organizada y eficiente.*

---

*En muchas partes del libro he utilizado material de mis pacientes para ilustrarte cómo debes hacer los ejercicios. Con frecuencia, en sesiones de terapia estos ejercicios se hacían de manera informal y verbal, puesto que estábamos frente a frente.

Después, busca otras cualidades que no te vengan tan fácilmente a la mente. Concéntrate en las cosas que te gustan de ti, en esas en las que no piensas a menudo o que no tomas en cuenta. Diane, después de pensar un rato, pudo añadir a su lista:

Yo soy honesta y responsable.
Yo soy muy buena con los animales.
Yo mantengo limpia mi casa.

Ahora concéntrate aún más en tus buenos atributos. Para lograrlo, pregúntate:

¿Qué es lo que otros aprecian de mí?
¿Qué me ha ayudado a salir adelante en malas épocas?
¿Qué cualidades mías hacen posible que me divierta?
¿Qué cualidades tengo que me han permitido crecer y madurar?
¿Qué cualidades tengo que me han permitido desarrollar mi trabajo?
¿Qué cualidades tengo que me han permitido educar bien a mis hijos? (cuando sea aplicable)
¿Qué cualidades tengo que me han permitido tener una pareja? (cuando sea aplicable)
¿Qué es lo que más me gusta de mi apariencia?

Después de considerar estas preguntas, Diane contestó:

Yo soy una amiga leal.
Yo sé escuchar a la gente.
Yo ayudo a la gente cuando me necesita.
Yo estoy dispuesta a emprender cosas nuevas.
Yo puedo disfrutar del ocio.
Yo soy afectuosa.
Yo sigo adelante, de una forma u otra, a pesar de que a menudo me siento deprimida y confusa.
Yo tengo buen sentido del humor y suelo ser ingeniosa.
Yo tengo capacidad para aprender.

Yo tengo amplio criterio, pero analizo las opiniones de los demás antes de aceptarlas o rechazarlas.
Yo puedo analizar correctamente las cosas y soy buena para los detalles.
Yo tengo una bonita sonrisa.

Una vez que tú sola hayas hecho tu lista, lo más larga posible, pregunta a quienes te aprecian qué es lo que les gusta de ti. Tal vez valoren cualidades de las que no te habías dado cuenta o que se te habían olvidado. Los amigos de Diane apreciaban su variedad de intereses, su creatividad, su honestidad y su belleza.

Lo que sigue es revisar tu lista para ver si no te falta nada. Respira lenta y profundamente tres veces, y luego pregúntate: "¿Existe algo más que se pueda incluir en esta lista? ¿Tengo otro buen atributo? ¿Algo que me falte?" Luego haz una pausa y espera en silencio un minuto. Si algo más te viene a la mente, añádelo a la lista. Si parece que falta algo, pero no sabes qué es, trata de recordar de qué se trata. Luego, cuando lo sepas, ponlo en tu lista. Diane añadió: "Tengo un buen corazón."

Por último, en tanto sigues con tu ritmo de vida, mantente alerta para que puedas reconocer más de tus atributos positivos. Anótalos y añádelos a tu lista.

Cuando hayas terminado tu lista, léela lentamente y en voz alta. Acepta cada atributo positivo. Reconoce que cada característica admirable de ti es en verdad cierta. Tú sabes que tienes esas cualidades porque en repetidas ocasiones las has percibido. Si empiezas a dudar de que verdaderamente sea tuya una cualidad (las personas que tienen problemas para acariciarse siempre están dudando de ellas mismas), piensa en tu lista y recuerda el proceso por el que pasaste para reconocer ese atributo positivo.

Relee tu lista diciendo, antes de cada descripción: "Yo realmente." Por ejemplo, para Diane:

Yo realmente tengo buena voz.
Yo realmente le gusto a los niños.

Yo realmente soy puntual.

Yo realmente soy organizada y eficiente.

Yo realmente soy honesta.

Yo realmente soy responsable.

Yo realmente soy muy buena con los animales.

Yo realmente mantengo mi casa limpia.

Yo realmente soy una amiga leal.

Yo realmente sé escuchar a los demás.

Yo realmente ayudo a la gente cuando me necesita.

Yo realmente estoy dispuesta a emprender cosas nuevas.

Yo realmente disfruto el ocio.

Yo realmente soy afectuosa.

Yo realmente logro salir adelante a pesar de que con frecuencia me siento deprimida y confusa.

Yo realmente tengo buen sentido del humor.

Yo realmente puedo ser ingeniosa.

Yo realmente tengo la capacidad de aprender.

Yo realmente tengo amplio criterio, pero analizo las opiniones de los demás antes de aceptarlas o rechazarlas.

Yo realmente puedo conceptualizar bien.

Yo realmente soy buena para los detalles.

Yo realmente tengo una bonita sonrisa.

Yo realmente tengo diferentes intereses.

Yo realmente soy creativa.

Yo realmente soy honesta.

Yo realmente tengo un buen corazón.

Pon mucha atención a la manera como te sientas cuando termines de leer cada atributo. Después de toda una vida de recriminarte, ¿acaso no es maravilloso reconocer y apreciar las variadas y buenas cualidades que posees? Es como salir de un bosque húmedo y frío a los cálidos y nutrimentos rayos del sol.

Confía en ti

Pon la lista de atributos que más te gustan de ti en algún lugar visible y reléela al menos dos veces al día, todos los días. Considera el repaso de tu lista como tiempo para reconfortarte y valorarte. Tómate tu tiempo. *No te apresures*. Disfruta la sensación de sentirte bien contigo misma. Ten cuidado de que no se atraviesen pensamientos negativos. Desecha todos tus "Sí, pero..." y concéntrate en tus valiosas cualidades.

Primero sentirás la necesidad de volver a criticarte; por ejemplo: "Sí, le agrado a los niños, pero ¿qué importa, si no puedo encontrar pareja?" Debes estar consciente de ese hábito y estar preparada para cortarlo de raíz. Aprendiste a castigarte con tiempo y esfuerzo; de igual manera puedes aprender a dejar de hacerlo. Al atacarte te estás negando la posibilidad de sentirte bien. Deja de limitarte de esa manera. Cuando te descubras pensando de manera negativa, detente y relee la lista de atributos que más te gustan de ti, pero esta vez admite realmente cada atributo positivo. Siente el tibio fulgor que emanas cuando te sientes bien contigo misma. Con el tiempo y la práctica desecharás más fácilmente los pensamientos críticos y podrás concentrarte en ese tibio fulgor.

Recuerda releer tu lista al menos dos veces al día, todos los días. Para muchas personas es más fácil releer la lista a determinada hora del día, generalmente una lectura por la mañana y otra por la tarde. Elige los momentos propicios. Haz una copia de tu lista y llévala siempre contigo. Guarda otra copia en tu trabajo. Cuando te sientas mal, relee tu lista lentamente y déjate sentir que ésa eres realmente tú. Estas admirables cualidades en verdad te pertenecen. Tómate el tiempo necesario para sentirte reconfortada y valiosa.

CAPÍTULO 5

PASO DOS: OBSERVA CÓMO TE AGREDES

Como ya vimos, todas tenemos una voz interna, que puede ser hostil y que a veces nos controla. Es la voz que nos dice que somos malas, que estamos equivocadas, que hemos fallado, que no merecemos nada y que somos un fracaso. Es el crítico interno que nos ataca y nos regaña. Necesitamos librarnos de ese crítico interno y reemplazarlo por una niñera que, como una madre afectuosa, nos quiera y apoye.

Vas a aprender, en éste y en el siguiente paso, cómo reconocer a tu crítico interno. Experimentarás cómo esta "mala conciencia" que llevas dentro te impide alcanzar tus metas. Aprenderás, con un patrón nuevo, a abordar tus problemas y a aceptarte, comprenderte y respetarte.

Haz una lista de tus atributos que te disgustan y ponle el título de "autocríticas".

Es probable que la lista de tus puntos malos te sea más fácil de hacer. Probablemente tú, como la mayoría de nosotras, mentalmente la hayas estado escribiendo desde hace años. Sin embargo, puedes resistirte a ponerla por escrito, ya que tienes miedo de ver y reconocer sobre el papel tus errores y fracasos, que no obstante no te permites olvidar. Si es así, piensa que trabajar con tu autocrítica, proceso por el cual estás a punto de pasar, te ayudará a mejorar tu relación contigo misma.

Cuando escribas las cosas que no te gustan de ti, para no caer en la depresión que estas autocríticas generan, imagina que estás describiendo a otra persona, que es igual que tú, y ponle un nombre. No escribas:

"Nadie me quiere. Constantemente echo a perder las cosas. En el trabajo nadie me respeta. Nunca voy a poder tener pareja o hijos." En lugar de eso escribe: "Estefanía (o cualquier otro nombre que no sea el tuyo) no logra conseguir novio. Estefanía constantemente comete errores. En el trabajo a Estefanía nadie la respeta. Estefanía nunca podrá tener una familia." Este truco te permitirá considerar en su totalidad las fallas y errores que hayas percibido en ti y al mismo tiempo te mantendrá distante, y no te sentirás molesta o deprimida.

Tómate tu tiempo y haz la lista lo más completa posible. Cuando esté terminada, haz una copia y guárdala para futuros ejercicios.

Antes de pasar al próximo paso, consideremos la lista de autocrítica de Diane.

Lista de autocríticas de Diane

1. Hay algo terriblemente mal en Estefanía, que le impide a la gente quererla.
2. Estefanía es insegura.
3. Estefanía es tímida.
4. Estefanía es muy sensible.
5. Estefanía es sarcástica.
6. Estefanía es egoísta.
7. Estefanía no es generosa.
8. Estefanía siempre quiere salirse con la suya.
9. Estefanía es muy ambiciosa. Debería conformarse con lo que tiene.
10. Estefanía es un fracaso en las citas amorosas. Nunca se casará ni tendrá hijos.
11. Estefanía es muy antisocial.
12. Estefanía es muy adversa.
13. Estefanía no sabe competir.
14. Estefanía constantemente se autocompadece.
15. Estefanía es muy inmadura. No debería permitir que sus problemas la afectaran tanto.
16. Estefanía se deprime muchísimo.
17. Demasiadas cosas le preocupan a Estefanía.

18. Estefanía comete muchos errores en el trabajo.
19. Estefanía tiene serios problemas para relacionar se con sus compañeros de trabajo.
20. Los jefes de Estefanía no la respetan. Y esto es porque no merece respeto.
21. Estefanía se avergüenza de su familia. No es bueno avergonzarse de la familia.
22. Estefanía es tan tonta que no sabe lo que quiere ser en la vida.
23. En pocas palabras, Estefanía es un fracaso; su trabajo es una porquería, no tiene novio, no tiene hijos, no tiene futuro. ¡Está perdida!

Cuando vemos la lista de atributos y la lista de autocríticas de Diane, difícilmente parece que la persona a la cual nos referimos es la misma. ¿Cómo es posible que una persona que tiene tantas y tan maravillosas cualidades sea al mismo tiempo tal desastre? Parece imposible. ¿Cómo es posible que alguien que es eficiente, responsable, confiable y creativo no sea respetado en el trabajo? ¿Cómo es posible que alguien que es amable, divertido, gracioso, leal y que sabe escuchar no se pueda llevar bien con la gente? Ciertamente, es posible sentir temor e inseguridad en una cita con un chico a tal grado que el encuentro se eche a perder. Y también es cierto que mucha gente tiene problemas para encontrar el camino en su vida. Pero, ¿lo demás qué? Algo está mal, no puede ser; tal vez tus listas tampoco tengan sentido. Veamos cuál es el problema.

Parte del problema es que Diane no había aprendido que es natural que como ser humano se tengan problemas. Todos tenemos problemas de un tipo o de otro y, como vimos en el capítulo 3, mientras más dura haya sido nuestra infancia, es factible que tengamos más problemas y, por tanto, que peor nos sintamos con nosotras mismas. Claro que Diane sabía esto en teoría —es muy inteligente y culta—, pero no lo podía aceptar. En su interior sentía que sus problemas eran resultado de que algo malo y desastroso había en ella. Estaba segura de que su falta de éxito con los hombres se debía a que no era más que un bulto, que no valía la pena que los chicos salieran con ella y que se quedaría sola para siempre. Asimismo, en el trabajo, en donde tenía responsabilidades administrativas de bajo nivel, se culpaba por no progresar en una compañía pequeña y abiertamente sexista. A pesar de que veía que su jefe era amable con las mujeres que se conformaban con un puesto secretarial y que alimentaban su ego, sentía que debía haber algo pésimo en ella, puesto que no era tratada de igual manera. Sus amigos le aconsejaban que buscara un trabajo más gratificante, pero ella no quería otras opciones. Lo que es peor, estaba decidida a obligar a su jefe a que le diera un trato igualitario, no obstante resentir y oponerse a su actitud falsamente amable. ¿Cómo fue que Diane se enredó en esa situación y qué fue lo que la hacía permanecer ahí?

La explicación analítica es que Diane tenía "compulsión de repetir" —la necesidad de reactuar los actos infelices de su niñez—, lo que la obligaba a buscar una figura paterna distante, egoísta, hipócrita y represiva, a la que constantemente atacaba en un vano intento de cambiar las cosas. Al hacer esto trataba de obtener el reconocimiento, respeto, aceptación y amor de este tipo de persona que había anhelado toda su vida. Sin embargo, al elegir a alguien tan parecido a su padre (su jefe), la única respuesta que podía obtener era lo que él era capaz de dar, y esto estaba muy lejano de la caricia que ella buscaba.

Hasta cierto punto la explicación analítica es correcta, y es parte vital y útil para comprender lo que le ocurría a Diane, así como también para ayudarla a reconciliarse con ella misma. Sin embargo, no es suficiente. Diane estaba atrapada, porque en el fondo no se respetaba y no se gustaba a sí misma. Constantemente buscaba gente que le hiciera recordar a su padre para así poder afirmar su valía, porque ella misma no se sentía valiosa. Esto la hacía depender de ser aceptada precisamente por la gente que probablemente más la rechazaría, y por ende, que más reafirmaría la baja opinión que tenía de sí misma.

Reconocer sus atributos la había ayudado, pero en lo que más se obstinaba era en su lista mental de autocrítica. Estaba segura de que sus fallas constituían la verdadera Diane, y que cualquiera que la llegase a conocer la vería como ella se veía.

Reaccionaba con su jefe de la misma manera en que cuando niña lo hacía con su padre: con ira y frustración, pero sobre todo culpándose. Su razonamiento era que algo terriblemente mal en ella era la causa por la cual su jefe la trataba adustamente, pues con las otras mujeres con las que trataba en la oficina era amable. No acertó a ver que su jefe, al igual que su padre, sólo era amable con aquellos a quienes temía (su respectivo jefe) y con las personas que estaban dispuestas a alimentar su ego. Mientras Diane más se culpaba por no obtener la respuesta que esperaba de su jefe, más se esforzaba por descubrir qué podía haber hecho que impedía que su jefe la apreciara, y mientras más se frustraba, más se deprimía. De esta manera, repetía la desdicha de su infancia.

Para sentirse mejor y valorarse, Diane tuvo que dejar de culparse y criticarse. Tuvo que librarse de su crítico interno, que siempre trataba de limitarla. Tuvo que aprender a trabajar su lista de autocríticas de tal manera que le ayudara a cambiar y a liberarse, no a mantenerse estancada. En los pasos siguientes continuaremos con el proceso de Diane, el cual le permitió desarrollar una brillante profesión y un feliz matrimonio.

CAPÍTULO 6

PASO TRES: RECONOCE A TU VERDADERO YO

Convertir piedras en oro
Cuando Diane terminó su lista de autocríticas le dije que iba a tener que aprender a convertir esas "piedras" en oro. Que debía utilizar sus autocríticas para fijarse metas. Para comenzar, le pedí que reconsiderara cada una de sus críticas y que se asegurara de que eran verdaderas. Que si un reproche no era cierto, lo marcara con una F de falso, y que junto a éste, entre paréntesis, afirmara la verdad. Las autocríticas que considerara ciertas, aun después de analizarlas, debería marcarlas con una V de verdadero, y luego volver a plantearlas, pero de manera afectuosa, no agresiva. Le pedí que fuera lo más concreta posible cuando trabajara con los reproches que consideraba válidos y que además mencionara en qué circunstancias tenía ese problema (o cómo era que se manifestaba dicha característica) y el tipo de ayuda que necesitaba para superarlo. Luego Diane rehízo su lista.

Autocrítica número 1: Hay algo terriblemente mal en ella que impide que la gente la quiera

Diane estaba segura de que esto era verdad. Le pedí que hiciera una lista de las personas que no la querían y otra de las que sí. Para su sorpresa, el número de personas que la apreciaban resultó ser mucho mayor que las que no. Su lista de admiradores incluía viejos y nuevos amigos y algunos compañeros de trabajo que, aunque no amigos personales, mostraban interés en ella y la apoyaban. Se sorprendió, porque al pensar siempre en la gente que le respondía negativamente, le parecía que no se podía llevar bien con nadie. Sin embargo, con la evidencia que le proporcionaron sus listas constató que su creencia de que no podía tener buenas relaciones con la gente era infundada. A pesar de su percepción de padecer algo terrible, se dio cuenta de que la autocrítica número 1 no era cierta. Luego le pregunté si la gente que no la apreciaba tenía algo en común. Después de reflexionar un poco reconoció que todos eran envidiosos, obstinados y falsos. Entonces marcó con una F esa autocrítica y, entre paréntesis, escribió: "La verdad: mucha gente me aprecia y me relaciono bien con ella. Con algunas personas, especialmente las que son narcisistas, indulgentes y competitivas, tengo muchas dificultades."

Autocrítica número 2: Es insegura

Diane pensaba que definitivamente era insegura. Podía recordar muchas ocasiones en las que, por miedo a externar su punto de vista, había permitido que los demás hicieran lo que quisieran y, en cambio, sólo recordaba algunas ocasiones en que se había sentido segura. Le pedí que lo escribiera de manera comprensiva, no crítica. Y escribió: "Necesito ayuda para volverme más segura."

Autocrítica número 3: Es muy tímida

Diane estaba de acuerdo en que era tímida, pero también reconocía que no lo era tanto como solía parecerlo. Marcó esta autocrítica con una V y la volvió a redactar así: "Me estoy volviendo menos tímida, pero necesito más apoyo e incentivos."

Autocrítica número 4: Es demasiado sensible

Diane no estaba segura de que esta crítica fuese cierta. Sabía que con facilidad se sentía lastimada, rechazada y menospreciada. (Cuando las personas se describen a sí mismas como "sensibles", generalmente quieren decir que sus sentimientos son fáciles de herir, no que estén en armonía con los sentimientos de los demás.) Sin embargo, no estaba segura de tener buenas razones para sentirse agredida o si sólo hacía una montaña de un montón de tierra. Decidió poner un signo de interrogación y considerar esta crítica después.

Autocrítica número 5: Muy sarcástica

Diane pensaba que este reproche algunas veces era cierto. Se sentía ambivalente respecto de lo negativo de ser sarcástica. Por el lado positivo, reconocía que su habilidad para ser sarcástica era parte de su ingenio. Por otra parte, se daba cuenta de que su enojo se disfrazaba de sarcasmo. Después de analizarlo, marcó esta autocrítica como verdadera y la redactó así: "Necesito apoyo para expresar mi descontento en forma directa, en lugar de disfrazarlo de sarcasmo."

Autocrítica número 6: Ególatra

Diane sentía que esta autocrítica era verdadera. Le pedí que me diera ejemplos de su comportamiento egoísta. Le pareció difícil encontrar ejemplos. Le pregunté si podía pensar en algunas ocasiones en que hubiese puesto los sentimientos y las necesidades de otros por encima de los suyos. Pudo señalar varias. Entonces le pregunté qué era lo que la hacía pensar que era una persona egocéntrica. Me dijo que siempre pensaba en sí misma y que quería las cosas para ella. En este punto estaba confundida entre el pensar y el hacer. Todo mundo tiene pensamientos malos y egoístas, pero eso es diferente a llevarlos a cabo. Hay un mundo de diferencia entre tener ganas de entorpecer el ascenso de una amiga y el hecho de hacerlo. Cuando Diane se dio cuenta de esto, marcó su autocrítica número 6 con una F. Luego escribió: "La verdad: ayudo de buena gana a los demás y soy sensible a sus sentimientos."

Autocríticas número 7 y 8: No es muy generosa y siempre quiere salirse con la suya

Dadas las conclusiones a las que llegó al analizar si era egoísta, Diane rápidamente marcó estas dos autocríticas como falsas. En la número 7 escribió: "La verdad: soy generosa. De hecho, en ocasiones doy más de lo que recibo." En la número

8 puso: "La verdad: tiendo a ser muy considerada cuando hago planes con otros, y rara vez insisto en lo que yo quiero."

Autocrítica número 9: Muy ambiciosa, debe conformarse con lo que tiene

Evaluar esta autocrítica puso a Diane en un dilema. Tanto su madre como sus hermanos tenían trabajos muy mal remunerados, constantemente le reprochaban que estuviese mejor que ellos y no comprendían el motivo de su infelicidad. Diane no estaba segura de saber quién tenía la razón. A pesar de que se esforzaba por superar la situación, una parte de ella consideraba que su familia tenía razón y que debía permanecer estancada. Su mente quería marcar esta crítica como falsa, pero su interior dudaba. Finalmente decidió marcarla con una F y escribió: "La verdad: quiero una vida mejor que la de mi familia; para eso necesito incentivo y apoyo en mi anhelo por lograr algo y triunfar."

Autocrítica número 10: Un fracaso en las citas amorosas. Nunca se casará ni tendrá hijos

Esta autocrítica inquietaba particularmente a Diane. Sabía que era cierto que en esas circunstancias sentía miedo de ser rechazada o manipulada, por lo cual se desconcertaba. Esto la hacía perder las esperanzas de formar una familia algún día. Marcó ésta como V y la volvió a redactar de la siguiente manera: "Necesito aceptarme más a mí misma para no temer tanto al rechazo. También debo comprender y enfrentar mi temor a ser manipulada, para no evitar salir con hombres. Si dejo de tener miedo tal vez podré casarme y tener hijos, aunque necesito mucho ánimo."

Autocrítica número 11: Antisocial

Diane se daba cuenta de que en realidad sólo era antisocial cuando salía con hombres, así que decidió que esto era verdad sólo parcialmente y volvió a redactar la crítica así: "Necesito más práctica y apoyo para salir con hombres."

Autocríticas número 12 y 13: Muy adversa, no sabe competir

Diane decidió considerar estas dos críticas juntas. Al reconsiderarlas no sabía si era demasiado o poco competitiva. No sabía que la situación en sí la asustaba. Después de mucho pensar y hablarlo con sus amigos, marcó la autocrítica número 12 con F y la número 13 con V. En la 12 escribió: "La verdad: tengo miedo de competir y pensar que si compito me estoy excediendo." La 13 volvió a redactarla de la siguiente manera: "Necesito ayuda para sentirme tranquila en situaciones de competencia y para aprender a enfrentarlas."

Autocrítica número 14: Constantemente se autocompadece

Diane sabía que frecuentemente se tenía lástima, y entonces se dio cuenta de que eso sólo la hacía sentirse peor. La marcó con V, pero le costó mucho trabajo pensar en cómo volverla a redactar. Le sugerí que en lugar de sentir lástima podía intentar tener compasión por ella misma. Primero pareció sorprendida, pero después quedó encantada y escribió: "Necesito tener más compasión de mí misma", y lo subrayó.

Autocrítica número 15: Inmadura. No debería permitir que sus problemas le afectaran tanto

Diane pensaba que esta autocrítica sin duda era correcta. Siempre le afectaba todo tipo de cosas que para otras personas no significaban nada. Le pedí ejemplos. Me habló de incidentes menores que le ocurrían en el trabajo y que la alteraban mucho. Le pregunté por qué la alteraban tanto y me explicó que para ella eran símbolos de la mala impresión que jefes y compañeros de trabajo tenían de ella. Le señalé que la mayoría de las personas se sienten mal por ser relegadas o menospreciadas y que muchas mujeres tienden a interpretar las reacciones de los otros como señal autoperceptiva de algunas ineficiencias. Después de considerar lo anterior, marcó la autocrítica número 15 con V y la volvió a redactar así: "No soy una niña, pero con facilidad interpreto las actitudes de otros como reacciones negativas hacia mí. De igual forma acepto las críticas de otros y asumo que saben 'la terrible verdad' sobre mí. Necesito ayuda para sentirme mejor conmigo misma y para desarrollar un método para evaluar mi autoestima que no se base en los juicios críticos de los demás."

Autocrítica número 16: Se deprime con frecuencia

Sin titubear, Diane marcó esta autocrítica con V y la volvió a redactar de esta manera: "Necesito tener más confianza y creer que las cosas pueden mejorar para mí."

Autocrítica número 17: Demasiadas cosas le inquietan

Diane marcó esto con V y volvió a redactarlo así: "Necesito ayuda para sentirme menos temerosa y abrumada; además, no debo inquietarme tanto."

Autocrítica número 18: Comete muchos errores en el trabajo

Diane reconocía cometer errores cuando estaba nerviosa o presionada, pero la mayor parte del tiempo era eficiente, organizada y capaz. Sin embargo, no era suficiente; sentía que si no era perfecta no era eficiente. Le pregunté si su jefe u otras personas cometían errores. Me dijo: "¡Claro!", y me explicó que parte de su trabajo era corregir esos errores. "¿Por qué se les permite a ellos tener errores y a ti no?", le pregunté. Reconoció que todo mundo comete errores. Marcó esta autocrítica con F y escribió: "La verdad: cometo errores cuando estoy bajo tensión, pero lo mismo le sucede a cualquiera. Casi siempre soy muy eficiente en mi trabajo."

Autocrítica número 19: Tiene muchos problemas para relacionarse con sus compañeros de trabajo

Diane sabía que esto era verdad, pero sólo con su jefe inmediato, con la mayoría de sus compañeros (que se conformaban con su puesto e interpretaban la eficiencia de Diane como muestra de que ella se sentía más que ellos) y, a veces, con alguna persona de la gerencia. Sin embargo, después de hacer la lista de personas que la apreciaban (cuando reconsideró la autocrítica número 1), reconocía que había otras personas en el trabajo con las que se relacionaba muy bien, y ocasionalmente con su jefe. Por tanto, decidió que esta autocrítica era relativamente cierta y la volvió a redactar de este modo: "Necesito encontrar la manera de manejar la sensación de ser desplazada y rechazada en el trabajo. También necesito desarrollar maneras más efectivas de tratar con figuras de autoridad, distantes, egocéntricas e indulgentes."

Autocrítica número 20: Sus jefes no la respetan, porque no lo merece

Esta autocrítica era muy importante para Diane. Le hería su amor propio que, no obstante el alto grado de dificultad, responsabilidad y especialización de su trabajo, su jefe se negara a darle el nombramiento y salario que merecía. Deseaba obtener respeto y reconocimiento, así como un aumento de sueldo. Frente a esta falta de respeto, encontraba dificultades para respetarse a sí misma. Constantemente se cuestionaba: "¿Soy yo o son ellos? Tal vez tengan razón", a pesar de que sabía que su trabajo era bueno y que estaba más al tanto que su propio jefe. Marcó este punto como F y escribió: "La verdad: merezco respeto y voy a aprender a dármelo."

Autocrítica número 21: Se avergüenza de su familia

Diane marcó esto como verdadero y lo volvió a redactar así: "Me avergüenzo de mi familia porque me atemoriza ser como ellos. Necesito ayuda para respetarme. Debo reconocer también que aunque no es 'bueno', es comprensible sentir vergüenza de la familia cuando ésta actúa como la mía, y no debo sentirme culpable por sentir vergüenza."

Autocrítica número 22: Es una tonta porque no sabe lo que quiere en la vida

Aquí, Diane ya podía darse cuenta de que no tenía por qué odiarse por tener limitaciones. Marcó la autocrítica número 22 como F y afirmó: "La verdad: el hecho de no poder determinar el avance de mi profesión no me hace tonta. No estaría mal darme un poco de compasión por las penurias que estoy pasando."

Autocrítica número 23: Una nulidad en el trabajo, no tiene novio ni hijos, es un verdadero fracaso

A pesar de su estado de ánimo positivo, Diane sintió instantáneamente que esta crítica era válida. Ciertamente, representaba la manera en que se sentía la mayor parte del tiempo: como cero a la izquierda, que no tenía nada y nunca lo tendría. Rápidamente la marcó como verdadera. La exhorté a reconsiderar. ¿Acaso no había logrado nada? ¡Claro que sí! Había obtenido una beca para estudiar su licenciatura. Además, había logrado establecerse como en casa en una ciudad completamente ajena a ella. Había encontrado la manera de viajar con poco dinero. Tenía un departamento muy bonito y confortable. Había hecho amistades y encontrado muchos trabajos, a pesar de no tener un objetivo claro en su carrera, y se sostenía ella sola. Había desarrollado sus propios intereses y tomado cursos, y se había divertido. "Pero", protestaba Diane, "¿qué importa todo eso? Eso no es realmente lograr algo."

Aquí Diane estaba siguiendo las pautas del ciclo del fracaso que ya mencionamos en el capítulo 1, específicamente la número 3 ("No tiene importancia lo que haya logrado. Lo importante es lo que no he logrado") y la número 5 ("Si no soy un éxito total, entonces soy un fracaso"). La exhorté a aferrarse a sus metas (profesión, matrimonio, hijos) sin condenarse por no haberlas alcanzado y la alenté a acariciarse. Decidió marcar este punto como falso y escribió: "La verdad: necesito aprender a aceptarme con todo y mis fallas, a tenerme compasión por y a brindarme el respeto, apoyo, incentivos y caricias que necesito para alcanzar mis metas creyendo en mí."

Después de haber reconsiderado todas sus autocríticas, Diane regresó a la número 4 ("demasiado sensible"), que se había saltado porque no sabía cómo evaluarla. Al terminar el proceso de autoevaluación se sentía más segura al respecto. Decidió entonces que era muy sensible a la posibilidad de ser lastimada como antes —así como alguien que se ha quemado con fuego y que se sensibiliza al olor a humo— y que tenía buenas razones para ser tan sensible incluso cuando en ocasiones imaginaba ver fuego cuando en realidad no había nada. Marcó esta crítica como verdadera y volvió a redactarla de este modo: "Necesito tranquilizarme cuando esté muy alterada y luego evaluar lo que está sucediendo. ¿Me están atacando o no? Si pudiese tener menos temor de ser criticada o rechazada, podría aprender a no exagerar."

Diane había concluido su reconsideración de las características que le desagradaban de ella misma y su lista corregida de autocríticas quedó de la siguiente manera:

F 1. Hay algo terriblemente mal en ella que impide que la gente la quiera. (La verdad: mucha gente me aprecia y me relaciono bien con ella. Con algunas personas, especialmente las que son narcisistas, indulgentes y competitivas, tengo muchas dificultades.)

V 2. Necesito ayuda para volverme más segura.

V 3. Me estoy volviendo menos tímida, pero necesito más apoyo e incentivos.

V 4. Necesito tranquilizarme cuando esté muy alterada, y luego evaluar lo que está sucediendo. ¿Me están atacando o no? Si pudiese tener menos temor de ser criticada o rechazada, podría aprender a no exagerar.

V 5. Necesito apoyo para expresar mi descontento de forma directa, en lugar de disfrazarlo de sarcasmo.

F 6. Es muy egocéntrica. (La verdad: ayudo de buena

gana a los demás y soy sensible a sus sentimientos.)

F 7. No es generosa. (La verdad: soy generosa. De hecho, en ocasiones doy más de lo que recibo.)

F 8. Siempre quiere salirse con la suya. (La verdad: tiendo a ser muy considerada cuando hago planes con otras personas, y rara vez insisto en lo que yo quiero.)

F 9. Es muy ambiciosa. (La verdad: quiero una vida mejor que la de mi familia; para eso necesito incentivo y apoyo en mi anhelo por lograr algo y triunfar.)

V10. Necesito aceptarme más a mí misma para no temer tanto al rechazo. También debo comprender y enfrentar mi temor a ser manipulada, para no evitar salir con hombres. Si dejo de tener miedo tal vez podré casarme y tener hijos, aunque necesito mucho ánimo.

V 11. Necesito más práctica y apoyo para salir con hombres.

F 12. Es muy competitiva. (La verdad: temo competir y pensar que si lo hago me estoy excediendo.)

V13. Necesito ayuda para sentirme tranquila en situaciones de competencia y para aprender a enfrentarlas.

V14. Necesito tener más compasión por mí misma.

V15. No soy una niña, pero con facilidad interpreto las actitudes de otros como reacciones negativas hacia mí. De igual forma, acepto las críticas de otros y asumo que saben "la terrible verdad" sobre mí. Necesito ayuda para sentirme mejor conmigo misma y para desarrollar un método para evaluar mi autoestima que no se base en los juicios críticos de los demás.

V16. Necesito tener más confianza y creer que las cosas pueden mejorar para mí.

V17. Necesito ayuda para sentirme menos temerosa y abrumada; además, no debo inquietarme tanto.

F18. Comete muchos errores en el trabajo. (La verdad: cometo errores cuando estoy bajo tensión, pero lo mismo le sucede a cualquiera. Casi siempre soy muy eficiente en mi trabajo.)

V19. Necesito encontrar la manera de manejar la sensación de ser desplazada y rechazada en el trabajo. También necesito desarrollar maneras más efectivas de tratar con figuras de autoridad, distantes, egocéntricas e indulgentes.

F20. Sus jefes no la respetan, porque no lo merece. (La verdad: merezco respeto y voy a aprender a dármelo.)

V21. Me avergüenzo de mi familia porque me atemoriza ser como ellos. Necesito ayuda para respetarme. Debo de reconocer también que aunque no es "bueno", es comprensible sentir vergüenza de la familia cuando ésta actúa como la mía, y no debo sentirme culpable por sentir vergüenza.

F22. Es tan tonta que ni siquiera sabe qué es lo que quiere en la vida. (La verdad: el hecho de no poder determinar el avance de mi profesión no me hace tonta. No estaría mal darme un poco de compasión por las penurias que estoy pasando.)

F23. En pocas palabras, es un verdadero fracaso, su trabajo es una porquería, no tiene novio, no tiene hijos, no tiene futuro. (La verdad: necesito aprender a aceptarme con todo y mis fallas, a tener compasión por mí misma y a brindarme el respeto, apoyo, incentivos y caricias que necesito para alcanzar mis metas.)

Diane se sentía mucho mejor. Revalorizar sus autocríticas requirió de concentración, esfuerzo y tiempo, pero valió la pena. Ahora comprendía que al juzgarse tan severamente, muchas de las características que había anotado como "fallas" eran percepciones erróneas, mal fundamentadas. También se sentía mejor respecto de las críticas que había considerado válidas, dado que ahora se expresaban en términos positivos. Su primera lista de autocríticas la había hecho sentir un fracaso; ahora se sentía como una flor que, en condiciones apropiadas, podía crecer y florecer.

Tú, como Diane, puedes encontrar tu flor si reconsideras tus autocríticas. Pero primero veamos los principios generales con los que debes guiarte.

1. *Para que una característica se considere una descripción precisa sobre ti, debe ser congruente con tu* **comportamiento** *diario.* Subrayo comportamiento porque es la prueba del carácter. No te lastimes con tus pensamientos y sentimientos. Es natural tener pensamientos y sentimientos en conflicto con la manera en que queremos actuar y ser. No los tomes en cuenta cuando te evalúes, y júzgate sólo por los hechos. Por ejemplo, si crees que eres mezquina, olvida tus pensamientos mezquinos y analiza si puedes pensar fácilmente en muchos (no sólo ocasionales) ejemplos de este comportamiento. También considera si algunas veces eres buena. Piensa en el mayor número posible de tus actos bondadosos. Hazlo con calma y no disfraces o elimines ninguno, no importa qué tan triviales te puedan parecer. (Tú sabes que jamás disfrazarías o eliminarías alguno de tus malos actos.) No te apresures; piensa bien cada uno, no te vayas con la primera idea. A no ser que actúes de manera mezquina muchas más veces que de manera bondadosa, es posible que sólo lo hagas con malicia bajo ciertas circunstancias. Piensa cuáles son estas circunstancias y escríbelas.

2. *No aceptes tus autocríticas como totalmente ciertas.* La mayoría de nosotras estamos tan acostumbradas a criticarnos que a menudo las tomamos como válidas, sin analizarlas con la ayuda de otras personas o sin cuestionar objetivamente nuestro comportamiento. Por ejemplo, tal vez estés tan acostumbrada a considerarte "aburrida" o "tonta" que das por sentado que así es. De hecho, si eres autocrítica, probablemente seas un juez muy severo acerca de si eres o no

aburrida o tonta. No te guíes por tus sentimientos, sino por los hechos.

Por ejemplo, si crees que eres tonta, cuestiónate: "¿Puedo aprender? ¿Puedo comprender cosas de interés para mí? ¿Cuando estoy tranquila soy de las que pueden analizar una situación y decidir qué debe hacerse? ¿Hay cosas que he aprendido sola? ¿Puedo entender este libro?"

Si crees que eres aburrida, pregúntate si algunas veces eres interesante. Cuando hablas con la gente, ¿trata ésta de alejarse? ¿Existen personas que no sólo no se alejan de ti sino que te buscan? ¿Eres aburrida sólo en ocasiones? Si es así, ¿bajo qué circunstancias?

3. *Debes ser muy cautelosa al interpretar la manera en que los demás reaccionan contigo.* Si eres autocrítica es probable que malinterpretes las acciones de otros como muestra de que tienen la misma baja opinión de ti que tu crítico interno. La falta de respuesta o una aparente reacción negativa de otra persona puede deberse a un millón de razones que tengan poco o nada que ver contigo, y mucho que ver con la otra persona. Quizás esa mujer, a la que te gustaría conocer mejor, se aleja de ti en una fiesta porque quiere contactar algún trabajo, platicar con un amigo cercano, coquetear con alguien a quien le ha estado echando el ojo o porque tiene indigestión. Tal vez esté preocupada por algo y no puede en ese momento escuchar a nadie. Las posibilidades son interminables, y en su mayoría no tienen nada que ver contigo o con que seas aburrida.

4. *No des por válidas automáticamente las críticas de otros.* Cuando las personas son críticas, con frecuencia tienen intereses personales y varios motivos que obstruyen sus percepciones. Puede ser que algunas de ustedes estén muy involucradas, ya sea personal o profesionalmente, con alguien que constantemente las rebaja. En ese caso, es muy importante que no acepten su opinión como si fuese el evangelio. Hay que mirar más al fondo y más a lo ancho. Tomar en cuenta las opiniones de la gente que nos aprecia y aprueba. Al aprender a

agradarte y a valorarte, cuídate de que no te aparten del camino esas personas que quieren que sigas creyéndote inadaptada.

5. *Pon especial cuidado al evaluar las autocríticas sobre tu apariencia.* Vivimos en una sociedad que da demasiada importancia a la juventud y la belleza, especialmente tratándose de mujeres. Ante la expectativa poco realista de que debemos vernos como estrellas de cine además de ser eternamente jóvenes, todas fallamos. Algunas de nosotras (la minoría afortunada) hemos aprendido a vivir con nuestra apariencia, apreciar nuestras virtudes y aceptar nuestros defectos. La mayoría sufrimos por el deseo de vernos diferentes y odiamos nuestra apariencia; es decir, a nosotras mismas.

Si tienes autocríticas sobre tu apariencia ("fea", "gorda", "poco atractiva", etc.), evalúa con mucho cuidado lo cierto o lo falso de tu opinión. Date cuenta de que hay muy poca gente realmente fea, así como hay muy poca gente bonita de verdad. La gran mayoría somos término medio. Muchas mujeres angustiadas por no ser una de las pocas beldades encontramos un sinnúmero de imperfecciones en nuestra cara y cuerpo, castigándonos absurdamente por lo que la naturaleza nos dio. Decimos que nuestra nariz es muy grande o muy pequeña, que nuestras orejas son muy puntiagudas o muy planas, que nuestros ojos son muy pequeños o demasiado grandes, que nuestros labios son muy delgados o muy gruesos, que nuestros pómulos están demasiado pronunciados o demasiado planos, que nuestro cuello es muy largo o muy corto, que nuestras piernas son muy gordas o muy flacas, etc. Asimismo, la mayoría de nosotras, en esta sociedad con fobia a la gordura, no sabemos distinguir entre estar fornidas o ser obesas. De hecho ni siquiera sabemos cuándo estamos delgadas. ¿A cuántas mujeres delgadas no escuchas quejarse de ser gordas?

Cuando me involucré por primera vez con el movimiento en pro de la mujer, en 1967, quedé pasmada y a la vez feliz al estar en un grupo concientizador y escuchar a dos bellas y bien formadas mujeres unirse a la plática del grupo respecto de odiar nuestra apariencia; y no era porque sintiesen que su belleza era una carga, sino porque no se sentían lo suficientemente atractivas. Señalaban defectos que sólo ellas podían ver. En verdad, "la belleza está en los ojos del que la mira" y esas mujeres, igual que la mayoría, estaban ciegas frente a su atractivo real.

A pesar de que el movimiento en pro de la mujer trata de redefinir la manera en que se nos percibe y la manera en que nos percibimos a nosotras mismas, así como de ayudarnos a valorarnos por nuestros atributos personales y nuestra capacidad y no por nuestra apariencia, lo cierto es que ha sido una lucha contra corriente. Los medios de comunicación (comerciales, anuncios, películas, televisión, revistas) constantemente nos bombardean con la importancia de ser bellas; el mensaje que transmiten es que lo peor que una mujer puede ser es una "fodonga". Empero, no existe una manera similar de describir a un hombre sin atractivo. Los hombres son definidos con el calificativo de "perdedores" (es decir, sin éxito), mientras que las mujeres somos condenadas por no ser bonitas. Los anuncios dirigidos a la mujer no nos dicen cómo ser valiosas, sino cómo podemos atrapar y agradar a un hombre, siempre y cuando nos embellezcamos adecuadamente. No es de sorprender que aun las más liberadas tengan conflictos con su apariencia.

El hecho de no desear conquistar a un hombre tampoco nos libera de esa actitud. Mujeres cuyas parejas son otras mujeres están igualmente preocupadas por ser físicamente atractivas. No importa qué tanto queramos aminorar la importancia de nuestro físico, es difícil no querer triunfar en lo que la sociedad considera el juego más importante.

Al pensar en tu apariencia, no te compares con la perfección de las modelos (¿acaso has visto alguna vez a una sin maquillaje? ¡La diferencia es sorprendente!).

Ve al supermercado de tu localidad (a menos que vivas en una muy residencial, como Beverly Hills; en todo caso, ve a un supermercado en donde la gente ponga atención a los precios). Observa a las otras mujeres. Si insistes en compararte, éste es el lugar en donde hay que hacerlo: con mujeres de carne y hueso de todas las edades.

¿Cuántas mujeres ves con senos firmes y redondos, con cinturas angostas, con muslos delgados, con piernas moldeadas y una cara como la de Helena de Troya o Cleopatra? Te apuesto que muy pocas. Es probable que veas muchas mujeres igual o menos atractivas que tú. Métete en la cabeza que así es la apariencia de la mayoría de las mujeres. No te enfoques en las pocas mujeres que son deslumbrantes y luego te compares con ellas.

En la vida, la mayoría de las virtudes, como la belleza o la inteligencia, se distribuye a la humanidad en forma de curva de campana:

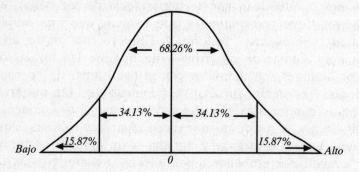

Como puedes ver, una parte muy pequeña de la población cae en las regiones altas. No ser un genio no significa no tener la capacidad suficiente para las cosas prácticas. Y no ser una reina de belleza no significa que no seas lo suficientemente atractiva para agradarte y obtener lo que quieres. La mayoría de las mujeres que viste en el supermercado tienen una pareja, tienen familia, trabajan y luchan por alcanzar sus metas.

Si después de tu visita al supermercado aún te sientes muy crítica sobre algún aspecto de tu apariencia, coméntalo con dos o tres amigas de verdad. Explícales el porqué de tu pregunta. Si te dicen que tu nariz no es muy grande, que tus ojos no son muy pequeños y que no te ves muy gorda, ¡créeles! Una amiga puede mentir para no herir tus sentimientos, pero no dos o tres. Si tus amigas confirman tus propias impresiones negativas sobre tu apariencia, está bien. Ésta es tu oportunidad para hacer las paces con tus defectos sin dejarte consumir por ellos. Pregúntate qué tan importante es ese aspecto de tu apariencia. ¿Es en verdad importante tener caderas anchas o grande la nariz? ¿Puedes considerar estos aspectos como imperfecciones menores que no demeritan el resto de tus atractivos?

Después de leer este párrafo, cierra los ojos, respira lentamente tres veces para relajarte y piensa en tus atractivos. (*No te pares* frente a un espejo para examinarte y encontrar tus atractivos. A estas alturas es muy probable que te obstines en lo que no te gusta y que desdeñes todo lo demás.) Tal vez tengas un bonito pelo, ojos soñadores, una boca bonita o una sonrisa angelical. Quizás tu manera de andar demuestre seguridad o tengas un aire sensual. Puede que seas tierna y suave como un oso de peluche. Todas tenemos aspectos de nuestra apariencia física que son agradables y seductores. Permítete reconocer los tuyos.

Hazlo con calma, concéntrate en tus atractivos. Piensa en cualesquiera que sean tus atributos físicos, los que te han gustado alguna vez. Recuerda lo que otros han elogiado de tu apariencia. Deja que todos tus atractivos floten en tu conciencia, saboréalos y aférrate a ellos. Cuando estés lista, abre los ojos y haz una lista de ellos; titúlala: "¡Mis bellezas!"

Aquellas de ustedes que sean críticas con su apariencia quizás se preguntarán por qué Diane no lo era. En parte porque era muy atractiva (aunque, como ya se mencionó, esto no nos impide estar insatisfechas con nuestra apariencia). Pero principalmente porque quería por sobre todo ser respetada y apreciada como la persona competente y valiosa que es. Consideraba que su atractivo físico era una característica superficial, que sólo ayudaba a los hombres a no tomarla en serio —éste es un problema que a menudo tienen las mujeres atractivas, especialmente si son rubias— y por ende era desventaja y ventaja. Tampoco su preocupación era atraer a los hombres, sino encontrar a un hombre generoso que la valorara en su totalidad.

6. *Convertir tus piedras en oro, cambiando tus autocríticas verdaderas por afirmaciones de apoyo a tus metas.* Como ya vimos con Diane, hay una enorme diferencia entre reconocer en qué necesitamos ayuda y lastimarnos. Para lograrlo:

- Di en qué necesitas ayuda en lugar de decir en qué fallas.
- Remítete a los hechos, no a los juicios. Reconoce el problema que deseas corregir, no te culpes por tenerlo.
- Trata de ser lo más específica que puedas. Define las condiciones bajo las cuales tienes esa dificultad o exhibes esa característica. Por ejemplo, si con frecuencia eres autoritaria, analiza si estos actos tienen un factor común que los determine. Tal vez eres agresiva cuando te sientes atacada, menospreciada, amenazada, celosa o intranquila.
- Sé justa contigo. No excluyas las veces en que no te ocurre este problema. (Nadie es siempre torpe, sin gracia, aburrido, tímido, inseguro o mezquino.)

Por ejemplo, Margaret escribió junto a "mezquina o mala": "V. Cuando siento que me han hecho daño, me enfurezco, me vuelvo vengativa y puedo ser muy mala. El resto del tiempo soy una persona amable y generosa. Necesito ayuda para analizar mejor si es que he sido o no lastimada y para aprender a manejar mi ira y agresividad de tal manera que no me lo reproche."

Otro ejemplo es el de Teri, quien junto a "aburrida" escribió: "V. Soy una persona interesante cuando estoy tranquila, pero la mayor parte del tiempo estoy preocupada, así que me encierro en mí misma y no tengo nada que decir; y como estoy encerrada en mis pensamientos, no me puedo concentrar en escuchar a los demás, así que resulta aburrido estar conmigo. Necesito ayuda para tener confianza en mí misma para sentirme menos preocupada por agradar a otros y estar más relajada."

Revaluar autocríticas

Teniendo en mente todos los principios ya mencionados, toma tu lista de autocríticas del paso 3 y empieza a revaluarlas. Evalúalas por separado, y tómate el tiempo que necesites. Piensa, siente y vuelve a pensar. Analiza, replantea y corrige hasta que el resultado te satisfaga. Sigue el siguiente proceso.

1. Pregúntate: "¿Acaso esta característica que me desagrada de mí misma es una descripción de mí por lo general cierta?"

2. Si tu autocrítica no es verdadera, márcala con una F. Junto escribe, entre paréntesis, lo que es verdadero. Asegúrate de poner la verdad de un modo positivo; no basta con una negación de la crítica. No es suficiente escribir "No soy tonta" o "No estoy loca". Por ejemplo, Lois, cuyo marido es excesivamente crítico, le dice constantemente que es tonta, así que escribió junto a "tonta": "F. Soy universitaria y soy capaz de aprender y comprender muchas cosas. Ha habido cosas difíciles que he aprendido yo sola. También me encanta leer."

Para trabajar sobre tu apariencia física, afirma con mayúsculas los atributos físicos agradables o atractivos de tu lista *Mis bellezas* junto a la afirmación V.

Junto a "gorda", Pat escribió: "F. No estoy gorda. Tengo el cuerpo formado y de acuerdo al de una mujer normal. También tengo bonitos ojos, una bonita boca y unas piernas muy bien formadas."

3. Si estás convencida de que una autocrítica es verdadera, márcala con una V y luego vuelve a replantearla de manera constructiva, no destructiva. Al volver a redactar tus autocríticas verdaderas, hazlo de la manera más detallada, de modo que puedas mencionar bajo qué circunstancias tienes ese problema y el tipo de ayuda que necesitas. Junto a las críticas sobre tu apariencia, menciona los aspectos agradables o atractivos de tu lista y escríbelos con mayúsculas.

Darlene escribió junto a "gorda": "V. Tengo 25 kilos de más. Según mi doctor, necesito ayuda para poder bajar de peso. También necesito ayuda para sentirme mejor conmigo misma tal y como estoy ahora. Tengo bonitos ojos, una hermosa sonrisa, y además soy muy dulce y tierna."

Junto a "gorda de los muslos", Barbara escribió: "V. Los muslos son la parte más voluminosa de mi cuerpo. Pero mi cintura es delgada, mis pechos redondos, mis ojos muy hermosos, mi piel limpia y mi sonrisa maravillosa, así que tal vez mis muslos no sean tan importantes."

Cuando hayas terminado de revalorar tu lista de autocríticas, detente y date el reconocimiento que mereces por todo el esfuerzo que hiciste para llevar a cabo este proceso. No es una tarea fácil y mereces respeto y apoyo por haber iniciado el proceso y haberlo concluido. Date una gran palmada en la espalda. Inmediatamente después, pasa a lo que sigue. Sólo te llevará unos minutos y bien valen la pena.

Lo que sigue: Sentirse bien

1. Lee lentamente y en voz alta tu lista original de autocríticas y di "Yo soy" antes de cada punto. Tómate tu tiempo y analiza cómo te sientes después de cada autocrítica.

2. Ahora lee tu lista de autocríticas ya corregida, lentamente y en voz alta. Tómate tu tiempo y analiza cómo te sientes después de leer cada punto.

¿Sientes la diferencia? Cuando lees tu lista original, ¿te sientes ofendida? ¿Cómo te sentiste después de leer tu lista corregida? ¿Sentiste la esperanza y la confianza en ti misma? ¿Experimentaste la enorme diferencia entre agredirte y tenerte compasión, entre apoyarte y menospreciarte? ¿Experimentaste cuán diferente te sentiste cuando, en lugar de ver tus limitaciones como hechos inalterables y defectos natos, aceptaste tus problemas y te enfocaste en lo que necesitabas para superarlos? ¿Acaso no sería maravilloso tratarse así todo el tiempo? ¡Ahora comienzas a aprender a valorarte! Continuemos con el siguiente paso.

CAPÍTULO 7

PASO CUATRO: DESCUBRE QUIÉN TE HIZO SENTIRTE INSATISFECHA

Hay una canción de la comedia musical *South Pacific* que me gusta mucho y dice: "Voy a quitarme a ese hombre de la cabeza y lo voy a mandar a pasear." En la escena en que la cantan, la mujer que la interpreta se siente bien y segura de sí misma. Está cansada de desperdiciar su energía y quiere dedicarse a cosas que la satisfagan. A reafirmarse, si te parece. Permítete sentir el bienestar de lo que sería librarte de tu crítica interna y seguir tu propio camino. Los siguientes ejercicios están diseñados para ayudarte a hacerlo.

Toma tu lista de autocríticas, la del paso 3, y divídela en dos grupos: todas las autocríticas marcadas con V en uno y todas las autocríticas marcadas con F en el otro. Titula el grupo V "Metas" y el grupo F "Crítica interna". Por el momento, haz a un lado la lista de metas. Primero nos vamos a concentrar en tu lista de *crítica interna*.

Para muchas de nosotras, como para Diane, es una lista muy larga. Nos hemos culpado con autocríticas falsas y nos seguimos lamentando. Al tratar de componernos seguimos escarbando en nosotras mismas más profundamente en el abismo de la baja autoestima. ¿En dónde aprendimos a tratarnos así? En el capítulo 3 vimos que nuestras experiencias durante el crecimiento dieron forma a la manera en que nos tratamos ahora. Aquí vamos a descubrir las características específicas de tu propio crítico interno individual.

Lee tu lista de crítica interna (autocríticas) lentamente; sáltate las verdades que escribiste entre paréntesis. Comienza cada crítica con "tú". Por ejemplo, "Tú no eres apreciada por la gente porque hay algo terriblemente mal en ti. Tú eres demasiado sensible. Tú eres egoísta y te preocupas mucho por ti misma." *Mientras lees esta lista, observa si es que puedes escuchar otra voz que no sea la tuya.* ¿Acaso es la voz de tu madre que te dice que eres egoísta, floja, celosa, avara o mala? ¿O es la voz de tu padre diciéndote que eres tonta, gorda y que nunca podrás lograr nada? ¿O tu tía o tu abuelo diciéndote que eres sucia y sin gracia? ¿Quizás tu hermano o tu hermana mayor que te llaman tonta e inútil? Tal vez no te dijeron directamente estas cosas, pero te las transmitían con su actitud. Quizás tu padre se burlaba de ti y te ignoraba, y tú recibiste el mensaje de que eras tonta y desdeñable. O tu madre estaba deprimida todo el día y tú captaste el mensaje de que eras sosa, aburrida y que no podías llamar la atención de nadie.

Cada punto de la lista de tu *crítica interna* empezaba con la crítica de alguien más, fuese directa o indirectamente. Nadie nace siendo crítico interno. Esto es algo que se aprende. Es muy importante que pienses en dónde fue que se originaron esas críticas. ¿De quién has copiado esas actitudes y las has hecho tuyas?

Algunas de ustedes, las hijas de un padre inseguro, pudieron aprender a no agradarse al identificarse con un padre que se sentía inferior e incompetente, en lugar de haber aceptado duras opiniones respecto de ustedes. En ese caso, es importante darse cuenta que todos nos identificamos con nuestras figuras paternas. Algunas identificaciones son positivas y nos hacen sentir bien (por ejemplo: "Soy lista como mamá y simpática como papá"). Otras pueden minar la percepción positiva de nuestro yo. Si hemos sido educadas por uno de nuestros padres, o por ambos, que se sentía inadaptado e inseguro, inconscientemente podemos identificarnos con él (o ella) y sentirnos inadaptadas e inseguras. A medida que empiezas a reconocer estas identificaciones inconscientes, puedes comenzar a apartarte de ellas. (El paso 8 te ayudará en este aspecto.)

Cuando repases cada punto en tu lista de *crítica interna*, cierra los ojos e imagina a alguien de tu pasado afirmando o haciendo esa crítica sobre ti. No tienes que decidir quién es esa persona. Sólo cierra los ojos y relájate. Luego, lentamente afirma la crítica en voz alta y pregúntate quién de tu pasado te lo pudo haber dicho o piensa quién puede sentirse así con él mismo, y espera la imagen de alguien que sientas que está flotando en el aire. Mantente relajada, concéntrate en la crítica y la imagen vendrá.

Cuando descubras de dónde viene una crítica, anótalo junto a ésta. Si vino porque la identificaste con aspectos negativos de tus padres u otro modelo semejante a imitar, pásala a un grupo aparte y titúlalo "Mis modelos negativos a imitar", y anota quién era el modelo. Recuerda que un mismo padre puede ser, en unos aspectos, un modelo positivo, y negativo en otros. Aquí sólo nos concentraremos en las identificaciones que nos causan dificultad, pero de ningún modo estamos culpando a nuestros padres por haber sido de esa manera o negando la ayuda que nos dieron. Puede ser que cuando termines este ejercicio tu lista de *crítica interna* sea más corta, dado que algunas autocríticas pudieron haber pasado al grupo de *Mis modelos negativos a imitar*. Si una autocrítica fue tomada tanto de un crítico como de un modelo negativo a imitar (un doble golpe), ponla en ambas listas.

Muchos de los orígenes de estas autocríticas serán fáciles de identificar. Lois (la chica casada con un hombre tremendamente crítico), por ejemplo, no tuvo problemas para descubrir de dónde obtuvo la idea de que estaba minada, que era egoísta y avara: sus hermanas mayores se lo habían repetido toda su vida. Lo que es más, todavía se lo decían. Tampoco tuvo problemas para descubrir por qué pensaba que era tonta, que estaba equivocada y mal casi todo el tiempo: su padre la había menospreciado siempre que no estaba de acuerdo con él y su madre se menospreciaba a sí misma (el doble golpe).

Si tienes dificultades para identificar los orígenes de una autocrítica, pregúntate:

1. ¿Qué edad tenía la primera vez que me sentí así? ¿Puedo recordar la primera vez, o pareciera que siempre me sentí así? Si puedo recordarlo qué fue lo que pasó que me hizo sentir tan mal?

2. ¿Qué impresión tenían de mí las personas importantes de mi infancia sobre mi personalidad? ¿Sentía yo que alguna de ellas compartía esa opinión negativa sobre mí, aunque nunca la haya dicho?

3. ¿Acaso alguna de las personas que me educaron se sentía de esa manera consigo misma?

4. ¿Qué experiencias tuve que me han hecho sentir así? ¿Con quién las pasé?

Reconsidera cada punto de tu lista de crítica interna hasta que hayas identificado a todos tus críticos originales y tus modelos negativos.

Este paso es difícil. Cuando identificas cuánto has asimilado de los juicios y de las personalidades de otras personas, tus sentimientos pueden confundirse. Puedes sentirte triste por lo mucho que te dañaste durante tu crecimiento, o enfadarte porque fuiste agobiada con tan pesada e injusta carga, aunque también es probable que te sientas aliviada por el hecho de librarte de este peso.

No importa lo que sientas, *no te culpes*. No es tu culpa haber aceptado los juicios de otras personas. Los niños siempre lo hacen. Ellos todavía no pueden pensar de manera crítica. Las figuras paternas surgen como dioses infalibles ante niños pequeños, y en esas etapas vulnerables se forma el centro de nuestra identidad. Para cuando la gente es adulta, el concepto de uno mismo se ha formado de tal manera que generalmente ya no se le cuestiona. Por ejemplo, cuando yo estaba creciendo, continuamente me decían que era perezosa porque no me gustaba hacer los quehaceres de la casa. Me llevó muchos años darme cuenta de que no tengo nada de perezosa. Por ello, repito, *no se culpen*. En lugar de eso, cuando estén listas continúen con el siguiente paso, que les mostrará cómo pueden deshacerse de esas autocríticas injustas.

CAPÍTULO 8

PASO CINCO: LIBÉRATE Y GÚSTATE

Toma tu lista de *crítica interna*. Ahora vas a continuar el proceso de acallar a tu crítica interna. Comenzaste este proceso cuando reconociste que habías asimilado juicios negativos de otras personas, en lugar de reconocer a tu verdadero ser. Aquí vas a desarrollar tu habilidad para analizarte con precisión y de manera afirmativa, además de apoyar tus autoevaluaciones positivas.

Antes de empezar recuerda que aunque los pasos de este libro están diseñados para desarrollar un proceso completo, cualquiera de ellos puede beneficiarte. Aliéntate a hacer lo que sientas que puedes hacer y no te reproches si no haces todos los pasos. Ten en cuenta que cualesquiera que sean el o los pasos que hagas, te ayudarán a apreciarte y valorarte.

Asegúrate de contar con tiempo ilimitado. Desconecta el teléfono. Éste es un ejercicio importante y estresante, por lo cual no debes distraerte. Empieza con la primera autocrítica de tu lista. Haz un solo ejercicio o más de uno al día. Observa cómo te vas sintiendo a medida que te involucras en este paso. Es importante que no te apresures; concédete tiempo para absorber y sentir lo que está ocurriendo.

Imagina que tu(s) crítico(s) original(es) está(n) ahí, en frente de ti, pronunciando el juicio. Luego imagínate a ti misma, tal como eres ahora, confrontando a ese crítico original. Visualízate afirmando la verdad (la que escribiste entre paréntesis) ante este crítico. Procura hacer emotiva esta experiencia, no nada más un ejercicio intelectual. Mientras más puedas sentir lo que dices, más beneficio obtendrás. Repite este ejercicio de vez en cuando y observa si hay cambios en tu manera de sentir durante y después de él. Si tienes dificultad para llegar a tus sentimientos, no te preocupes; es una señal de que son fuertes y de que temes ser abrumada por ellos. Continúa con el ejercicio y tus sentimientos vendrán con el tiempo y de manera que los puedas manejar.

Antes de comenzar, analiza la manera en que Diane hizo este ejercicio. Primero intervino su crítico, haciéndole notar su supuesta falla, y después ella enunció la verdad.

Hay algo terriblemente mal en Diane que impide que la quieran. (La verdad: mucha gente me aprecia y me relaciono bien con ella. Con algunas personas, especialmente con las que son narcisistas, indulgentes y competitivas, tengo muchas dificultades.)

Diane imaginó a su padre ignorándola, no escuchándola; menospreciándola, dándole órdenes; no tomándola en cuenta. Pensó en todas las veces que había deseado tener un "buen papá", un padre que le prestara atención y la apreciara. En vez de eso, su padre le enviaba el mensaje de que no había nada agradable o que valiese la pena en ella.

Después Diane se imaginó a sí misma, junto a su padre, mirándolo. Lo vio sentado, impasible, distraído y molesto porque ella le estaba quitando el tiempo, tal como se veía cuando estaba enojado por algo. Lo imaginó sentado en su silla, mientras que ella, de pie, lo veía hacia abajo, y se dio cuenta de que ella era grande y de que él se había reducido a un tamaño normal. Sintió el dolor, la rabia y el anhelo de toda una vida de necesitar y no recibir. Luego comenzó a decirle cómo se sentía, cómo se había sentido siempre: como un bulto, un error, siempre inepta, incompetente, incapaz, despreciable y antipática. A medida que expresaba sus sentimientos, sentía crecer su ira y se sentía más fuerte. Vio a su padre a los ojos y le dijo que ya no le permitiría ser el espejo en el que se veía a sí misma, pues ya había reconocido que poseía muchos atributos positivos, y continuaría haciéndolo. Le dijo: "Sabes, papá, soy realmente una persona agradable, y hay mucha gente que me aprecia. Sólo con la gente que es como tú, indulgente, egocéntrica y competitiva, tengo problemas. Estoy muy enojada contigo porque nunca me respetaste ni me apreciaste, y me llena de tristeza saber que nunca podrás verme como en realidad soy y quererme, pero ya superé el verme a través de tus ojos.

"Tengo mis propios ojos y de ahora en adelante los voy a usar siempre que me vea a mí misma."

Después se visualizó alejándose de su padre; no esperó una respuesta, no la necesitaba. Sabía que éste nunca comprendería sus sentimientos y que no podría darle lo que ella quería, pero eso ahora no le parecía tan importante. Empezaba a sentirse bien, capaz de inspirar amor, y aunque su padre no le respondiera, estaba aprendiendo a amarse y valorarse.

Luego pensó en otras personas que la habían hecho sentirse insegura y antipática. Primero su madre, quien, a pesar de estar más cerca de ella y de ser más afectuosa que su padre, resentía los intentos de Diane por independizarse, por lo que se volvió fría y distante. La madre veía a Diane como la hija desleal, porque salía de vacaciones en lugar de ir a visitarla. La actitud de su madre siempre la había hecho sentirse culpable, una hija ingrata.

Se imaginó sentada junto a su madre, que siempre estaba enfadada y molesta. Se imaginó viéndola a los ojos y diciéndole, con voz firme pero cariñosa: "En verdad soy una persona buena y valiosa; la mayoría de la gente que me conoce me aprecia. No es malo que quiera ser yo misma; eso no significa que no te quiera, pero tengo que quererte siendo yo misma. Quiero estar cerca de ti, pero también salir sola, divertirme, aprender cosas y hacer mi propia vida. Sé que no comprendes mi deseo de independizarme, que crees que me pides muy poco y que me niego a dártelo; también sé que nunca comprenderás por qué guardo distancia, y esto me entristece mucho. Estoy molesta contigo por no aceptarme tal como soy, pero ya dejé de verme a través de tus ojos. Tengo mis propios ojos y los voy a usar de ahora en adelante siempre que me vea a mí misma."

A continuación, Diane pensó en todas las demás personas que la habían hecho sentirse incapaz y desagradable. Se las imaginó juntas —hermanos, maestros, compañeros, jefes, tías, primos—, sentadas en grupo mientras que ella se encontraba de pie. Luego se imaginó que les decía que tomaran las críticas que le habían hecho y se fueran, que no necesitaba sus mensajes de menosprecio, que ya no se subestimaba, de suerte que ya no necesitaba su ayuda para seguirlo haciendo; que si se rehusaban a reconocer sus valores, no importaba, pues aunque seguiría tratando con ellas, ya no permitiría su voz en su interior. Después, tranquilamente vio cómo desfilaban hacia afuera.

Se sintió segura y en paz mientras las veía irse. Pero luego miró a su alrededor y vio que estaba sola, así que empezó a sentir miedo y a querer gritar: "¡Regresen! Tal vez cometí un error. Tal vez ser menospreciada sea mejor que estar sola." Pero no lo hizo; recordó un dicho que había leído en algún lugar y que le gustaba: "Cuando aprendes algo nuevo, al principio se siente como si hubieses perdido algo." Recordó entonces lo desdichada que había sido al verse con los ojos de su crítico interno. También había comenzado a creer que podía reemplazar a su crítico interno, cambiarlo por una niñera interna. (Aprenderás cómo hacerlo en los pasos 7 al 10.)

Después, Diane dejó de trabajar con sus críticos internos; había tenido suficiente por ese día. Dos días después retomó el asunto, y empezó con la crítica interna número 2.

2. Diane se preocupa demasiado por ella misma. (La verdad: ayudo de buena gana a los demás y considero sus sentimientos.)

Se visualizó de niña, con sus padres, y disgustada y llorosa por los constantes pleitos de ellos. Vio a su madre criticándola y diciéndole: "Parece que fueras un bebé. Eres demasiado sensible." Después vio a su padre y lo escuchó decir: "¡Sí, deja de hacer tanto escándalo por nada!" Vio a la Diane de seis años de edad queriendo salir a jugar y a su madre diciendo con ironía: "Juega, bebé, juega", como si fuese malo querer jugar. Luego vio a la Diane de 22 años yéndose a vivir a una ciudad lejana y a su madre llorando por quedarse sola, enojada con ella.

Después se convirtió en el adulto que ya era, miró a sus padres a los ojos y les dijo: "Claro que me preocupo por mí misma y por lo que siento. Tengo razones para ello. Ésta es una casa en la que es muy difícil vivir. Ustedes siempre se están agrediendo el uno al otro y tratando de que yo tome partido, y yo tengo pánico de ser agredida por los dos, pero especialmente por ti, papá. Están tan preocupados con sus eternos pleitos que nunca se detienen a pensar cómo me siento yo o cómo me afectan las cosas. ¿Saben?, yo en verdad soy una persona considerada y servicial, pero ninguno de ustedes lo reconoce porque sólo creen que les doy cuando les permito controlarme y hago lo que ustedes quieren. ¡Pues bien, eso se acabó! He dejado de verme a través de sus ojos como una persona egoísta. Tengo mis propios ojos y de ahora en adelante los voy a usar. ¡Y no soy egoísta! ¡Soy una persona considerada y generosa!"

3. Diane no es una persona generosa (La verdad: soy generosa. De hecho, a menudo doy más de lo que recibo.)

Imaginó a su madre y a sus hermanos diciéndole constantemente (en su infancia como ahora) que se preocupa demasiado por sí misma y que toma las cosas muy a pecho. Los escuchaba decirle: "No estarías tan molesta si pensaras en los demás y no sólo en lo que tú quieres. No tienes por qué estar molesta." Se veía a los cinco años llorando porque habían herido sus sentimientos, y veía a su madre burlándose de ella, diciéndole "pobre bebé" en tono sarcástico.

Después se vio respondiendo: "Es cierto que a menudo me preocupo por mis problemas, pero en verdad tengo preocupaciones. El hecho de que ustedes no se interesen en escuchar mis problemas y de que rara vez me apoyen es parte de lo que me molesta. ¡Me dejan sola para que yo me encargue de mí misma y luego se preguntan por qué me preocupo por mí! Para mis amigos soy una persona sensible, y además piensan que soy muy servicial."

Al revisar el resto de su lista de *crítica interna*, Diane evocó muchas imágenes de su niñez. Recordó escenas en las que le decían que debería conformarse con lo que tenía, que era malo esforzarse por lograr más, que debería ser humilde y conformista. Su madre le enseñó, por ejemplo, además de habérselo dicho, que es bueno enojarse con los hombres, pero que no es bueno contradecirlos, que el papel de la mujer es conformarse, sufrir y tolerar. Su padre le enseñó que la única manera de manifestarle su presencia era atendiéndolo o peleando con él, y que de cualquier manera sólo obtenía su desprecio. Con sus hermanos aprendió que podía tenerlos como aliados siempre y cuando evitara competir con ellos. Sus maestros le enseñaron a ser callada y sumisa. Sus tías le dijeron que no tenía gracia y que era antisocial, en tanto que sus padres preferían que no saliese con chicos. Su tío abusó de ella, enseñándole así que los hombres son peligrosos y que no se debe confiar en ellos. Durante su niñez, en pocas ocasiones hubo algunas experiencias reafirmantes con los adultos (unas cuantas maestras que se interesaron en ella, la madre de alguna amiga que la apreciaba y la recibía bien en su casa); sin embargo, estas experiencias no eran suficientes para contrarrestar los abrumadores mensajes que recibía en su casa. ¡No es de extrañar que cuando iba a entrar a la universidad, a pesar de tener buenas calificaciones y ser muy inteligente, amable y atractiva, se sintiese un bulto!

¡Con este ejercicio, Diane experimentó una fuerte catarsis al enfrentar a sus viejos críticos e imponérseles. Al analizar cada crítica veía cómo había asumido todas las cosas malas de su familia y de quienes la rodeaban. Ahora, como adulto, leyendo diariamente su lista de *Lo que más me gusta de mí* y retroalimentándose con todas sus virtudes, podía empezar a separar sus percepciones de las de quienes la atacaban, y también a reconocer lo equivocadas que habían estado todas esas personas; cómo sus críticas no se basaban en ella en lo más mínimo, sino que eran producto del pasado y de los problemas de sus críticos. Su padre la rechazaba no porque ella lo ameritara o fuese desagradable, sino porque él era incapaz de relacionarse con las personas y de ser simpático. Su madre no tenía compasión por sus sentimientos, no la apoyaba o incentivaba para que se esforzara por alcanzar más, por superarse, ni para ayudarla a crecer no porque Diane fuese mala e incapaz, sino porque ella misma no se había valorado nunca y no sabía cómo acariciar a Diane. Así, quería que Diane fuese su mamá y que la cuidase.

Diane sintió una oleada de libertad cuando les dijo a sus críticos originales que ya no iba a hacer caso de sus mensajes, que ya no necesitaba probarles nada a ellos (o a gente que ella había "escogido" como sustituta de ellos), que se aceptaba a sí misma y que eso le bastaba. Podía verse y ver la verdad sobre ella: que es una mujer tierna, afectuosa, generosa, inteligente, perceptiva, creativa, talentosa, organizada, responsable y atractiva. Sabía que sus críticos originales nunca acreditarían su valor, pues carecían de esa capacidad, pero ella podía reconocer su propio valor y librarse de necesitar su aprobación.

Comenzó a sentir la fuerza de la separación, de su vulnerabilidad para desanimarse o deprimirse cada vez que alguien la juzgaba. Por primera vez sintió que podía desligarse de la lucha de poder con su jefe sin experimentar derrota. De hecho podía sentir (como opuesto a saberlo con la cabeza) que era inútil e innecesario querer tener el respeto y la aprobación de su jefe (padre). Ahora sabía que merecía respeto y elogio, y que podía obtenerlos de la persona de quien más lo necesitaba: ella misma. También empezó a creer en la existencia de mejores jefes que reconocerían su capacidad, y en que no tenía por qué obligar a los menos capaces a hacerlo.

Diane pudo lograr esta separación sin echarles en cara a sus padres lo que había aprendido sobre sí misma o sobre ellos. Se enfrentó a sus críticos internos, no a su familia. Enfatizo esto porque no creo que culpar a los padres sea el camino de la verdadera separación o de la elevación de la autoestima. De hecho, discutir con tus padres en un vano intento por hacerlos cambiar es señal de que necesitas su aprobación. La verdadera separación surge cuando te puedes sentir bien sin la aprobación, aceptación, comprensión o respeto de tus padres.

Esto no significa que yo no crea en la utilidad de resolver los conflictos con los padres o hermanos cuando eso es posible. Ciertamente creo en ello. El lazo emocional con la familia es de gran ayuda para cualquier mujer. Yo animo a mis pacientes a promover esas relaciones cuando es posible, y muchas de ellas mejoran considerablemente sus relaciones con su familia. A medida que una mujer aumenta su autoestima se hace menos sensible a las manipulaciones y fallas de su familia y más capaz de mantener su equilibrio frente a ella. Con tiempo y esfuerzo tú también puedes aprender a hacerlo. Empieza ahora a analizar tus críticas internas.

No olvides medir el tiempo que tardas en hacer este ejercicio, y recuerda: no debes apresurarte. Tal vez prefieras concentrarte en una sola crítica. De cualquier modo, toma el tiempo que te lleva reconstruir escenas, imágenes, sentimientos, pensamientos y sensaciones de tu crecimiento. Al analizar cada una de tus críticas internas, retrocede en el tiempo, observa y enfréntate a tu crítica. Experimenta la grata sensación de enfrentarte al fantasma antes temido y de verlo perderse a lo lejos, al tiempo que te reafirmas e impones. Dile a tu crítico que ya no te verás a través de sus ojos, que tienes los tuyos propios y que los vas a usar. Diles a los críticos de tu vida que sabes que su opinión sobre ti no va a cambiar, y que a pesar de que eso te entristece y enoja, puedes seguir adelante. ¡Ya no necesitas su aprobación, porque te aceptas!

Cuando das este paso, experimentas cierta angustia por la separación. El cambio causa miedo porque implica dejar formas de ser ya conocidas, buenas pero inútiles. Una mujer que deja de fumar puede sentir como si perdiera a su mejor amiga, aunque sepa que esta "amiga" la está matando lentamente. Asimismo, al apartarte de tu crítica interna puedes sentir una pérdida. Si ése es el caso, recuerda que al librarte de tu crítica interna estás abriendo espacio para tu niñera interna, la cual será para ti una presencia valiosa por el resto de tu vida.

Cuando hayas terminado este paso o la parte que estés haciendo, detente y observa qué sientes. Tal vez te sientas fuerte y animosa al afirmarte, o solitaria y asustada, y pienses que una crítica es mejor que el vacío. Muchas personas tienen ambas sensaciones. Pero reconoce tu esfuerzo por haber dado este paso, más allá de cómo te sientas. ¿Cuántas personas han tenido el valor de enfrentarse a sus temidos críticos como lo has hecho tú? Éste es un proceso muy importante, por el cual mereces reconocimiento. No importa que no hayas logrado todo lo que te hubiese gustado. Lo que importa es que has comenzado el proceso de librarte de tus críticos internos. Por supuesto que este cambio, como todo cambio, no ocurre de la noche a la mañana. Éste es un ejercicio que probablemente debas repetir, todo o en partes, muchas veces. Estimúlate a continuar después de un receso. Recuerda que todo cambio sucede con dos pasos para adelante y uno para atrás. Date el apoyo necesario para perseverar y el reconocimiento por intentar.

Distingue en tu vida diaria cuándo te criticas y date cuenta de que esa voz es la de tu crítica interna que te agrede. ¡No dejes que se salga con la suya! En lugar de eso, haz este ejercicio. Detente e identifica cuál crítico te habla y luego imagínate frente a él afirmando tu valor como lo hiciste en el ejercicio anterior. Con la práctica podrás reconocerlo mejor y desecharlo antes de que te haga daño.

No pierdas de vista a tu crítica interna cuando estés molesta o deprimida. (Véanse los capítulos 13 y 14 para el control de la angustia y la depresión.) Muchas veces la razón de que estés molesta es que tu crítica interna te está haciendo sentir mal. Cerciórate de ello. Pregúntate: "¿Estoy molesta conmigo?" o "¿Estoy harta de mí?" Contesta con calma. Si es tu crítica interna la que te está causando el problema, espanta al fantasma y reemplázalo por tu niñera interna. Empieza a acariciarte, cosa que aprenderás de los pasos 7 al 10. Pero primero trabajemos con tus modelos negativos a imitar.

CAPÍTULO 9

PASO SEIS: TÚ ERES TÚ
Y YO SERÉ YO

Toma la lista de *Modelos negativos a imitar* que hiciste en el paso 4 cuando reconociste cuáles críticas falsas se basaban en identificaciones con malos modelos a imitar. (Si no tienes ningún modelo negativo, puedes saltarte esta sección y pasar al siguiente capítulo.) *Ponle un nombre a cada uno de tus malos modelos* (mamá, papá, tía Ethel, etc.), *y después escribe debajo de cada nombre las formas negativas en que te identificabas con cada uno de ellos.* (Esto sólo implica cambiar el orden de tu lista.) Si te identificaste de la misma manera con más de una persona, escríbelo bajo los nombres correspondientes.

Para aumentar tu autoestima es importante que te diferencies de estos malos modelos. Por supuesto que también puedes identificarte con estas mismas personas, pero de manera sana y benéfica. No hay necesidad de cambiar las identificaciones positivas. Aquí sólo nos concentraremos en las maneras críticas e incorrectas de considerarte a ti misma que fueron inspiradas en otros.

Primero repasa cada uno de los puntos de esta lista y considera si es verdad para tu modelo. Si es así, márcalo como "verdadero para el modelo". Si es falso, márcalo como "falso para el modelo" y escribe lo que es incorrecto.

Por ejemplo, Lois tenía un modelo negativo: su madre. Se había identificado con ella de varias maneras negativas y erróneas. Las tres primeras eran:

1. Soy tonta, estoy equivocada, estoy en un error. (La verdad: soy lista; he aprendido y me he enseñado muchas cosas.) Parcialmente inspirada en mamá.

2. Soy incompetente. (La verdad: he superado muchas cosas y enfrentado situaciones difíciles. Tengo problemas, pero no soy incompetente. Puedo planear y arreglármelas sola.) Parcialmente inspirada en mamá.

3. No valgo, no merezco nada. (La verdad: soy una persona valiosa y merezco ser feliz.) Parcialmente inspirada en mamá.

Lois analizó si estas tres afirmaciones eran descripciones precisas de su madre. Sabía que ésta se sentía tonta, incompetente y sin valor, ¿pero lo era en realidad? A pesar de la humildad e inseguridad de su madre, Lois sabía que era de mente ágil, así que marcó la crítica número 1 como "falso para el modelo" y escribió: "Mamá no era tonta, sólo creía que lo era."

Cuando analizó si su madre había sido incompetente, el resultado fue distinto. Pensó en las veces en que su madre no la había ayudado, cuando había deseado ser acariciada y su madre había sido fría con ella. Recordó la incapacidad de su madre para tomar decisiones, cómo rompía en llanto al menor estrés, su aislamiento depresivo cuando debía actuar, así que dedujo que su madre en verdad había sido incompetente en muchas cosas. Marcó: "verdad para el modelo."

No tuvo ningún problema para evaluar la tercera manera crítica e incorrecta en la que se había identificado con su madre. Después de haber hablado muchas veces con ella sobre lo que hace valiosa a una persona, sabía que su madre lo era y también digna de amor, en virtud de que era humana e intentaba ser una persona correcta. Rápidamente marcó la crítica número 3 como "falso para el modelo".

Después repasó el resto de su lista de *modelos negativos*. Cuando terminó, se dio cuenta de que ella misma se había formado una imagen negativa de sí, basándose en cómo había sido su madre con ella y en la percepción que su madre tenía de sí misma, esto es, en la imagen que proyectaba. Se percató de que algunas de las características que más le disgustaban de sí misma no eran congénitas, sino copia de una imagen falsa.

Ahora empieza a diferenciarte de tus modelos negativos. (Mantén cerrados los ojos cuando hagas este paso. Graba en una cinta las instrucciones, en ritmo pausado, para que te des tiempo de terminar cada instrucción o memorizarla.)

Cierra los ojos y respira profundamente tres veces. A cada exhalación relájate más y más. Inhala lentamente, luego exhala, también lentamente, y relájate. Elige después uno de los modelos que has señalado. Visualízate sentada junto a ese modelo y experimenta cómo reaccionas al ser como él o ella en los aspectos nocivos con los que te has identificado. Experimenta qué tanto no quieres ser y qué tanto no quieres sentirte como tu modelo. Luego imagina que reúnes todas esas formas negativas de sentirte, las cuales han sido inspiradas por esa persona, y sácalas. Ve cómo salen de ti y se elevan como un torbellino, retorciéndose, girando y agitándose a borbotones. Mira a tu modelo y dile que tomaste ese torbellino suyo y que ya no lo quieres. Se ha convertido en una molestia y se lo quieres regresar. Tu modelo quizás no quiera recibir esos sentimientos malos. No está obligado a aceptarlos. Entonces volarán, pero no regresarán a ti. Imagina esos malos sentimientos saliendo de ti y regresando al modelo o escapando. Hazlo. Desecha lo malo y llena ese vacío con lo que es bueno en ti, los aspectos que te gustan y las verdades que ya habías identificado, todas las cosas buenas de ti que son realmente buenas. Tómate tu tiempo, llena ese espacio con tus reafirmaciones. Luego, abre los ojos y vuelve a la realidad.

¿Cómo te sientes? ¿Tuviste la grata sensación de saber que ya no tienes que moldearte ciegamente a figuras del pasado? Si fue así, sin duda experimentaste libertad. Si no fue así, no te preocupes. Las identificaciones negativas son difíciles de desechar, y es común que se deba repetir este ejercicio varias veces para que su efecto sea duradero. Siempre que resurjan tus viejos sentimientos malos, fundados en estas identificaciones, haz este ejercicio. Visualízate sentada junto a tu modelo y regresándole estos conceptos negativos. Finalmente, éstos aprenderán que no eres un anfitrión amistoso y se mantendrán alejados. Será más fácil deshacerte de estas identificaciones nocivas cuando practiques los tres siguientes pasos, que te enseñarán a acariciarte.

Cuando estés lista, continúa con tus otros modelos negativos, hasta que les hayas regresado todas tus identificaciones incorrectas y dañinas. Quizá algunas de ustedes sólo tengan un modelo negativo, en tanto que otras tengan muchos. No importa cuántos sean; lo importante es rechazar los falsos modos de percibirte que desgastan tu autoestima. Luego podrás apreciarte y amarte como en verdad eres.

CAPÍTULO 10

PASO SIETE: QUÉ NECESITAS PARA VALORARTE Y PASO OCHO: ÁBRELE TU CORAZÓN A TU NIÑA INTERNA

En los últimos cinco pasos conociste y enfrentaste a tu crítico interno. Le dijiste: "No voy a permitir que me sigas menospreciando." Sin tu crítico interno, quizá te sentiste bien, o sola y abandonada. En los siguientes cuatro pasos vas a aprender a llenar ese vacío con una niñera interna reconfortante.

Todas tenemos aunque sea un poco de autoestima. Ocasionalmente somos compasivas con nosotras y nos aceptamos. A veces nos damos apoyo e incentivos. Sin embargo, tu niñera interna puede tener sólo una débil voz que rara vez se escucha, la cual con facilidad es acallada por los gritos de tu crítico interno. Cuando retaste a tus críticos originales y a tus modelos negativos, la voz de tu niñera interna se hizo más fuerte; pero no basta con reafirmarte y luchar contra ellos: necesitas aprender a amarte y acariciarte.

La labor de tu niñera interna es la de mantenerte a salvo y favorecer tu desarrollo. Esto significa satisfacer tus necesidades primordiales; es decir, que actúes responsablemente, que cumplas con tus compromisos y que vivas de acuerdo con tus principios. Igualmente importante es que tu niñera interna atienda tus necesidades emotivas y te dé la compasión, aceptación, respeto, incentivo, caricias y apoyo que tú y toda la gente necesitamos para florecer.

La labor de tu niñera es valorar a tu niña interna, como lo haría una buena madre.

A tu niña interna le encanta divertirse, es curiosa, aventurera, creativa, pero puede ser que esconda su verdadero yo y se conforme y aparente para que la quieran. Quizá actúe con rebeldía, esté enojada por ser menospreciada y manipulada, y por tanto se rehuse a seguir adelante, oponiéndose a cualquier avance, y no pueda ser libre ni genuina. Cualquiera que sea su estilo, tu niña interna quiere satisfacer sus necesidades, pero quizá no sepa cómo hacerlo. Así como las niñas verdaderas, tu niña requiere de tu amor, cuidado y guía —tu ayuda física y emocional— para ser, crecer y florecer.

Los niños necesitan ser amados libre e incondicionalmente. *Mister Rogers*, un popular programa de televisión estadounidense para niños, termina cada emisión con el señor Rogers (trabajador social de oficio) diciendo al despedirse de su infantil televidente: "Me gustas tal como eres." ¿Acaso no es esto lo que queremos oír? ¿Ser queridos "tal como somos"? Los libros sobre cómo educar a los niños advierten a los padres que distingan siempre la acción negativa de la esencia del niño. Por ejemplo, instruyen a los padres para que le digan al niño: "No está bien escribir en las paredes", y no "Eres un niño malo". Si el niño falla, los padres bien informados asumen que algo está mal en su hijo y tratan de encontrar el problema.

Las que somos madres queremos que nuestros hijos crezcan sintiéndose bien consigo mismos y amados, incondicionalmente amados. Sí, hay que admitirlo: queremos que nuestros hijos obtengan calificaciones sobresalientes en todas las asignaturas de la escuela y que tengan buenos modales. No queremos que se sientan incapaces de recibir amor.

De la misma manera en que los padres se esfuerzan por aceptar y amar incondicionalmente a sus hijos, tú necesitas esforzarte para amar incondicionalmente a tu niña interna. Si tu niña interna falla, debes hablar con ella y tratar de encontrar el problema, en lugar de odiarla por causarte molestias.

Ser el que ayuda no significa ser el que todo da. Es importante marcar los límites apropiados para proteger a tu niña interna, así como enseñarle tolerancia a la frustración. Tu niña, cuando sus deseos sean obstruidos, debe aprender a persistir, a saber esperar otra oportunidad y, en ocasiones, a desistir. Un padre sabio distingue entre lo que es una auténtica necesidad y lo que es un impulso; sabe qué es lo importante.

Al no haber aprendido a identificar y satisfacer sus verdaderas necesidades, muchas mujeres se pseudo valoran. Los ejemplos de pseudo valorarse son: abusar de la comida, usar drogas o alcohol para llenar el vacío interno y para encubrir sentimientos dolorosos, o hacer compras y sexo compulsivamente. Éstos son comportamientos pseudo valorizantes porque, a pesar del efecto inmediato de hacer sentir bien a la persona, no le dan lo que necesita a largo plazo. Puede ser que se sienta "llena" en el momento, pero tan pronto como la comida, las drogas, el alcohol, el sexo o el impulso por comprar se acaban, queda vacía, infeliz, decepcionada y aún peor de lo que estaba.

Si tú habitualmente utilizas un pseudo valorador es señal de que no has aprendido a reconocer lo que realmente necesitas y que te has prendido de algo que te da una exaltación rápida y después una larga caída. Pero eso puede cambiar. Si eres adicta a las drogas o al alcohol, entra a Alcohólicos Anónimos o Narcóticos Anónimos, o a cualquier otro programa de recuperación. No podrás estimarte verdaderamente si no puedes vivir sin estas muletas. Aprovecha el siguiente paso para descubrir lo que realmente es valorarse.

Paso siete: Qué necesitas para valorarte
Mi experiencia me ha demostrado que lo que la mayoría de la gente necesita para sentirse valiosa se resume en compasión, aceptación, respeto, incentivo, caricia y apoyo. Sin embargo, esto no necesariamente debe ser válido para ti. Quizá exista

una forma distinta de valorarte. En el siguiente ejercicio descubrirás el tipo de valoración que necesitas. (Haz también este ejercicio con los ojos cerrados. Graba las instrucciones en una cinta, a ritmo pausado para darte tiempo a terminar cada instrucción, o memorízalas.)

Cierra los ojos, húndete en la silla y respira profundamente. Cuando exhales, saca toda la tensión para que te relajes. Repítelo tres veces y, a cada exhalación, relájate más y más. Luego imagina una escena en donde estés siendo valorada. Esta escena puede ser algo que realmente hayas experimentado o algo ficticio. No importa cuál sea el caso, sólo relájate y visualiza una situación en la que te estés valorando. Tal vez estás con una persona que te apoya, o sola. Tómate el tiempo necesario y espera una imagen. No la fuerces, déjala llegar. Relájate y pregúntate: "¿Qué es ser valiosa para mí?", y espera que una escena llegue a tus ojos. Mantente relajada, date tiempo y pregúntate de nuevo: "¿Ser valiosa: qué es ser valiosa para mí?" Una imagen o una sensación vendrá. Cuando ocurra, tómala, saborea el gusto de recibir lo que necesitas y quieres. Tómate todo el tiempo que necesites, deléitate en ser valiosa, y luego recapacita en lo que hace que esta escena te cause ese grato sentimiento. ¿Qué es lo que la hace tan reconfortante? Cuando sepas la respuesta, consérvala contigo y no la olvides. Luego, cuando estés lista, abre los ojos y vuelve a la realidad.

Ahora escribe los elementos que intervinieron para que te sintieras valiosa. Tal vez te imaginaste siendo abrazada y acariciada, o platicando un problema con una amiga que te comprende y apoya. Quizá imaginaste a alguien dejando todo lo que estaba haciendo por venir y ayudarte a colocar el papel tapiz, o imaginaste a alguien elogiándote y alentándote a seguir adelante. Puede que hayas imaginado a alguien sonriéndote con amor y ternura, o que hayas visualizado a alguien que es importante para ti, respetando tu opinión y tus sentimientos. Quizás te imaginaste relajándote en un baño caliente o escuchando música. Sea lo que sea que hayas imaginado, escribe qué fue lo que te hizo sentir valiosa. Titula esta lista como "¡Mis valores!" Por ejemplo:

Ser acariciada (abrazada).
Ser comprendida y apoyada por una amiga.
Ser apoyada (colocar papel tapiz).
Ser incentivada y apoyada (elogiada).
Ser acariciada, respetada, aceptada y amada (son riéndote con amor y ternura).
Ser respetada por alguien importante para ti.
Ser acariciada (baño caliente y escuchar música).

Luego repite el ejercicio, sólo que esta vez imagínate una situación diferente. Disfruta la experiencia. Cuando estés lista, vuelve a la realidad y escribe qué fue lo que te hizo sentir valiosa.

Repite el ejercicio otra vez y sigue haciéndolo hasta que hayas identificado todos los diferentes elementos que comprende para ti el sentirte valiosa. Añade todos estos elementos a tu lista de *Mis valores* y guárdala. La volveremos a necesitar en los pasos 9 y 10.

¿Cómo te sientes? ¿Cuando te imaginaste valiosa disfrutaste una grata sensación? ¿Experimentaste qué maravilloso es recibir? ¿Acaso te quedaste con el anhelo de recibir en verdad todo lo que imaginaste? ¿Te sentiste un poco reconfortada? Para muchas de nosotras imaginar algo, si realmente nos concentramos en ello, es como tenerlo. Por eso es que nos gusta fantasear sobre cosas como ganar la lotería o ser famosas.

En una ocasión escuché a Elie Wiesel, sobreviviente del holocausto de la Segunda Guerra Mundial y Premio Nobel de Literatura, hablar sobre cómo descubrió su talento literario cuando era adolescente, al participar en un concurso de cuento con compañeros prisioneros del campo de concentración. La precisa, detallada y amorosa descripción de Wiesel sobre la comida del *Sabbath* dejó hechizadas a esas hambrientas y demacradas almas. Escuchar sobre la comida, en lugar de hacerlos sentir más hambre, satisfizo una necesidad. Por un momento se abandonaron a recuerdos de días felices. Se sintieron "alimentados" y con esperanza. La narración los hizo apreciarse a sí mismos.

Reconocer nuestras necesidades e imaginar tenerlas satisfechas es un paso importante que orienta y da alivio temporal. Sin embargo, satisfacerlas implica algo más que sólo imaginarlas satisfechas. Para que podamos obtener el valor espiritual y psicológico que necesitamos, nuestra niñera interna debe aprender no sólo cuáles son las necesidades de nuestra niña interna, sino también querer y poder satisfacer esas necesidades de manera afectuosa y responsable; nuestra niña interna debe estar dispuesta a responderle a nuestra niñera interna y a respetar su ética y sus valores. Entonces lograremos la armonía con nuestra niña interna, contenta y capaz de disfrutarse como es y de gozar lo que hace, porque nuestra niñera interna lo acepta y aprueba.

Pero generalmente las cosas no son así. Muchas mujeres están en conflicto entre su niñera y su niña internas. Por lo común la niñera quiere que la niña se supere y piensa que ésta se resiste porque es perezosa, desmedida, recalcitrante, ansiosa, depresiva, inepta, tímida, demasiado dependiente, preocupada sólo por sus necesidades e insensible a los deseos de la niñera. Por otro lado, la niña interna puede creer que la niñera es fría, crítica y rechazante, que está obsesionada con sus propios asuntos e ignora sus verdaderas necesidades y sentimientos como niña. Analiza el siguiente poema de Rose, quien entró a terapia a causa de su intensa angustia y cuyo poema sobre el padre distante incluimos en el capítulo 3:

Muy dentro de mí hay una niñita,
sólo que a veces se quiere asomar.
Cuando lo hace, me vuelvo débil e insegura,

no sé qué hacer con ella.
Es cuando me siento muy lejos de mí,
y percibo cierta tristeza en mi interior.
La niña es entonces silenciosa y pasiva,
no se deprime
ni es irónica y hostil, como otras veces.
Sin embargo, quiero alejarla,
porque intenta ser más fuerte que yo.
Pide mucho y no la puedo controlar.
Su presencia en mí es una carga, y ahora
por eso me enojo con ella.
Es desesperación, ira,
quiero gritarle:
¡Por favor, déjame sola,
no puedo darte nada, aléjate!

Rose siente que su niña interna es una carga y le provoca ira. Se da cuenta de que su niña siente miedo e inseguridad, pero no sabe qué hacer y se siente desamparada, cansada. Desea que su niña se vaya. Tiempo después, Rose se identificó más con la niña y escribió:

Quiero ser libre. Libre de mí misma.
Libre de mi yo que está obsesionado con lo que es
"correcto hacer".
Libre de los terribles "deberías"
que repican en mi mente.
Libre del miedo de no alcanzar la "grandeza"
y de que sin ella la vida sería inútil.
Porque desde siempre
he tenido esa urgente necesidad.
Nunca estoy satisfecha,
siempre lo intento,
no encuentro el porqué.
Anhelo algo,
pero no sé qué es;
sé que existe, pero
¿dónde está?

¿Está aquí, dentro de mí?
A veces sé que está en mí,
pero estoy ciega y no puedo verlo.

Igual que Rose, muchas mujeres están marcadas por el dolor y la ira que su niñera interna tiene contra su niña interna: es el miedo y resentimiento de ambas. ¿Te parece conocida esta situación? ¿Sientes que hay cosas que quieres lograr pero que una parte de ti te detiene o debilita tus intentos? ¿Te sientes en conflicto? Quizá parte de ti siente que tienes lo necesario para lograrlo, mientras que otra parte no está segura y no quiere correr el riesgo. Si ése es el caso, pon especial atención al proceso por el que pasó Rose.

Rose inició el tratamiento cuando tenía 25 años, debido a la intensa angustia que había padecido por mucho tiempo. Los alarmantes síntomas de su angustia (palpitaciones, temblor, sudor excesivo, mareos) le ocurrían con mayor frecuencia en lugares públicos, por lo cual había dejado de ir a tiendas, cines, teatros, restaurantes y cualquier lugar cerrado. En una de las primeras sesiones se quedó completamente callada, sin hablar. Le pedí que representara visualmente sus sentimientos. La imagen que surgió en su mente fue la de que una parte de ella estaba sentada en su escritorio con los pies arriba, tranquila, en control, mientras que otra parte estaba encogida en una esquina. Le sugerí que se quedara con esta imagen y "viese" cómo sus dos partes interactuaban y hablablan entre sí. Más tarde, Rose escribió en su diario:

La parte "yo en control" estaba enojada con la parte "yo temerosa". Yo no comprendía por qué estaba temerosa. La parte "yo en control" quería acabar con la "yo temerosa", hacerla a un lado y negar su existencia. Yo no podía atender a esa "yo temerosa", pese a ser comprensiva y brindar apoyo a cualquier persona que tiene miedo. La "yo temerosa" no deseaba que se le hiciera a un lado; quería convertirse en una parte mayor que la "yo en control", pero ésta no se lo permitía. Yo no podía dejar que todo lo negativo y las debilidades de mi "yo temerosa" fuesen aceptadas por mi "yo en control".

Rose siguió explorando este conflicto y luego lo describió en su diario:

Cuando llegué a casa, inmediatamente después de la sesión, deseaba "actuar" el resto de la fantasía para ver hasta dónde llegaba. Me senté con los pies sobre mi escritorio y la silla inclinada hacia atrás, como de costumbre. Por uno o dos minutos sólo estuve sentada y luego miré hacia la esquina del cuarto, hasta que pude visualizar ligeramente a mi "yo temerosa". Cuando esto ocurrió, de inmediato grité: "¡Grosera!" Se hizo un silencio. Luego vi a mi "yo temerosa" mirar a mi "yo en control" con ojos entristecidos y que le decía, con débil voz: "Lo siento." Pude ver que mi "yo temerosa" se sentía lastimada por mi "yo en control" por haberla llamado así. Pero mi "yo en control" se enfadó. Pensé: "¿Te grito 'grosera' y tú pides disculpas? ¿Por qué no te enojas conmigo por haberte llamado así?" Vi a mi "yo en control" ir hacia mi "yo temerosa", la tomé de los hombros, la sacudí, la aventé contra la pared y le grité: "¿De qué tienes miedo?"

Mi "yo temerosa" rompió en llanto y contestó: "No lo sé, no lo sé." Desesperación y desamparo emitía su voz. Pese a que mi "yo en control" aún estaba enfadada, comenzó a sentir lástima de mi "yo temerosa" y la tomó en sus brazos para que llorase en su hombro. Aunque mi "yo en control" trataba de brindarle cariño y seguridad a mi "yo temerosa", cosa que ésta agradecía, se sentía triste y frustrada. Sentía que la "yo temerosa" no había cambiado en nada, pues seguía parada en una esquina. La "yo en control" se alejó, pero antes de salir de la habitación volvió la vista hacia la "yo temerosa", que estaba echada en el piso, y le dijo: "Mira, si no puedes dejar de temer está bien, pero no me arrastres contigo.

Tal vez tenga que soportar tu presencia en mí, pero te voy a apartar lo más que pueda. De ese modo no me sirves para nada, ¿no te das cuenta? Si así has de ser, que sea en silencio. No quiero saber más de ti. Déjame en paz. Tu debilidad me hace daño y no voy a permitirlo. Puesto que no quieres cambiar, cambiaré yo. Apartaré tu presencia de mi mente y seguiré adelante."

Rose finalizó esta parte con la siguiente nota:

Así acabó la fantasía. El final era obvio y terrible. Terminé la fantasía exactamente como estoy ahora: incapaz de comprender, oculto a mi parte temerosa y no me permito sentirla; trato de ignorarla y seguir con mi vida. Sin embargo, es claro que esto no es fácil, ni la solución adecuada. Pero eso es precisamente mi vida: ¡la fantasía!

Muchas mujeres se pasan la vida atrapadas en un conflicto. Como Rose, intentan apartar de sí sus partes temerosas, reprimiendo sentimientos que no pueden negarse. La niña interna de Rose se rindió exhausta en su esquina, abandonada, menospreciada, más desolada que nunca. El crítico interno de Rose se siente frustrado y descorazonado. No puede comprender por qué haberle fingido cariño a su niña no ha sido suficiente para cambiar. Se siente agobiado por ser cobarde y desea que la niña se vaya.

¿Has sentido enojo y resentimiento contra la niña que hay dentro de ti? ¿Culpas de todos tus problemas a tu niña interna y te desespera no poderla encarrilar jamás por el buen camino? ¿Desearías que se fuese y te dejase en paz?

Si es así, debes aprender, igual que Rose, que para poder ser feliz y tener éxito debes aceptar que tu niña interna estará ahí de por vida. No hay manera de librarse de la niña enfadada, temerosa, hosca o herida, excepto ayudándola a desarrollarse y a ser feliz. Para lograr lo que esperas de la vida debes dejar de rechazar a tu niña interna y aprender a valorarla. Si no lo haces, si sigues regañándola, ella te regañará a ti y estarán en un círculo vicioso. Veamos cómo aprendió Rose a aceptar a su niña interna y a salir adelante.

Después de cierto tiempo en la terapia, Rose comenzó a comprender que su "yo temerosa" era en realidad la niña dentro de ella, que contenía todas sus heridas, miedos y anhelos, pero también su inteligencia, humor y creatividad. Aceptó en teoría que su niña interna era en realidad una niña buena: inteligente, curiosa, sincera, cariñosa y creativa. Sólo necesitaba amor para florecer y crecer. Sin embargo, aún necesitaba aceptarla emocionalmente. Al motivarla, regresó a su diálogo interno, que ya vimos, y continuó precisamente en la parte en que su "yo en control" insulta a la "yo temerosa" y ésta se pone a llorar. A continuación su escrito:

Mientras la "yo temerosa" seguía llorando, la "yo en control" se dio cuenta de que ésta se aferraba a ella con fuerza. La "yo en control" se olvidó de su enojo, al menos por un momento, y en lugar de mostrarse hosca abrazó fuertemente a la "yo temerosa". Yo las observé; me dio gusto que la "yo en control" y la "yo temerosa" se abrazaran. Me di cuenta de lo necesitada que estaba la "yo temerosa" y de que no todo era negativo. Vi amor y vacío en el corazón de mi "yo temerosa", y de repente sentí que mi corazón se le abría. Comencé a llorar. Algo estaba pasando, algo estaba cambiando en mí.

Mi "yo temerosa" y mi "yo en control" se quedaron ahí, llorando juntas, abrazadas, y la "yo en control" comenzó a acariciar la espalda de mi "yo temerosa". Le dijo dulcemente: "Aquí estoy, no pasa nada, desahógate, estoy aquí, contigo." La "yo temerosa" recibió esas palabras como si le estuviesen inyectando vida. Después de unos minutos, se soltó y alejó de la "yo en control", lo suficiente para verla a los ojos. La "yo temerosa" vio cariño y consuelo en los ojos de la "yo en control", y ésta vio inocencia y anhelo en aquélla.

Por primera vez reconocí a mi niña interna y tuve deseos de protegerla.

Como me lo dijo después en una sesión de terapia, Rose terminó esta parte de su diario con lo siguiente:

Por primera vez sentí amor por mi "yo temerosa". Pude sentir que no era nada más una criatura ajena que sólo aparecía para atormentarme, sino la parte solitaria, atemorizada de mí que necesitaba de mi comprensión y ayuda, y que yo también necesitaba la suya, que la única manera que podía dejar de tener miedo, de sentirme herida y de hundirme, era comprendiéndome y ayudándome a mí misma con su dolor, que en realidad es mi dolor.

Esta aceptación fue un adelanto en el tratamiento de Rose. A pesar de que trabajamos juntas muy duro y por mucho tiempo para comprender y remediar todas sus inseguridades, la verdadera ruptura fue la aceptación de Rose y su compromiso con la niña que hay en ella. Se pudo mirar y ayudar como antes no podía hacerlo. En vez de pensar que había algo malo en ella, aceptó a su niña y aprendió a valorarla.

Es extraordinario presenciar y experimentar este cambio de odio a aceptación y amor. A veces ocurre de manera dolorosa, como fue el caso de Rose. Otras veces ocurre de manera más gradual, como fue para Ayanna.

Durante su segunda década y los primeros años de su tercera, Ayanna (cuyo poema aparece en el capítulo 3) adquirió fuertes deudas, fue despedida de su trabajo, sostuvo relaciones amorosas difíciles y fue expulsada de la universidad. A pesar de ser contraproducente, este comportamiento era en realidad un intento por valorarse. Creía que si arruinaba completamente las cosas, entonces su fría y distante mamá se vería forzada a rescatarla. Se sentía amenazada por el éxito y la independencia, porque sentía que si se podía valer por ella misma, nadie querría cuidarla. Y a pesar de todo, era autosuficiente: se mantenía sola, era creativa, hacía amistades, conseguía empleo, mejoraba lentamente sus relaciones amorosas. Sólo que no lo admitía, ni aceptaba el deber de cuidar de su niña interna. Constantemente buscaba a alguien que la sacara de apuros y la rescatara. Llegó un momento en que fue desalojada de su departamento y su madre la aceptó de mala gana en su casa. Éste fue el último intento de Ayanna por lograr que su madre la valorara. Meses después, cuando se mudó a otra casa, ya se había convencido de que su madre nunca pudo ni podría darle lo que necesitaba emocionalmente. Sabía que eso dependía de ella. Se esforzó en conocer, aceptar y amar a su niña interna. En señal de su compromiso de seguir valorándose, decidió formalmente adoptar a su niña interna. Preparó los papeles y lo celebramos juntas.

Después de la adopción, hace más de 10 años, Ayanna experimentó muchos cambios. El más importante fue el de aceptar su responsabilidad por su niña interna, cosa que hasta ahora sigue haciendo. A medida que reconfortaba a su niña interna y satisfacía muchas de sus necesidades emocionales, se sentía mejor con ella misma y con menos limitaciones. Después de un tiempo, sintió que ya tenía suficientes reservas internas y quiso compartirlas con otra persona, así que se convirtió en una "hermana mayor" para una adolescente necesitada y le ofreció el apoyo que había aprendido a darle a su niña interna. También cambió en sus relaciones amorosas. Antes le habían atraído los hombres egocéntricos, pero ahora buscaba hombres que pudiesen acariciarla. Con el tiempo logró establecer una relación con un hombre que la quiere de verdad y se preocupa por su felicidad. Sigue siendo responsable de su niña interna y se resiste a la tentación de dejarla en manos de su esposo. Él ama y valora a la niña interna de Ayanna junto con ella, no en lugar de ella.

Tanto Rose como Ayanna, cada quien a su manera, se acercaron y cuidaron a su niña interna en lugar de luchar por expulsarla. Gracias a este conmovedor contacto consigo mismas, su vida se enriqueció y se volvió más satisfactoria y plena.

Tú también puedes aprender a valorarte. ¿Puedes imaginarte valorando y amando a tu niña interna? ¿Puedes imaginar que quieres adoptarte a ti misma para tener una madre que te reconforte de por vida? ¿Te imaginas qué maravilloso sería eso? El siguiente paso está diseñado para ayudarte a abrirle tu corazón a la niña que llevas dentro de ti.

Paso ocho: *Ábrele tu corazón a tu niña interna*
(Mantén los ojos cerrados en este paso. Graba las instrucciones en una cinta o memorízalas.)
Respira profundamente tres veces y a cada exhalación saca tus tensiones y relájate. Luego cierra los ojos e imagina a tu niña y niñera internas sentadas una junto a otra, mano con mano, o a tu niña interna acurrucada en el regazo de tu niñera, quizá en sus brazos. Míralas juntas, viéndose con amor. Disfrútalo y date cuenta de que puedes disponer de este amor mutuo con sólo hacer lo que estás imaginando, es decir, estando con y amando a tu niña interna.

Luego, retrocede en el tiempo y recuerda o imagina cuándo empezaste a dudar de ti. Tal vez eras una niña pequeña, o una bebé. Experimenta tu inocencia. Visualiza a la pequeña que fuiste al llegar al mundo con personalidad y fuerza para crecer y florecer. Ahora proyecta el resto de tu vida ante tus ojos, como una película, y observa qué estuvo bien y qué estuvo mal, qué fue bueno y qué fue dañino, qué te reconfortó y qué te lastimó. Si no sabes qué fue lo que salió mal, recúerdate que hubo un tiempo en que todo estaba bien y que algo debió haber sucedido para que aparecieran las inseguridades que experimentas. Luego, regresa rápidamente la película de tu vida y vuelve a la pequeña niña que un día fuiste, ansiosa de estar en el mundo e ignorante de lo que vendría después. Deja que tu corazón vaya a esa niña inocente y esperanzada, fuerte y vulnerable, adorable y afectuosa. Dale el amor que tú sabes que necesita. No es tarde: esa niña aún está dentro de ti y necesita tu amor con desesperación. Abraza a tu niña y díle que siempre estarás ahí para amarla, guiarla y ayudarla. Luego vuélvete esa niña y recibe ese amor, realmente recíbelo. No te apresures, sólo sé esa niña y recibe ese amor. Después, cuando estés lista, vuelve al presente.

¿Cómo te sientes? ¿Pudiste ofrecerte y recibir amor? ¿Empiezas a querer de manera diferente a tu niña interna? ¿Sientes que de verdad quieres estar ahí para ella? Es maravilloso cuando puedes aceptar y valorar a tu niña interna. Al abrirle tu corazón ya has empezado a hacerlo.

Ahora debes familiarizarte más con ella, para descubrir sus necesidades y deseos, sus esperanzas, sus miedos, lo que le enoja, a qué aspira, qué disfruta. Puede ser que hayas pasado años agrediéndola y despreciándola, que no la conozcas de verdad. Quizás no tengas idea de cómo hacer contacto con la niña que hay en ti. Los siguientes pasos te mostrarán cómo llegar a ella.

CAPÍTULO 11

PASO NUEVE: ESCUCHA Y HABLA CON EL CORAZÓN: COMUNICACIÓN EMPÁTICA

Este paso es diferente de los anteriores porque no es un ejercicio estructurado. En él aprenderás los principios para comunicarte con tu niña interna, los cuales te darán las herramientas que utilizarás en el paso 10.

Ya has empezado a conocer a tu niña interna. En el paso 8, cuando te imaginaste que eras valorada, tu niña interna se presentó y te dijo mucho acerca de sus necesidades y anhelos. Es importante que estés en armonía con esta comunicación.

Ahora saca tu lista de *Mis valores* y vuelve a familiarizarte con tu niña interna. Lee tu lista lentamente y date cuenta de que ésta es tu niña interna hablando, pidiendo lo que necesita.

Pero tu niña interna no siempre expresa sus sentimientos y necesidades de manera directa. Puede tener miedo de exponer sentimientos vulnerables o creer que no sólo es inútil, sino que incita a la crítica, intentar satisfacer sus necesidades pidiendo de manera directa. En vez de eso, tu niña interna puede encontrar formas indirectas de comunicarse, exteriorizando emociones al resistirse a los caprichos de tu niñera. El conflicto entre la "yo en control" y la "yo temerosa" de Rose, del capítulo 10, es un ejemplo. A continuación otro ejemplo.

Laura es una profesionista que siempre está buscando empleo. Su más reciente despido, previa indemnización, le permitió tomar tres meses de vacaciones y relajarse. Ahora se enfrenta a la tarea de regresar a trabajar y está a la expectativa e inquieta. Su niñera interna está ansiosa por volver a trabajar porque cree que es importante ser responsable e independiente y tener un reto.

Por otro lado, su niña interna es creativa y curiosa, le gusta la idea de aprender nuevas cosas y enfrentar el reto de un trabajo interesante, pero también tiene miedo. Teme que Laura acepte un trabajo difícil y que se mate trabajando para demostrar qué buena trabajadora es, de suerte que lo que comience como un trabajo interesante y creativo se convierta en una horrible carga. Esto ocurrió con el último trabajo que tuvo y su niña interna teme que vuelva a ocurrir. Su aprensión se intensifica por el hecho de saber que la niñera interna no toma en serio sus miedos y tiende a desdeñarlos o a odiarla por tener miedo.

La niñera interna de Laura, por su parte, teme que la niña interna interfiera y no le guste ningún trabajo. Está consciente de que su niña interna sabotea sus esfuerzos por conseguir trabajo, al sentirse muy deprimida o enferma y no levantarse de la cama para salir a buscar trabajo, o al no comunicarse con las personas con quienes se está entrevistando. La niñera se enfurece al verse relegada y menosprecia a la niña por hacerlo. La niña, sin embargo, está aterrada de que la traicionen y trata de oponer resistencia para defenderse. Le enfada el hecho de que la niñera no comprenda sus temores de regresar al trabajo y se siente aislada, sola, triste, deprimida.

Todo esto ocurre por debajo del agua. Laura está consciente de que es un desorden y no puede hacer nada, pero no sabe por qué. Su reacción a su conflicto interno es el reproche:

> Dormí toda la mañana, debí haber hecho mi currículum. ¡Me odio!
>
> ¡Estoy enojadísima conmigo! Quiero y necesito trabajar, ¿por qué no me organizo?
>
> ¡Odio tener que llamar por teléfono, pero tengo que hacerlo! Ahora es demasiado tarde para hacerlo. Me saca de quicio hacer eso.
>
> Había apartado el fin de semana para planear buscar trabajo, pero el día estaba tan bonito que me fui a pasear

con Larry. Fue muy divertido, pero ahora estoy arrepentida de haberlo hecho. ¡Qué molesta estoy conmigo por haber jugado cuando debí haber trabajado!

Aunque Laura reconozca que está teniendo dificultades con sus planes de buscar trabajo y que algo la hace permanecer quieta, no se pregunta: "¿Qué pasa? ¿Qué me ocurre? ¿Cuál es el conflicto?" En lugar de eso, se culpa por tener ese problema y se menosprecia.

Laura necesita encontrar un modo de adentrarse en sí misma, de llegar a su niña interna y descubrir qué es lo que anda mal. Una manera de hacerlo es pretender que su niña y niñera internas son dos personas reales y que tienen un diálogo entre ellas.

Siempre que tenemos que tomar una decisión, sopesamos y analizamos lo que debemos hacer. Siempre que nos sentimos mal hay una voz interna que nos riñe, y cuando estamos bien, esa voz interna nos elogia. Un diálogo entre tu niñera y tu niña internas es simplemente una manera de aceptar lo que está ocurriendo y de hacerlo más explícito para poder analizarlo, manejarlo y solucionarlo. Veamos qué pasa cuando Laura trata de hacer contacto con su niña interna:

NIÑERA: Escúchame: de verdad quiero conseguir un buen trabajo, quiero seguir creciendo, desarrollar mi profesión. Desearía que no siempre me estuvieras presionando. ¿Qué te pasa? ¿Por qué me haces esto?

NIÑA: Tengo miedo. Además, no quiero lo que tú quieres. A ti sólo te preocupa tu carrera, el éxito y probarte a ti misma. Yo quiero tiempo para estar con Larry y nuestros amigos, divertirme, tocar el piano o salir al campo. Y sé bien cómo eres. Es tan importante para ti que te respeten y reconozcan tus valores que te vas a volcar en un trabajo nuevo y a trabajar millones de horas, y vas a olvidarte de todo lo demás. Eso me haría muy desdichada.

NIÑERA: ¡Lo que pasa es que tú no quieres trabajar! ¡Quisieras quedarte en casa a consentirte! He tratado de ser buena contigo. Tomé tres meses de vacaciones y te llevé con la masajista, te consentí. Pero tus necesidades no tienen fin. Mientras más te doy, más quieres. ¡Nada es suficiente para ti! Si yo no te apoyara, nunca harías nada; te pasarías todo el día en la cama viendo la televisión. ¡Estoy harta de ti y de tus necesidades! Ya era hora de que hubiéramos conseguido trabajo.

NIÑA: Trato, pero me siento muy cansada y deprimida. Necesito relajarme y que me atiendan.

NIÑERA: Me he pasado demasiado tiempo atendiéndote. Ahora me toca a mí. Quiero volver a trabajar y lo vamos a hacer. ¡Yo soy la responsable y lo que digo se hace!

NIÑA (SILENCIOSA pero desafiantemente): Eso está por verse...

El conflicto entre la niñera y la niña termina en punto muerto. Ninguna de las partes escuchó a la otra con empatía e interés. Sólo se escuchaban para rebatirse. Escuchar para rebatirse es lo que los abogados hacen en los tribunales, donde lo que importa es dominar y vencer. No pretenden abrir canales de comunicación. Pero nosotras sí. Nosotras necesitamos encontrar un camino para que nuestra niñera y nuestra niña trabajen juntas, para que resuelvan el problema juntas y para que den y reciban la una de la otra. Para que un cambio positivo ocurra, nuestra niñera y nuestra niña deben reconocer su interdependencia y ayudarse una a la otra, para así alcanzar las metas previamente acordadas.

El tipo de comunicación que se dio entre la niñera y la niña de Laura en el diálogo anterior —un enfrentamiento de ideas, la agresión mutua sin aceptar los sentimientos del otro— se llama "lucha de poder", y siempre termina en un punto muerto.

Nadie puede ganar una lucha de poder.

Ciertamente, la "madre" puede obligar e intimidar a la "niña", pero jamás obtendrá su cooperación, aceptación y respeto, y viceversa, que es precisamente lo que cada uno desea y necesita. Para trabajar juntos de manera productiva, ambos lados deben compartir *sentimientos* e ideas en una atmósfera de armonía y respeto. Subrayo "sentimientos" porque ahí es donde se da el cambio verdadero.

Es relativamente fácil cambiar las ideas de alguien; claro está, con argumentos convincentes. Pero es mucho más difícil cambiar los sentimientos de alguien respecto de algo. Es por eso que para mucha gente la retroalimentación positiva sólo es una ayuda temporal, pero después de un tiempo demuestra que sigue conservando sus sentimientos negativos de antes. Por ejemplo, si tu sentimiento interno es que eres tonta, perezosa, fea, gorda, incompetente, torpe, egoísta o mala, te sientes bien cuando otras personas te dicen que eres inteligente, industriosa, atractiva, delgada, competente, graciosa, generosa o buena, pero generalmente el beneficio no dura mucho. Puedes pensar que los otros sólo quieren alegrarte o que no saben la verdad sobre ti. Uno se aferra a las percepciones propias como si fuesen hechos porque las aprendimos a temprana edad y las aceptamos como verdades eternas e inalterables.

Éstos son los *sentimientos* acerca de ti que necesitas cambiar, si es que de verdad quieres aprender a valorarte; pero para poder transformar tus sentimientos, tienes que sacarlos a la luz, como si expusieras una herida infectada para poderla limpiar y para que sane. Sin embargo, no vas a exponer tu vulnerabilidad a menos que te sientas protegida.

Para sentirte protegida debe prevalecer una atmósfera de respeto y aceptación. Nadie querrá expresar sus sentimientos íntimos si cree que será atacado y menospreciado. Tú puedes establecer esta atmósfera de aceptación y respeto aprendiendo a comunicarte de la manera que yo llamo "comunicación empática".

La comunicación empática es hablar y escuchar con respeto, aceptación e interés los sentimientos de la otra persona. El propósito es conocer a la otra persona, y en particular sus sentimientos, para poder comprenderla mejor. Puedes aprender a comunicarte de esta manera empleando las técnicas con las que se aplica. Veámoslas.

Técnicas de la comunicación empática
Transmitir sentimientos de reflejo.
Pedir aclaraciones.
Alentar la comunicación de más sentimientos ("Dime más").
Expresar nuestros propios sentimientos (especialmente importante para la niñera interna).

Transmitir sentimientos de reflejo. Ésta es una manera importante de dejarle ver a la gente que comprendes lo que siente. Cuando transmites estos sentimientos con aceptación y comprensión en la voz y en la actitud, estimulas a los demás a seguir comunicándote sus sentimientos. Esta sencilla pero poderosa técnica es empleada por los terapeutas debido a su gran eficacia. Facilita mucho la comunicación tanto en un diálogo contigo misma como con otras personas, y es un modo instantáneo de convertir una discusión en diálogo.

Transmitir sentimientos de reflejo es lo opuesto a "escuchar para rebatir". Es algo fácil de aprender, y que con la práctica se vuelve más fácil aún. Todo lo que tienes que hacer es identificar los sentimientos implícitos en lo que la otra persona te está diciendo y luego repetir esos mismos sentimientos con palabras ligeramente distintas.

El propósito de reflejar los sentimientos es el de transmitir comprensión y aceptación de lo que la otra persona siente. "Aceptación" significa que respetas que cada quien sienta a su manera, no necesariamente que compartes esos sentimientos.

Supón el caso de un marido que quiere que su mamá se mude a su casa con su familia, pero la esposa no se lleva bien con ella. Si esta pareja escucha con afán de rebatir, la conversación, el diálogo, puede ser así:

ÉL: Mi mamá ya no puede vivir sola y no soporto la idea de mandarla a un asilo. Es un deber traerla a vivir con nosotros.

ELLA: ¡Pero si ya sabes que no puedo ver a tu mamá ni en pintura! ¿Y tus deberes para conmigo qué?

ÉL: ¡Siempre tienes que pensar sólo en ti misma! ¿No te das cuenta de que mamá ya es una anciana?

ELLA: ¡Y yo voy a envejecer prematuramente si tengo que vivir con tu madre! Dices que soy egoísta, pero tú eres el que piensa nada más en lo que le conviene.

ÉL: ¿Qué quieres que haga? ¿Que la deje vivir en la calle? ¿Que la meta a un asilo? ¡No se puede razonar contigo!

ELLA: Ahora quieres hacerme sentir culpable, como si fuera una arpía por no querer que tu madre viva aquí. A ti no te importa lo que yo sienta.

ÉL: ¡Y a ti sólo te importa lo que tú sientes! (Él sale furioso de la habitación, y ella se pone a llorar.)

Ahora considera cómo se habría desarrollado la conversación si esta pareja supiese cómo reflejar los sentimientos de retroalimentación.

ÉL: Mi mamá ya no puede vivir sola y no soporto la idea de meterla a un asilo. Debemos traerla con nosotros.

ELLA: Te sientes obligado con ella...

ÉL: ¡Claro, es mi madre!

ELLA: Pero qué más sientes.

ÉL: Me siento muy mal con ella. Me da pena verla tan vieja y enferma, y eso me hace preguntarme si nuestros hijos sentirán nuestra carga algún día.

ELLA: ¿Te sientes agobiado por tu mamá y preocupado de ser una carga cuando seas viejo?

ÉL: Pues sí. Mira, yo sé que no va a ser fácil tener a mi mamá aquí. Siempre ha sido una mártir y eso es muy molesto. Quisiera, por una sola vez, que me dijese lo que quiere hacer, que me diga la verdad, en lugar de su acostumbrado: "Lo que tú digas está bien." Detesto tener que adivinar y siempre acabo sintiendo que adiviné mal. La verdad es que no tengo ganas de tenerla aquí, pero creo que es lo que debo hacer.

ELLA: ¡Vaya apuro! Quieres hacer lo correcto, pero desearías que hubiera otra solución.

ÉL: Así es. Y me preocupas también tú. Yo sé la molestia que esto sería para ti y no quiero agobiarte.

ELLA: ¡Otra presión para ti!

ÉL: Sí, pero ¿qué piensas de que mi madre viva con nosotros?

Esta pareja habla por turnos, explorando los sentimientos de uno y otro, como lo hacen muchas parejas que se comunican empáticamente. Ahora veamos lo que sucede al cambiar los papeles: la esposa expresará sus sentimientos mientras el esposo los refleja.

ELLA: Me aterra la idea. Siempre critica todo lo que hago, y si no lo hago, se siente herida, como si la quisiera molestar.

ÉL: Te aterra vivir con esa crítica constante.

ELLA: Realmente sí. Y no me gusta nada que te adule y adule a los niños. Me hace sentir que todos importan menos yo.

ÉL: ¿Qué sientes?

ELLA: Que soy un cero a la izquierda. ¡Me da mucho coraje! ¡En momentos así quisiera echarla de la casa de inmediato! Claro que no lo haría, pero entonces me dan ganas de irme de la casa o de encerrarme en mi cuarto. Y ella me molesta de nuevo: "¿A dónde vas a estas horas?" o "¿Sabe Jim que te pasas tanto tiempo encerrada en tu cuarto?"

ÉL: ¡Oye! ¡Sí que te molesta! Hablas como si te sintieras presa.

ELLA: Así es, y luego me deprimo. Tengo miedo de estar deprimida todo el tiempo si tu madre vive aquí. Por otro lado, entiendo que es una anciana y que necesita un lugar donde vivir, y no quiero que sientas que no puedes traerla a vivir con nosotros.

ÉL: ¡Pero qué angustia para ti! No soportas la idea de que ella viva aquí, pero crees que es lo correcto y también te preocupa cómo me siento.

ELLA: Sí, pero también me siento culpable por no querer tenerla aquí. Me hace sentir egoísta.

ÉL: Lo que ocurre es que no quisieras que mi madre viva aquí, y eso te provoca conflicto.

ELLA: Sí, aunque me alivia saber que a ti tampoco te encanta la idea y que te preocupa lo difícil que sería para mí. Sé que si viene a vivir con nosotros, me apoyarás. Antes me preocupaba la posibilidad de que te pusieras de su lado y me culparas si ella no está contenta, y júralo que no lo va a estar porque es una persona muy difícil de complacer.

Analiza lo que ha pasado aquí. En el primer diálogo, marido y mujer se turnaban para rebatirse y atacarse el uno al otro, cosa que provocó disgusto, malestar y distanciamiento. En el segundo diálogo también se turnaron, pero escuchando y aceptando los sentimientos de cada quien. Después de compartir esto se sintieron más unidos. Dado que ya no tenían que defenderse, cada uno pudo descubrir y expresar sus propios sentimientos ambivalentes respecto de tener a la señora en casa. Esto siempre ocurre con el comportamiento humano. Yo lo llamo: La regla de oro de la ambivalencia.

Si estás de acuerdo con un lado de la ambivalencia de una persona, ésta opta por el lado opuesto. Si te mantienes neutral e incitas a una persona a expresar sus sentimientos, escucharás ambos lados de la ambivalencia.

Si dudas de la validez de esto, piensa en la última vez que te sentiste ambivalente: "¿Me quedo despierta y sigo leyendo o me voy a acostar?", "¿Compro esta casa o me quedo donde estoy?" No importa qué tan importante sea la decisión, el proceso es el mismo. Si alguien te dice que te vayas a acostar, tú dices: "Pero es que está tan bueno este libro que no puedo dejarlo." Si alguien te dice que sigas leyendo, dices: "Pero es que mañana no me voy a poder levantar y voy a estar cansada todo el día."

Respondemos de esta forma al consejo porque ésa es la naturaleza de la ambivalencia. Significa que estamos partidos en dos y que por tanto es difícil tomar una decisión hacia cualquiera de los lados. El consejo se convierte en un polo que va hacia una dirección, así que nos ponemos en el otro y vamos en esa otra dirección para mantener nuestra posición en la mitad. Mientras más duro nos jale alguien hacia una dirección, más duro jalamos en la dirección contraria. Cuando esto ocurre parece que no somos ambivalentes (como la pareja del primer diálogo), pero (como se demostró en el segundo diálogo) esto con frecuencia puede distar mucho de la verdad.

Tratándose de nosotras mismas, nuestra ambivalencia generalmente se expresa por medio de las voces de nuestra niñera y niña internas. La niña quiere quedarse leyendo, pero a la niñera le preocupa estar cansada al día siguiente. Lo que se necesita para resolver este conflicto no es consejo externo, sino comunicación empática entre la niñera y la niña, hasta que encuentren suficiente terreno en común para que puedan tomar una decisión juntas o hasta que la niñera marque los límites de una manera empática.

Cuando hablas con tu niña interna, es vital reflejar los sentimientos, en lugar de escuchar para rebatir y atacar. Recuerda lo que pasó con la pareja del segundo diálogo. Cada uno incentivaba al otro para que expresara sus sentimientos, al escuchar con aceptación, compasión y respeto. Sin temor a ser agredidos, ninguno tenía por qué estar a la defensiva y cada uno pudo expresar los dos lados de su ambivalencia. Terminaron sintiéndose en el mismo barco, cada uno brindando apoyo y recibiendo apoyo.

Esta acción de compartir los acercó más. Después de compartir más sus sentimientos, decidieron pedirle a la madre de él que viniese a vivir con ellos. La esposa se sentía mejor al hacerlo porque sentía que realmente contaba con el apoyo de su marido y no tenía que fingir que era maravilloso. Lo más importante de todo fue que aceptó sus sentimientos de no querer tener a la suegra en casa, en lugar de sentirse una malvada por ello. Marido y mujer acordaron también que si la situación se volvía difícil, considerarían otras opciones, de suerte que ninguno se sintiese atado. Esto les ayudó a sentir que podían resolver el problema con más facilidad.

He utilizado un ejemplo entre dos adultos y no uno entre madre e hija, que habría podido parecer más apropiado, porque tu niña interna no es una niña de verdad. Tu niña interna ha tenido la misma escolaridad que tú y es tan lista como tú. No podríamos esperar que una niña de verdad transmitiera sentimientos de reflejo, pero tu niña sí puede hacerlo, al igual que tu niñera, tal vez hasta mejor. Al hablar con tu niña interna, ten cuidado de no usar palabras difíciles, porque esto es señal de que estás siendo demasiado intelectual y te estás alejando de los sentimientos.

Pedir aclaraciones. Consiste en hacer preguntas para saber mejor qué siente la otra persona o parte de ti. Éstos son algunos ejemplos de preguntas:

¿De qué tienes miedo?
¿Qué es lo que te enoja de eso?
¿Qué fue lo que dije que te lastimó?
¿Qué es lo que anhelas?
¿Qué sientes necesitar en este momento?

Evita preguntar "¿por qué?", pues de ese modo le estarías pidiendo a la otra persona que te explique algo, con lo que la obligarías a racionalizar y a desconectarse de sus sentimientos. Pedir aclaraciones nos ayuda a descubrir lo que siente la otra persona y a manifestar nuestro deseo de conocer sus sentimientos. Es importante no hacer estas preguntas en forma crítica. "¿Qué pasa contigo?" no es una verdadera pregunta. No es un intento por comprender a la otra persona, sino más bien una aseveración crítica ("¡Algo anda mal en ti!") disfrazada de pregunta. Cuídate de aseveraciones disfrazadas de preguntas.

Alentar la comunicación de más sentimientos. Esta técnica es muy fácil de aprender. Se trata simplemente de alentar a la persona a explicar los sentimientos de los que está hablado, diciéndole: "Dime más de cómo te sientes." Por ejemplo, si tu niña interna dice: "No me gusta hablar contigo porque me pones muy nerviosa", tu niñera interna podría responder: "Dime más sobre tus nervios cuando hablas conmigo."

La mayoría de nosotras tememos hablar de nuestros sentimientos porque hacerlo nos hace sentir vulnerables. Nos sentimos más libres de expresar nuestras emociones y sentimientos más profundos cuando creemos que la otra persona en verdad quiere saber cómo nos sentimos y que es receptiva sin juzgar. En el ejemplo anterior decir sin juzgar "Dime más sobre tus nervios cuando hablas conmigo" alienta a la niña interna a seguir hablando. Analiza cuán diferente es de decir: "No sé por qué te sientes nerviosa. Sólo quiero saber lo que sientes." Aquí la niñera expresa su interés por los sentimientos de la niña, pero en forma crítica, pues sus palabras y su tono sugieren que la niña tiene un problema por el hecho de ponerse nerviosa, que sus nervios son un defecto. Al sentirse culpable y criticada, lo más probable es que la niña permanezca callada y se sienta mal.

Expresar nuestros propios sentimientos. En la comunicación empática el diálogo consiste en compartir experiencias, declarar los sentimientos propios con la certeza de que el otro los escucha, tal como marido y mujer hicieron en el diálogo anterior. Al expresar tus sentimientos, comienza tus frases con "yo". Las expresiones que comienzan con "tú" suelen ser críticas y agresivas. En los diálogos internos la niña generalmente está ansiosa por expresar sus sentimientos, en tanto que la niñera a menudo esconde sentimientos bajo aseveraciones críticas. Los ejemplos más comunes son:

"¡Eres un estorbo!" (En lugar de "Tengo miedo de hundirme contigo.")

"¡No haces más que compadecerte!" (En lugar de "Quiero cambiar y desearía contar con tu ayuda.")

Si tu niña interna es rebelde (y no sumisa), también puede atacar y ser crítica, con frases como éstas:

"Eres una tirana."

"Eres una anticuada."

"Eres una dictadora y una egoísta."

Entonces estás ya en el camino de la lucha de poder.

Si en tus diálogos internos te encuentras en una lucha de poder, ¡detente! Date tiempo y analiza qué está mal. Puede ser que tu niñera y tu niña se estén agrediendo en lugar de emplear las técnicas de la comunicación empática.

Veamos el poder de la comunicación empática en el caso de Laura, la mujer que luchaba por conseguir trabajo, y qué ocurre cuando su niñera y su niña se comunican de manera empática:

NIÑERA: Quiero conseguir un buen trabajo y seguir desarrollándome en mi profesión. Desearía que no estuvieras siempre tratando de importunarme. ¿Qué pasa contigo? ¿Por qué me haces esto?

NIÑA: Tengo miedo. Además, no quiero lo mismo que tú. A ti sólo te interesa tu carrera, tener éxito y probarte a ti misma. Yo quiero tiempo para estar con Larry y nuestros amigos, divertirme, tocar el piano y salir al campo. Sé cómo eres, que es tan importante para ti que te respeten y reconozcan tus cualidades, que en un trabajo nuevo te vas a matar trabajando millones de horas y a perderte de todo lo demás. Eso me haría muy desdichada.

NIÑERA: Tienes miedo de que cuando regresemos a trabajar vayamos a ahogarnos de trabajo y nunca tengamos tiempo para divertirnos.

NIÑA: Pues no exactamente. Sé que nos vamos a divertir, pero sólo a ratos. Quiero tiempo para relajarme y estar con Larry. Me siento muy bien cuando Larry y yo podemos estar en casa sin presiones. Me encanta poder estar abrazados, platicar y reír. También me gusta tener tiempo para mí sola.

NIÑERA: No quieres regresar a trabajar porque eso significa tener que olvidarte de todo lo demás.

NIÑA: No me importa tener que ceder un poco. A mí también me gusta trabajar. Es interesante aprender cosas nuevas y conocer a otras personas. Pero me da miedo no hacer bien las cosas en el trabajo nuevo, y que el jefe piense que soy una nulidad y me despida.

NIÑERA: A mí también me da miedo. Por eso trabajo con tanto empeño, para que no ocurra.

NIÑA: Dime más sobre qué sientes.

NIÑERA: Quiero demostrar que soy realmente capaz, talentosa e inteligente. Detestaba que papá se dignara a ayudarme, porque siempre me hacía sentir que, como soy mujer, no podía ser inteligente.

NIÑA: Es muy importante para ti demostrarle que estaba equivocado, ¿verdad?

NIÑERA: Sí, pero no me siento muy segura de poder hacerlo, y cuando tú me importunas tengo la sensación de que no podré. Desearía que me ayudaras en lugar de fastidiarme.

NIÑA: Me gustaría ayudarte. Sé que estás preocupada. Yo también lo estoy.

NIÑERA: ¿Qué te preocupa?

NIÑA: Quiero sentirme amada, protegida. No quisiera que se te fuera la vida en demostrar lo inteligente y competente que eres a costa de todo lo demás. Siempre me he sentido sola y privada de felicidad, siempre he tenido que encargarme de mí misma y de otros. Mamá estaba muy ocupada consigo misma como para poder hacerse cargo de nosotras, luego murió y eso fue peor. Desde entonces me he sentido muy sola. Estoy cansada de esforzarme —cansada de tener que actuar como gente grande— y también tengo miedo de que si aceptamos un trabajo, sólo muestre lo incompetente que soy.

NIÑERA: Yo también quiero sentirme protegida. Por eso he trabajado tanto. Cuando tengamos seguridad y dinero —cuando seamos autosuficientes— nos sentiremos protegidas.

NIÑA: Esas cosas no me dan seguridad. Lo que me da seguridad es el amor, la comprensión, la compasión y el apoyo. Cuando trabajas me ignoras por completo, igual que mamá cuando estaba deprimida, y entonces me siento abandonada, sola y triste. Además, si trato de llamar tu atención te enojas conmigo. Me gustaría que me prestaras más atención y te interesaras en lo que siento.

NIÑERA: Sí me intereso por ti. Por eso trabajo, para poder cuidar de las dos. Pero tú tienes muchas necesidades. Me gustaría que te sintieras bien y no me necesitaras tanto.

NIÑA: Pero es que te necesito, mucho.

NIÑERA: Dime más acerca de eso.

NIÑA: Toda mi vida he sentido que tengo que ser buena, no exigir, no pedir, siempre pensar primero en los otros y ser madura. Ahora quiero que se ocupen de mí, que me cuides. No sólo lo quiero, lo necesito. Me siento terriblemente mal cuando no me prestas atención, triste, sola y deprimida. Cuando te enojas conmigo, por sentirme así me siento todavía peor: enojada, vencida, buena para nada, todo al mismo tiempo.

NIÑERA: Así que te hago sentir muy desdichada cuando te presiono...

NIÑA: ¡Sí! Me da mucho gusto que lo comprendas. ¡Siempre deseé que lo comprendieras!

NIÑERA: Empiezo a comprenderlo ahora. Quiero ayudarte. No puedo soportar que seas infeliz. Pero no estoy segura de poder darte lo que necesitas sin que tus necesidades me abrumen.

NIÑA: ¿Cómo podrían abrumarte?

NIÑERA: Es que tú tienes demasiadas necesidades. Siempre he sentido que mientras más te doy, más quieres, y no hay fin.

NIÑA: Muchas veces me siento muy necesitada de atención, pero igual muchas veces me siento alegre y me gusta divertirme. Me siento más necesitada cuando no me escuchas o no aceptas mis sentimientos. A mí tampoco me gusta pasarme la mañana tumbada en la cama. ¡No es divertido quedarse en casa estando deprimida! Pero es la única manera que encuentro para que me prestes atención. Ahora me siento mucho mejor porque me escuchas y parece que te importa.

NIÑERA: Sí me importa. Nunca me había dado cuenta de que actuabas así porque necesitabas algo de mí. Esta plática realmente me sirve.

NIÑA: Me sirve a mí también.

NIÑERA: ¡Hablemos más seguido!

NIÑA: ¡De acuerdo!

Algo muy importante sucedió en este diálogo entre la niñera y la niña de Laura. Comenzaron a escucharse y a aceptar los sentimientos de cada una, a pesar de que las dos empezaron enojadas y en actitud defensiva. Sentir que eran escuchadas y aceptadas les permitió bajar la guardia y desenfadarse, y entonces pudieron hablar realmente una con otra. Descubrieron que no estaban tan alejadas como creían, que luchaban con los mismos sentimientos pese a que cada una tenía soluciones diferentes en mente. Empezaron a apoyarse en lugar de agredirse y sabotearse.

Después de este primer diálogo Laura comenzó a sentirse mejor. Ya sabía cuál era su conflicto interno. También experimentó esperanza. Pudo ver que por medio de la comunicación continua entre su niñera y su niña internas era posible encontrar una solución.

En las siguientes semanas, Laura estimuló la solución de problemas iniciando una serie de diálogos internos. A cada diálogo sentía más amor por su niña interna, pues aceptaba, respetaba, se interesaba y sentía compasión por sus sentimientos. Acariciar a su niña interna hizo que ésta se sintiera protegida, valorada y querida; ya no tenía necesidad de llamar la atención para ser escuchada. Empezaron a trabajar juntas.

Durante este proceso Laura se dio cuenta de que los temores y necesidades de su niña eran responsabilidad suya, y que debía solucionarlos o nunca sería feliz. Empatizó con los miedos de su niña al tiempo que la apoyaba, la incentivaba a creer en sí misma y la entusiasmaba a seguir adelante. Prometió no aceptar ningún trabajo que exigiese demasiado y las hiciese desdichadas a ambas. Su niña interna cooperó en la búsqueda de trabajo, pese a sus temores, confiada de que Laura no ignoraría sus necesidades.

Laura estaba ahora en el ciclo del éxito. Al acariciar a su niña interna, ésta se sintió feliz, segura, esperanzada y más dispuesta a cooperar. En respuesta a la nueva actitud de la niña, la niñera de Laura ya no se sentía disgustada, sino que quería acariciar a su niña, lo cual hacía aún más feliz a ésta. Al final Laura encontró un trabajo que le gusta mucho y que no requiere de tiempo extra ilimitado (cosa rara en su profesión). Por lo tanto, su ciclo del éxito está en marcha: *La caricia lleva al éxito, y el éxito a la caricia. Tú también puedes aprender a entrar al ciclo del éxito.*

CAPÍTULO 12

PASO DIEZ: VALÓRATE

Tal vez algo te molesta: una relación conflictiva, una situación estresante en el trabajo, un problema difícil con uno de tus hijos o sentimientos de vacío, incapacidad, depresión o angustia. Puede ser que nada extraordinario te esté afectando, pero te sientes cansada, agotada, aburrida, incomprendida. Cualquiera que sea el caso, en este capítulo aprenderás a ayudarte a sentirte mejor. No se trata de resolver mágicamente tus problemas de la noche a la mañana, sino de motivarte en tus esfuerzos por cambiar y crecer. Vas a aprender a reconocer cuál es el problema y qué hacer para sentirte mejor.

Cuando practiques lo que se indica en este capítulo, sé paciente contigo. El cambio toma tiempo. No aprenderás a valorarte de la noche a la mañana. Cada paso es importante, por pequeño que sea, y mereces estímulo por cada uno. Ten en mente el siguiente adagio chino: "Un viaje de mil kilómetros comienza con el primer paso." Reconoce tu esfuerzo en cada paso que des. No te desilusiones si ves que das dos pasos adelante y uno atrás. El progreso nunca es parejo; es como un bebé que aprende a caminar: da un paso, se cae, da dos pasos, se cae de nuevo. Sólo viéndolo en retrospectiva el cambio parece fácil y rápido, no mientras se está pasando por él. Es común que la gente se sienta más empantanada justo antes de dar un gran paso adelante.

Concéntrate en lo que está cambiando y date el aliento y el apoyo que necesitas para seguir cambiando. Toma un minuto para repasar el progreso que ya has logrado. ¿Has empezado a valorar características tuyas que antes te eran indiferentes, que ignorabas? ¿Puedes reconocer que tienes muchos puntos buenos y no sólo muchos malos? ¿Has comenzado a agradarte aunque sea un poco? ¿Has empezado a enfrentarte a tu crítico interno y a reafirmar tus valores? Examina la manera en que has cambiado y estimúlate. Deja que lo que no ha cambiado permanezca en el fondo como algo que atenderás después, cuando te valores mejor. Lo que importa ahora es que quieres aprender a valorarte. Has dado ya muchos pasos importantes para conseguirlo y vas a lograrlo. *Date todos los días un poco de tiempo para estimularte por el solo hecho de intentar cambiar.* Y recuerda leer tu lista de atributos positivos por lo menos dos veces al día.

Saca la lista de metas que hiciste en el capítulo 7. Cada meta representa algo en lo que estás trabajando o en lo que quieres trabajar, y cada una dice algo sobre lo que necesitas cambiar para lograrla. Vas a aprender a establecer diálogos internos reconfortantes en los cuales tu niñera y tu niña internas trabajen juntas para que puedas comprender lo que está ocurriendo dentro de ti, busques una solución y hagas realidad tus metas. Primero debes decidir cómo quieres hacer contacto con tu niña interna.

Hay tres maneras de tener diálogos contigo misma: en tu mente, por escrito o en voz alta. Por ahora es preferible que hables con tu niña interna ya sea en voz alta o por escrito. Cuando tengas más experiencia comunicándote de manera positiva con tu niña, podrás dialogar en tu mente. Yo en lo personal prefiero hacerlo en voz alta. Me parece que es más rápido y fácil y más inmediato y emotivo que escribirlo No obstante, habrá quien prefiera escribir sus diálogos. Quizá escribir te dé más tiempo para pensar y sentir, o tal vez quieras guardar algo por escrito para futuras referencias. No importa qué método utilices. Escoge el que te sea más práctico. Si no sabes por cuál optar, prueba los dos y luego decide. Puedes usar uno solo para todos tus diálogos o usar un método para algunos diálogos y otro para los demás. Lo importante no es el método, sino lo que realmente experimentes en el diálogo. Explicaré cada método.

En voz alta. Este método es parecido a representar una escena de una obra de teatro con dos personajes, aunque tú eres la única actriz e interpretas ambos papeles. Cuando hables con tu niña interna, siéntate e imagina que estás frente a tu niñera, tal como lo hiciste en el paso 7 cuando hablaste con tu crítico interno. Observa cómo está sentada tu niñera y qué expresión tiene su rostro. La niñera es idéntica a ti, pero si tienes otra imagen de ella, consérvala. Las imágenes son mensajes de nuestros sentimientos y siempre merecen ser exploradas. Frecuentemente son una fuente muy rica de información.

Cuando tu niña interna termine de hablar, cambia de asiento y siéntate donde estaba tu niñera. Ahora conviértete en tu niñera y ve de frente a tu niña. Observa qué edad representa, la expresión de su rostro, cómo está sentada. Deja que realmente adquiera vida.

Tu niña interna puede parecer de cualquier edad anterior a la adulta. No decidas de antemano qué edad quieres que tenga. Sólo empieza a hablar y espera a que aparezca. En cada diálogo tu niña puede tener edades distintas, siempre la misma, una edad indeterminada o un conglomerado de distintas edades. No importa. Deja que pase lo que sea. No lo determines. Acéptalo y sigue adelante.

Cuando tu niñera termine de responder a tu niña, cambia de lugares nuevamente. Regresa al asiento de la niña, adquiere su postura y responde como ella lo haría. Continúa así a lo largo del diálogo, cambiando de asiento cada vez que cambies de papel. En cada papel experimenta los sentimientos acordes con él, como un actor que se prepara para representar su papel.

Por escrito. Imagina que está ocurriendo una conversación y que tu labor consiste en registrarla. Eres como la secretaria de un juzgado que escribe todo sin incorporar nada personal. Ves en tu mente a ambas interlocutoras —en dónde están sentadas, la expresión de su rostro, su edad, sus posturas—, pero sin levantar la vista del papel donde escribes. El diálogo lo comienza tu niña interna. La secretaria escribe las palabras de la niña, luego espera a que la niñera responda y lo registra. Lo registra todo, no inventa nada. La niña y la niñera hablan, cada una por sí misma.

En voz alta o por escrito. Permite a ambas partes expresar lo que está en su mente, en su corazón y en su interior. Emplea la técnica de la comunicación empática. Evita insultar, menospreciar y cualquier tipo de agresión. Termina tu diálogo con un acuerdo para volver a dialogar.

En tus diálogos internos sé honesta, no finjas compasión, aceptación o apoyo. Si no confías en la otra parte, dilo abiertamente. La verdadera comunicación se basa en la honestidad. No pretendas sentir algo que no sientes, no debes hacerlo. Sé lo más franca que puedas con tus sentimientos, pero no dejes que un lado agreda al otro. Si eso empieza a ocurrir, detenlo. Reemplaza los diálogos internos destructivos por la comunicación empática, que reconforta y hace crecer. Veamos, por ejemplo, cómo funciona esto considerando el primer diálogo de Diane.

NIÑA: Necesito ayuda para volverme más segura.

NIÑERA: Dime más.

NIÑA: No me valoro lo suficiente y luego siento que me humillaron y se aprovecharon de mí.

NIÑERA: ¿Qué es lo que te impide valorarte?

NIÑA: El miedo.

NIÑERA: Dime más acerca de tu miedo.

NIÑA: No sé, supongo que tengo miedo de que la otra persona se enoje conmigo y no quiera tratarme más.

NIÑERA: ¿Tienes miedo de que al estar segura de ti la relación con la otra persona se deteriore y se termine?

NIÑA: Eso es.

NIÑERA: ¿Y es eso lo que ocurre?

NIÑA: No estoy segura. No me impongo muy seguido. Sé que eso es lo que pasó con nuestra familia. Si me defendía, me consideraban egoísta y todos se enojaban y se iban.

NIÑERA: ¿Tienes miedo de que si te reafirmas pase lo mismo que pasó con nuestra familia?

NIÑA: Sí, tengo miedo de que si trato de defenderme, fallaré y estaré más sola que nunca y me sentiré peor.

NIÑERA: Soportar que te humillen te parece mejor que no ser apreciada y ser abandonada.

NIÑA: No me gusta cómo suena, pero creo que es cierto.

NIÑERA: Realmente me molesta oírte decir eso. Quiero que logremos un espacio en este mundo, lograr cosas, ser felices. No me gusta que me humillen, y cuando tú lo aceptas me enojo contigo.

NIÑA: ¿Te enojas conmigo por tener miedo de apoyarme?

NIÑERA: ¡Me siento limitada por ti y por tus miedos! Detesto la idea de que se aprovechen de mí.

NIÑA: Estás enojada conmigo por limitarte y por permitir que te maltraten.

NIÑERA: Así es. Mira, comprendo que tengas miedo de ser rechazada y de quedarte sola, yo tampoco quiero eso. Pero creo que no vamos a llegar a ningún lado evadiéndonos. Tenemos que luchar por lo que queremos.

NIÑA: Estoy de acuerdo. Eso es lo que dije al principio, que necesito ayuda para ser más segura.

NIÑERA: ¿Qué tipo de ayuda necesitas?

NIÑA: No sé, creo que necesito alguien que me brinde apoyo y me diga que estoy bien. Creo que con ese apoyo no tendría tanto miedo.

NIÑERA: Quieres tener alguien a tu lado...

NIÑA: Sí. Pero también me gustaría tener éxito. Me gustaría pedir un aumento de sueldo y que me lo dieran.

NIÑERA: Necesitas a alguien que crea en ti y recompense tus esfuerzos.

NIÑA: Sí. ¡Eso sería maravilloso! Me reafirmaría. Pero... (descorazonándose) parece imposible.

NIÑERA: ¿No crees poder lograrlo?

NIÑA: Me es difícil creer que podré. Me he esforzado mucho por prosperar y he progresado muy poco.

NIÑERA: No es verdad. No hemos llegado tan lejos como me gustaría, pero hemos logrado muchas cosas. Nos independizamos de casa, tenemos un bonito departamento, hemos hecho amigos, viajado, nos hemos divertido. Me gustaría que no te desanimaras tan fácilmente ni te deprimieras.

NIÑA: Pues sí, hemos hecho eso. Creo que no le doy importancia y olvido que no fue tan fácil de lograr. Darme cuenta de eso me hace sentir un poco mejor, un poco más esperanzada. Me da gusto que lo hayas señalado. Me alegra.

NIÑERA: Quiero alegrarte, que tengas ilusiones y que trabajes conmigo. Quiero tantas cosas para mí, quiero lograr mucho.

NIÑA: ¿Crees en verdad que podemos lograrlo?

NIÑERA: Pues yo tengo también mis dudas, a veces, en especial cuando te vuelves sumisa. Entonces siento que estoy librando una batalla en dos frentes: con el mundo y conmigo misma. En verdad desearía tener tu ayuda...

NIÑA: Quiero ayudarte, pero necesito tu ayuda también.

NIÑERA: ¿Qué quieres decir?

NIÑA: Antes de poder tener ilusiones o de arriesgarme, necesito que me apoyes y me alegres, así como lo hiciste hoy. Me sentí mucho mejor cuando señalaste lo que habíamos logrado. Y me sorprendió mucho el que lo hicieras. Casi siempre no haces sino recordarme lo inútil que soy.

NIÑERA: Lo siento mucho, reconozco que me enojo demasiado contigo, pero no es porque esté en contra tuya, sino porque necesito tu ayuda y me enoja que me limites.

NIÑA: Entiendo el porqué de tu enfado, pero me siento muy mal cuando me menosprecias, quisiera correr y esconderme; por eso me pongo furiosa contigo.

NIÑERA: ¿Estás furiosa conmigo?

NIÑA: ¡Sí! Me da coraje y entonces quiero vengarme de ti, hacer lo que sea para arruinar tus planes. Pero hoy me siento diferente, hoy siento que me aprecias y que quieres ayudarme. Yo también quiero ayudarte.

NIÑERA: Sí, quiero ayudarte. Cuando vi que sufrías, quise alegrarte. No lo hice para que me ayudaras, y me sorprendió mucho que tú también desearas hacerlo. Hace mucho tiempo que no me sentía tan bien.

NIÑA: Yo también. Volvamos a hablar de nuevo, pronto.

NIÑERA: ¡Claro!

Analiza lo que ocurrió en el diálogo de Diane. Al emplear las técnicas de la comunicación empática, ambos lados cambiaron de posiciones, de adversa a cooperativa. Cada una aceptó los sentimientos de la otra con compasión, y comenzaron a apoyarse y a incentivarse una a la otra. Juntas expresaron respeto por lo que habían logrado y se sintieron más felices y optimistas. Cada parte brindó caricia a la otra y cada una sintió alentadas sus esperanzas por la afectuosa caricia.

¿Te parece demasiado sencillo? Inténtalo, te va a sorprender el bienestar que sentirás cuando comiences a acariciarte. Descubrirás que tienes el poder de hacerte sentir valiosa y digna de amor.

Antes de comenzar tu primer diálogo, saca tu lista de *Mis valores* que elaboraste en el paso 7 y léela en voz alta. Esto ayudará a tu niña y a tu niñera internas a saber lo que necesitan para sentirse mejor. Cuando comiences tu diálogo, déjalo fluir, empleando las técnicas de la comunicación empática. Si tu diálogo llega a un punto muerto, revisa si te estás comunicando de manera empática. Luego consulta tu lista *Mis valores* para ver si hay algo que necesitas y que no te estás dando. Al comunicarte empáticamente y valórate de la manera que necesitas, encontrarás que sales de la lucha de poder y del ciclo del fracaso para sentirte plena, competente, capaz de apreciarte a ti misma.

Si prefieres un diálogo escrito, ten papel y lápiz a la mano. Es importante que termines cada diálogo en una sesión, así que dispón de tiempo suficiente. Conserva al alcance tu lista de *Metas* y las técnicas de la comunicación empática para usarlas de referencia.

Tu primer diálogo: Valorarte

¡Comienza ya! Primero respira profundamente tres veces y cuando exhales, saca todas tus tensiones y relájate. Si vas a escribir el diálogo, imagina a tu niña interna mencionando una de las metas de tu lista y escríbela. Si vas a tener el diálogo en voz alta, conviértete en tu niña interna y di en voz alta lo que necesitas. Si tu niña quiere decir algo más, está bien. Si no, cambia de papel (y de asiento si estás actuando el diálogo) y deja que tu niñera responda. Ahora tu diálogo ha comenzado. Deja que se desarrolle de acuerdo con su propio ritmo, que puede ser muy distinto al de Diane. Emplea las técnicas de la comunicación empática y no te menosprecies ni agredas. Sigue adelante hasta que el diálogo haya terminado o llegado a un punto en que ambos lados prefieran descansar. Finaliza el diálogo con un acuerdo de hablar próximamente. Después hazlo a un lado y regresa a ti misma.

¿Cómo te sientes? Pon atención a lo que experimentaste. ¿Has comenzado a sentir la magia de acariciarte? Si no es así, lo sentirás a medida que prosigas con los diálogos. Date estímulo por compartir tus sentimientos (esto siempre implica un riesgo) y por tener el valor de profundizar en ti misma. Indistintamente de lo que hayas experimentado, elógiate por intentarlo y toma en cuenta que la comunicación contigo misma se facilitará con la práctica. Con el tiempo y las repeticiones la comunicación empática se te hará más fácil, al grado de que se volverá casi automático acariciarte y valorarte.

Diálogos subsecuentes: Nuevas caricias
Sigue comunicándote con tu niña interna. En esta etapa es útil hablar con ella frecuentemente. Continúa tu diálogo en donde dejaste el anterior o sigue con otra de tus metas. Ve a tu propio paso, pero asegúrate de pasar por todos los puntos de tu lista de *Metas* para que tu niñera y tu niña internas trabajen juntas en todos ellos. Siempre inicia el diálogo con tu niña mencionando la meta. Al abordar una meta nueva, incluye material previamente discutido, tal como lo harías cuando continúas un diálogo con otra persona. Sin embargo, sólo debes tratar una meta nueva por día. Comienza siempre por relajarte, luego lee lentamente tu lista de lo que te hace sentir valiosa. Después del diálogo fíjate en lo que ocurrió entre tu niñera y tu niña y cómo es que te sientes. En cada sesión, recuerda darte estímulo por

el tiempo, esfuerzo y sentimiento que has puesto en ayudarte.

Permite que las discusiones internas de tus metas sean el trampolín para practicar la comunicación continua y profunda entre tu niñera y tu niña internas. Ayuda a cada parte a expresar sus sentimientos: miedo, ira, ansiedad, deseo, culpa o vergüenza, así como esperanza, alegría, placer y amor en una atmósfera de aceptación, respeto y compasión. Recuerda que ambos lados son parte tuya y que para que te sientas bien contigo misma y te puedas enfrentar al mundo, ambos deben trabajar en armonía, apoyándose y motivándose uno al otro.

Puede ser que dediques mucho tiempo a recorrer todos los puntos de tu lista de metas, dependiendo de la extensión de ésta y de la frecuencia de tus diálogos. Está bien, no te apresures; no se trata de seguir precipitadamente una receta para sentirse bien. Se trata de aprender una manera de ser una presencia valiosa para ti, de brindarte comprensión, interés, esperanza y consuelo por el resto de tu vida.

Cuando hayas terminado todos los puntos de tu lista de *Metas* podrás incorporar a tu vida todo lo que has aprendido acerca de valorarte. Sabrás mucho sobre tus preocupaciones internas y comprenderás por qué son importantes para ti. Desarrollarás la aceptación de ti misma y comenzarás a respetarte por lo que eres. Habrás aprendido a apoyarte, a creer en ti, a acariciarte, a reconocer el mérito de todos tus esfuerzos. Habrás leído tu lista *Lo que me gusta de mí* dos veces al día y te sentirás mejor contigo misma. Cuando comiences a hacerte reproches, sabrás cómo cortar de raíz ese proceso destructivo y reemplazar tus duros juicios por palabras de apoyo y aliento. Podrás dialogar de manera informal.

Diálogos informales: Gustarte para siempre

Tener diálogos informales significa dialogar mentalmente como lo has hecho toda tu vida. Sólo que ahora en lugar de utilizar estos diálogos para hacerte reproches, como lo hacías antes, te servirán para apoyarte y para resolver tus problemas. El proceso es exactamente el mismo que has usado en tus diálogos escritos o hablados, excepto que de ahora en adelante puedes dejar de hablar en voz alta y de cambiar de lugar, o de escribir cada cosa que digas, salvo en momentos particularmente difíciles en los que desees la claridad de los diálogos en voz alta o por escrito.

Dialoga con frecuencia, de preferencia varias veces por semana. Mantente alerta de los signos que indican que algo te está afectando. Los más comunes son el aburrimiento, la angustia, la inquietud y la depresión. Haz que tu niñera y tu niña internas investiguen qué es lo que está ocasionando esos sentimientos. Cuando sepas qué es lo que está mal, trata que tu niña y tu niñera colaboren para encontrar una solución aceptable.

Cuando ocurra algo alarmante, permítele a tu niña interna experimentar sus sentimientos, y que tu niñera interna la acaricie. Lee tu lista de *Mis valores* para sentirte mejor. Bríndate el apoyo y aliento que todos necesitamos para cambiar. Acéptate, prepárate para seguir adelante y disponte al cambio.

Un ejemplo de la aceptación para cambiar es la muerte de seres queridos. Para superar la pérdida de un ser querido es necesario reconocer que se siente dolor, sufrimiento, soledad, desdicha y abandono. Quienes reprimen estos sentimientos no pueden agotar su dolor ni seguir adelante. Permanecen atados a una ilusión ("No me afectó, estoy bien") que los aleja de sí mismos y de los demás, y por lo tanto son incapaces de encontrar consuelo. Por el contrario, quienes sufren la muerte de un ser querido y reconocen y aceptan su dolor, admiten la realidad de la pérdida y hallan consuelo, tanto en sí mismos como en los demás. Este consuelo mitiga el dolor, de suerte que con el tiempo llega la recuperación y se puede seguir adelante.

Para cambiar, tienes que adentrarte en el problema, eso significa sumergirte en tus sentimientos más profundos y llegar a ellos con el bálsamo de la aceptación y la compasión.

Por ejemplo, digamos que cometiste un grave error en el trabajo o no manejaste bien determinada situación en casa, o que actuaste impropiamente en una cita; un diálogo de antes sería así:

Niña: Arruiné todo.
Niñera: ¡Vaya que lo hiciste! No sirves para nada.
Niña: Tienes razón.

Ahora has aprendido a hablar contigo misma de manera completamente diferente, a amar a tu niña interna, a respetar sus sentimientos aun cuando no siempre apruebes las acciones que surgen de ellos, y tu niña interna ha aprendido a respetarte y valorarte. Lo más importante de todo es que has aprendido que el cambio surge con la empatía y el apoyo, hablando a través de los sentimientos, no con la crítica y el menosprecio. Intenta imaginar cuál sería tu respuesta reconfortante ante un grave error tuyo antes de leer el siguiente ejemplo.

Niña: Lo arruiné todo.

Niñera: ¿Qué te pasó? ¿Por qué actuaste así?

Niña: Me sentía inquieta y nerviosa, no pude pensar bien.

Niñera: Te afectó mucho.

Niña: Sí, me siento incapaz, muy mal.

Niñera: Comprendo que te sientas mal; cualquiera se sentiría así. Pero recuerda que fue sólo un incidente que no representa lo que en verdad eres. Tú no eres así.

Niña: Sí, así soy, y aunque no lo sea, me siento terriblemente mal.

Niñera: Vamos, sabes que puedes hacer muchas cosas bien. Pero claro que te sientes mal. Te decepciona que las cosas no hayan salido bien. Eso afecta a cualquiera. Veamos qué podemos hacer para remediar el asunto.

La niñera y la niña pasan luego a una sesión de resolución de problemas y centran su atención en decidir cómo solucionar el problema o qué hacer para que las cosas salgan mejor la próxima vez. Disponen de mucha energía para pensar en soluciones, porque no la desperdician en inútiles reproches.

¡Emplea tu energía para crecer, cambiar y florecer! ¡Date la valía y la caricia que requieres para sentirte y volverte todo un éxito!

Ahora conoces los puntos fundamentales para valorarte, pero, al igual que para desarrollar cualquier habilidad, ésta requiere de práctica. Con la práctica se te volverá un hábito tratarte con compasión, aceptación y respeto. Tu primer impulso será motivarte, apoyarte y acariciarte. Pero en un año esta habilidad se perderá fácilmente si no la aplicas con frecuencia. Ya te sientes mejor. Tu bienestar aumentará mientras más caricias te brindes. Recuerda lo maravilloso que es sentirte valiosa y acepta esta práctica como una responsabilidad. *Adopta a tu niña interna y valórala por el resto de tu vida.*

PARTE III

VALÓRATE EN MOMENTOS DIFÍCILES

Existen situaciones particularmente difíciles para reafirmarte y valorate, como cuando estás angustiada, deprimida, educando a tus hijos, haciendo el amor o trabajando. Todas estas situaciones pueden desgastar tu autoestima. Las mujeres inquietas generalmente se menosprecian por ser inquietas. Es común que las que están deprimidas se culpen más. Ocuparse de los niños puede ser una tarea muy estresante (tener hijos pequeños es uno de los factores mencionados en un estudio de la American Psychological Association como causa de depresión en las mujeres).[3] Las relaciones sexuales ofrecen todo tipo de riesgos para sentir frustración, y en los centros de trabajo las mujeres hemos sido tradicionalmente menospreciadas. En los siguientes capítulos aprenderás técnicas especiales para fomentar y mantener tu autoestima en cada una de estas situaciones problemáticas.

CAPÍTULO 13

VALÓRATE EN LA ANGUSTIA

Todas hemos experimentado angustia. Es una reacción natural ante un peligro físico o psíquico, una señal que nos alerta. Caminar sola en la noche por una calle desierta provoca un poco de angustia, y por tanto nos prevenimos y estamos atentas al peligro. Si le prometiste a tu exigente e irritable jefe un informe para la tarde y te estás demorando en terminarlo, puedes empezar a sentirte angustiada por el riesgo de un grito o una llamada de atención. Tu angustia te indica tener cuidado y hacer lo necesario para evitar la reprimenda.

La angustia se da en una gama muy amplia, desde la incidental hasta la generalizada, fobias, ataques de pánico, agorafobia y desórdenes postraumáticos.

Angustia incidental
Ocurre cuando se percibe una situación peligrosa. Las circunstancias que más comúnmente la provocan son:

Pronunciar un discurso o conferencia (el peligro que se percibe es hacer el ridículo).
Sostener una entrevista de trabajo (el peligro que se percibe es no obtener el empleo y sentirse incompetente).
Asistir a la primera cita amorosa (el peligro que se percibe es ser rechazada y sentirse poco atractiva).

En este tipo de situaciones, los nervios se calman cuando debemos enfrentar los hechos, pues vernos en acción nos hace sentirnos más seguras. Un poco de angustia puede ayudarle a una mujer a mostrar su mejor cara. Sin embargo, la angustia excesiva es desgastante, y deja de ser una advertencia útil. Es difícil aparentar seguridad, aplomo y profesionalismo si te tiemblan las manos y se te quiebra la voz. Consideremos el caso de Nadia.

Nadia, de 28 años, tenía un trabajo que le implicaba presentar periódicamente informes orales ante el numeroso personal de su departamento. A pesar de que su trabajo le gustaba mucho y de que era muy competente, este aspecto le daba pavor. La noche anterior al informe casi no podía dormir (el sueño perturbado es un acompañante frecuente de la angustia). Llegado el momento de presentar su informe, estaba empapada en sudor, y tenía que frotarse las manos para mantenerlas quietas y respirar profundamente para mantener firme la voz. Su angustia se fundaba en su creencia de que si no hacía un buen papel frente a sus colegas, dejarían de respetarla. El éxito alcanzado en anteriores informes no aminoraba su angustia, porque cada vez temía nuevamente fracasar y ser enjuiciada.

Cuando las personas sienten demasiada angustia por ciertas situaciones, suele deberse a que, igual que Nadia, imaginan que las cosas van a salir mal y exageran el significado y consecuencias de un resultado negativo. En el caso de Nadia, quizá ciertos tropiezos en la presentación de su informe no pasarían de ser interpretados por sus compañeros como errores menores. Sin duda el supuesto de que dejarían de respetarla es falso. Nadia no advierte que exagera las consecuencias de una mala presentación de su informe, porque supone que el mundo la mide con la misma vara perfeccionista con la que la mide su crítico interno. Su tensión aumenta al pensar que cualquier reacción negativa, de los demás o propia, sería una "confirmación objetiva" de su incompetencia. Así, se predispone a padecer angustia. ¿Cómo no sentirla si está en juego su desarrollo profesional?

Este fenómeno es muy frecuente. Por ejemplo, si antes de una entrevista de trabajo una mujer piensa en lo terrible que sería no ser contratada y en que ese rechazo sería prueba (como ella ya lo cree) de su incapacidad e incompetencia, no es de extrañar que sienta angustia.

De igual manera, si antes de una primera cita amorosa piensas que tus medias están flojas y tu pelo incontrolable, y que tu amigo te va a encontrar fea y sin interés, por supuesto que te sentirás angustiada. Si además exageras la importancia de ese rechazo —diciéndote que no sabes por qué aceptaste la cita si de todas maneras nunca vas a gustarle a nadie—, naturalmente tu angustia aumentará. ¿Quién no padecería angustia si considerara que todo su atractivo depende de la reacción de una sola persona?

Si sufres de angustia en determinada situación, puedes aprender a tranquilizarte y a reducirla aferrándote a la percepción de ti misma. Enfócate en tus atributos, calma a tu preocupada niña interna ayudándola a ver la situación de manera más realista y comprométete a seguir creciendo, pase lo que pase. El siguiente proceso te ayudará.

1. Lee en voz alta tu lista de *Lo que más me gusta de mí* que hiciste en el paso 1.

2. Relaciona estos atributos con la situación de angustia que estás enfrentando. Por ejemplo, antes de una entrevista de trabajo puedes recordarte que eres inteligente, responsable, discreta, creativa y que trabajas bien con otras personas, cualidades que te hacen sumamente interesante a los ojos de tu probable jefe. O antes de la primera cita, enfócate en lo que te gusta de tu apariencia y personalidad, y recuérdate que éstas son cualidades que tu amigo muy probablemente apreciará.

3. (Memoriza o graba en una cinta estas instrucciones, dado que debes llevarlas a cabo con los ojos cerrados.) Siéntate o recuéstate con los ojos cerrados y relájate respirando profunda y lentamente tres veces. Luego, en forma alterna, tensa y relaja cada parte de tu cuerpo: dedos de los pies, pies, pantorrillas, muslos, estómago, glúteos, pelvis, diafragma, espalda, pecho, hombros, brazos, manos, dedos, cuello, mandíbula, cara y cabeza. Luego relájate aún más imaginando que estás en un

lugar apacible y agradable: en la playa, en el campo o donde prefieras. Haz éste tu lugar de relajación. Quédate ahí en tu imaginación, recibe las sensaciones, los olores, la vista y los sonidos de tu lugar especial hasta que te sientas muy tranquila.

Luego visualízate en la situación que te provoca angustia e imagina que todo marcha bien. Visualízate relajada, con aplomo, segura. Imagina un resultado positivo: conseguir el empleo, que te invitan a salir de nuevo, presentar un informe perfecto. Tómate tu tiempo y relájate mientras estas imágenes positivas llenan tu mente. Luego vuelve a tu lugar de relajación y disfruta la tranquilidad que sientes ahí. Cuando estés lista, abre los ojos y vuelve a la realidad.

¿Cómo te sientes? ¿Más segura y menos angustiada? Imaginar un resultado positivo reduce la angustia, en tanto que imaginar un resultado negativo la aumenta. Esto es simple sentido común: el solo hecho de considerar peligrosa una situación activa la angustia, en tanto que considerarla segura nos permite relajarnos, y mientras más relajadas estemos, más fácil nos es presentarnos en nuestra mejor forma.

Podrás preguntarte: "¿Por qué he de imaginar que mi cita, presentación o entrevista sale bien cuando puede ser que no sea así? ¿No estoy engañándome? ¿No debería prepararme para lo peor?" No, no debes prepararte para lo peor, porque al esperar lo peor estás cortejando al fracaso. Al acudir tensa y angustiada a un encuentro importante, invitas dificultades. Mientras más angustia sientes, más trabajo te cuesta concentrarte, lo cual te impedirá estar en forma. En un estado de angustia también puedes dejar pasar los signos de respuesta positiva o no alimentarlos. Una manera mucho mejor de prepararte para un posible desengaño es trabajar con tus miedos y calmar a tu niña interna.

4. Para calmar a tu niña interna, pregúntale cómo se siente. Si después de la relajación antes descrita sigue preocupada, investiga el motivo de su preocupación y luego tranquilízala. Es probable que tema que si no tiene éxito te decepcionarás de ella y la considerarás un fracaso. Si es así, afírmale que la seguirás apreciando y respetando indistintamente de que consiga o no el empleo, la inviten o no a salir de nuevo o presente o no un buen informe. Hazla consciente de

que hay una serie de factores fuera de tu control que pueden influir en el resultado: que es probable que otra candidata al empleo tenga más experiencia o mejores contactos, o que es imposible prever la personalidad o disposición de tu amigo o la receptividad del público. Dile que sabes que está poniendo mucho de su parte y que eso es lo que cuenta.

En el caso de la primera cita o una entrevista de trabajo, haz énfasis en que no se trata nada más de ser rechazada o aceptada por la otra persona. Tú eliges también y quieres estar segura de que se trata de la persona o trabajo indicado. El amigo o el jefe tienen también que quedar bien contigo. ¡Utiliza este poder! Prométele a tu niña interna que aunque las cosas no salgan como deseas, no reaccionarás con críticas o haciéndola sentir incompetente e inútil. Dale y date el apoyo, compasión e incentivo que necesitas para manejar una decepción. Acepta su tristeza y dolor y asegúrale que habrá otras oportunidades, y que tú le ayudarás a encontrarlas.

Puedes comunicar esto en forma de diálogo o percibir los miedos de tu niña y hablarle de modo tranquilizador, pero no le des un sermón ni la amenaces o critiques. Imagina que hablas con una amiga que está preocupada y angustiada, y tranquilízate a ti misma como la tranquilizarías a ella.

5. Cuando la situación que te produce angustia esté a punto de ocurrir, ponte cómoda, cierra los ojos, relájate con tres respiraciones lentas y profundas, inhalando y exhalando lentamente, y relaja de nuevo tu cuerpo tensando y aflojando alternadamente tus músculos, y visualizándote luego en tu lugar de relajación y después en la situación "angustiosa" en actitud tranquila y con aplomo y seguridad. Observa el resultado positivo. Si comienzas a sentirte angustiada, vuelve a tu lugar de relajación y tranquilízate. Luego, regresa una vez más a la situación de tensión y visualízate comportándote bien y obteniendo lo que deseas. Aspira los buenos sentimientos. Cuando estés lista, vuelve a tu lugar de relajación y luego a la realidad. Experimenta lo maravilloso que es brindarte una despedida positiva.

Los pasos antes mencionados no sólo te ayudarán a reducir la angustia frente a una situación, sino también a mejorar el resultado, por increíble que esto parezca. Entre imaginar que las cosas salen bien y que salgan bien en la realidad hay una muy estrecha relación.

Angustia generalizada

Ésta es una angustia muy común en muchas mujeres. En ocasiones, una mujer puede saber qué es lo que le causa angustia, pero no logra librarse de ella. Otras veces, no tiene la menor idea de por qué está angustiada. Se encuentra inquieta, nerviosa, no puede concentrarse o quedarse quieta y tampoco puede dormir bien.

Jackie, de 35 años de edad, soltera, profesionista, atractiva, padecía angustia recurrente. En algunas ocasiones ésta se manifestaba en forma de sueño perturbado. Se dormía sin dificultad, pero se despertaba muchas veces durante la noche. En otras ocasiones su angustia se manifestaba como inquietud generalizada e irritabilidad, cosa que no le permitía concentrarse, impidiéndole disfrutar de sus actividades. Cuando la conocí, no tenía el menor indicio de por qué de repente se sentía angustiada. También ignoraba por qué desaparecía de pronto esa angustia. Pasaba por periodos en los que padecía angustia durante semanas y otros tantos libres de angustia.

El primer punto importante que Jackie debía saber para aprender a controlar su angustia es que siempre existe un *detonante* que la activa, una idea, sentimiento, asociación o hecho que provoca la previsión de un resultado peligroso o infeliz. Al suponer que las cosas van a salir mal, se empieza a sentir angustia (o depresión, tema del que hablaremos en el siguiente capítulo). Bajo la angustia se encuentra la ficción de que las cosas saldrán mal. La causa de la angustia es que esta ficción echa a andar nuestros temores básicos, entre los cuales los más comunes son:

Miedo a la pérdida (detonante muy común e importante que se examinará en detalle más adelante).
Miedo al abandono.

Miedo a la soledad.

Miedo a la humillación.

Miedo al fracaso.

Miedo al éxito (por percibírsele acompañado de una pérdida, como creer que por tener éxito los demás dejarán de quererte).

Miedo al rechazo.

Miedo a la dominación.

Miedo al daño, la agresión o las represalias.

Miedo a la usurpación, invasión o limitación.

Miedo a ser controlada.

Miedo a ser privada de amor y aprobación.

Miedo a no inspirar respeto.

Miedo a enfermar y morir.

Miedo a la crítica.

Miedo a la traición.

Miedo a perder el control.

Miedo a volverte loca.

Miedo a la ira (propia y ajena).

Miedo a la indignidad.

Miedo a ser aniquilada.

Miedo a la pérdida de estatus.

Miedo a la intimidad (a ser traicionada y abandonada o a sentirse limitada y manipulada).

Miedo a ser vulnerable (por el riesgo de ser abandonada, herida, traicionada, dominada, controlada o víctima de abusos).

Miedo a confiar en los demás (por las mismas razones que se teme a ser vulnerable).

Miedo a sentirse agobiada.

El tipo de temores de una mujer está relacionado con el tipo de paternidad/maternidad que recibió, así como con otras experiencias importantes. Si tuvo un padre o madre distante, es probable que sus principales miedos giren alrededor del abandono, la pérdida, la privación de amor, la soledad, la ira (sobre todo la propia, por temor a que sus seres queridos se alejen) y el rechazo. En caso de haber tenido un padre o madre entrometidos, sus temores probablemente estarán relacionados con la invasión, la limitación y el abandono. Si tuvo un padre o madre egoísta, es probable que sus miedos principales sean a la pérdida, el abandono, el rechazo, la privación de amor y aceptación, la pérdida de respeto y la crítica. Si tuvo un padre o madre demasiado críticos, puede tener casi todos los miedos antes mencionados, dentro de los cuales los principales serían el miedo a la pérdida, el abandono, la crítica, la agresión, la falta de aprobación, la ira, la humillación y el aniquilamiento.

Los temores de una mujer no necesariamente tienen que ocurrir en la realidad para provocarle angustia. El solo hecho de pensar que algo malo puede suceder es suficiente para generar angustia. Tómese como ejemplo a una mujer sobrecargada de trabajo en una tienda y que teme que su jefe se disguste si se queja por esta situación. Si teme a la ira, es probable que le angustie la idea de quejarse aun cuando su jefe sea una persona cortés y condescendiente. De igual manera, en una primera cita la angustia de una mujer suele ser producto de sus propias ideas y sentimientos, no del comportamiento real del amigo.

Con frecuencia el detonante específico que activa un miedo subyacente es difícil de detectar, como vimos en el caso de Jackie, especialmente si tu angustia no parece ligada a ningún hecho en particular. Puedes sentirte tensa, inquieta, incapaz de concentrarte, pero ignorar qué es lo que te preocupa. Cuando surgen estos sentimientos, es muy importante dedicar tiempo a explorarlos. Intenta obtener algún indicio de lo que te preocupa. Esto puede ser difícil, ya que *a menudo nos escondemos nuestros sentimientos a nosotras mismas.*

Puede parecerte extraño el hecho de esconder tus sentimientos a ti misma, pero es una experiencia muy común. Tratamos de esconder nuestros sentimientos cuando no aprobamos cómo nos sentimos, cuando nuestros sentimientos chocan con nuestra idea de cómo somos o cómo querríamos ser. Por ejemplo, si quieres pensar que eres fuerte y valiosa, quizás no querrías admitir que tienes miedo de adoptar una postura antisocial. Si deseas pensar que puedes relacionarte bien con tus padres, podrías no querer admitir que te angustia visitarlos. Si te gusta considerarte una persona independiente, tal vez no quieras admitir que la posibilidad de que tu relación termine te hace sentir insegura. Si te es importante considerarte segura de ti misma, quizá no quieras reconocer que el viaje de negocios de tu pareja te causa temor de abandono y pérdida.

Si te esfuerzas en averiguar qué es lo que desata tu angustia y aun así no puedes descubrirlo, no te preocupes. Es muy común que esto ocurra, pero con la práctica lograrás identificar qué te pasa.

Para investigar los sentimientos y temores que están en la base de tu angustia es de gran utilidad saber que el temor que más comúnmente causa la angustia es el miedo a la pérdida, llamado también "ansiedad de separación". Este miedo tiene sus raíces en la niñez. Cuando somos bebés nuestra supervivencia depende de un adulto que nos alimente, vista y proteja. Asimismo, necesitamos que un adulto nos proporcione el contacto emocional y físico que estimula el crecimiento. Los bebés criados en orfelinatos con un mínimo de contacto físico y carentes de una niñera eficiente no se desarrollan bien física, mental ni emocionalmente.[4] Nuestro sano desarrollo emocional requiere además de cuidado y afecto constante.

Por "constante" no quiero decir que siempre que necesitábamos de nuestros padres, estuvieran ahí, cosa prácticamente imposible. A lo que me refiero es a la sensación de que nuestros padres nos amaban, se preocupaban por nosotros, teníamos su aprobación y podíamos contar con su atención cuando realmente la necesitábamos.

Muchas de nosotras no tuvimos ese cuidado y afecto constante. Nuestra relación con nuestros padres (o sus reemplazantes) pudo ser deficiente, a veces reconfortante y otras depresiva e inaccesible, de enfado y reserva, egoísta y distante o de represión y crítica. Este reforzamiento intermitente nos habituó a buscar atención y temer el abandono, la pérdida y el rechazo, sentimientos que quizá fueron mitigados por otros adultos cariñosos o intensificados por adultos distantes, abusivos y desatentos.

Otras sufrimos pérdidas importantes en la niñez: papá o mamá murieron o enfermaron gravemente, la nana se fue de casa, la abuela murió o mamá nos separó de ella al volverse a casar y llevarnos lejos, papá se alejó de nosotras después del divorcio. Quienquiera que haya sido la persona responsable de nuestra crianza, su pérdida nos afectó profundamente y nos infundió el temor de futuras pérdidas. La ayuda de otros adultos afectuosos nos alivió, pero fue insuficiente para reparar la pérdida del ser querido.

Cualquier mujer que haya sufrido una pérdida en su niñez es particularmente vulnerable a la angustia. Todos necesitamos independencia y contacto; si algo de esto falla, sufrimos. Sólo pensar en que podríamos perder uno de estos factores nos hace sentirnos angustiadas. El pasado nos induce a prever experiencias similares en el presente y el futuro. Por tanto, si nuestra niñez se vio afectada por una pérdida o amenaza de ésta, como adultas tememos la menor sensación de riesgo de sufrir otra, o rehuimos a las relaciones afectivas por miedo a perderlas.

Melisa, cuyo padre abandonó a la familia cuando ella era niña, sentía angustia cada vez que su esposo salía de casa. No es que pensara que no regresaría; sólo sentía angustia. Cuando identificó la fuente de su temor y se dio cuenta de que su niña interna resentía aún la pérdida de su padre, su angustia disminuyó. Con el tiempo, la identificación de su miedo y el diálogo con su niña interna sobre este asunto le permitieron controlar sus temores, pues aprendió a contar consigo misma.

La madre de Mónica, que era la parte dominante de la pareja, intervenía en los momentos de crisis, pero el resto del tiempo se la pasaba preocupada en sus problemas o deprimida, y por lo tanto inaccesible. Como, además, tenía predilección por la hija mayor, a la que constantemente elogiaba y de la que presumía, Mónica creció insegura del amor de su madre. Ya adulta, sentía angustia e indecisión ante el profundo deseo de establecer una relación amorosa, pues la abrumaba el temor a la pérdida. Así, rechazaba todo compromiso, para no exponerse al desengaño, pues estaba convencida de que cualquier relación, empleo o diversión la decepcionarían. En consecuencia, sólo se involucraba hasta cierto punto, y se sentía ambivalente respecto de cualquier cosa o persona.

Cuando Mónica entró a tratamiento, estaba muy angustiada, y no podía dormir. Pero ignoraba cuál era la causa de su angustia. En el tratamiento aprendió a identificar sus temores básicos (principalmente a la pérdida y el abandono, pero también a la intromisión y la humillación), así como los factores que los detonaban. Éstos eran por lo general cosas insignificantes: la posibilidad de abandonar su empleo o conservarlo, el modo como debía actuar. No era necesario que ocurriera algo malo para que su angustia se activara. De hecho, cuando sufrió una pérdida real, controló la situación. Imaginar cosas terribles era lo que le provocaba angustia.

En la terapia aceptó y aprendió a acariciar a su niña interna, con lo que reforzó la seguridad en sí misma. Mientras más capaz se sentía de resolver sus necesidades emocionales, menos temía debilitarse y morir en ausencia de su madre. Saber que podía hacerse responsable de sí misma le permitió dejar de temer se desmoronaría o se volvería loca sin el "apoyo" de los demás. Aprendió a apoyar y tranquilizar a su asustadiza niña interna. Su angustia no ha desaparecido del todo, pero ya no es en absoluto tan intensa como antes, y cuando surge sabe analizar lo que ocurre y calmar a su niña interna.

Jackie, la profesionista de la que ya hablamos, también descubrió por medio de la exploración interna los detonantes de su angustia. Se sentía angustiada cuando se involucraba en una relación amorosa. Mientras mejor marcharan las cosas y más se interesase ella en él y en no perderlo, más angustia sentía. Imaginar que él salía con otras mujeres o que quería hacerlo, o que terminaría con ella por cualquier otro motivo, la desquiciaba. Finalmente, su angustia se agudizaba aún más por el hecho de fijarse en hombres ambivalentes respecto del matrimonio.

Cuando identificó ese detonante, aprendió a tranquilizar a la niña atemorizada dentro de sí, recordándole que podían arreglárselas ellas solas sin un hombre y que la pérdida de una relación no tenía por qué ser un desastre emocional. Esta reafirmación permitió que otros sentimientos de su niña interna emergieran, en particular el miedo de que estar casada significase tener que complacer permanentemente a su marido (por temor al abandono) y, por lo tanto, la pérdida de su autonomía.

A medida que Jackie tomó conciencia de los detonantes de su angustia, ésta fue reduciéndose, lo cual no significa que haya resuelto por completo sus contradicciones frente a las relaciones amorosas —cosa que le llevó mucho tiempo y esfuerzo en la terapia—, pero sí que su angustia disminuyó en forma notable.

Para que puedas controlar tu angustia debes saber cuáles son tus temores básicos. Empieza por considerar tus listas. Señala los temores que tengas, indistintamente del grado en que los padezcas. Después, pídele a tu niña interna que repase la lista y señale los que padece. Si dice temer a algo que tú no habías considerado, acéptalo y añádelo a tu lista. No trates de convencerla de lo contrario. Si quisieras decirle: "Tú no tienes realmente miedo de eso", anótalo. Tu reacción es una clave importante de que pretendes esconder ese miedo de ti misma. Es muy importante reconocer tus miedos ocultos. Luego pídele a tu niña interna que te diga si tiene otros temores que no estén en la lista. Escucha atentamente y anótalos.

Mantén tu lista de miedos a la mano. La próxima vez que sientas angustia, pregúntate cuál es la causa. Si no lo sabes, saca tu lista de miedos y pregúntate de uno en uno.

"¿Siento miedo de perder a alguien o algo?"
"¿Siento miedo de ser rechazada?"
"¿Siento miedo de estar sola?"

Trata de recordar lo que estabas haciendo, pensando o sintiendo justo antes de sentir angustia. Toma en consideración los factores estresantes de tu vida en ese momento. Si te es posible, corta tu angustia de raíz antes de que te abrume. Es más fácil percibir cuál pudo ser el detonante de tu angustia si te ocupas de él inmediatamente.

Si se te dificulta saber cuál fue el detonante inmediato o cuál de tus miedos ha sido activado, pregúntale a tu niña interna: ella lo sabe. Bríndale la compasión y el apoyo necesarios y te lo dirá. Recuerda las técnicas de la comunicación empática que aprendiste en el capítulo 11, y empléalas en tus diálogos internos. Acude a tu niña interna y pregúntale amablemente qué es lo que le preocupa.

Con frecuencia, la sola razón de conocer cuál es la causa de la angustia la alivia. Por ejemplo, si en un fin de semana lluvioso para el que no tienes planes en vez de disfrutar tu tiempo libre en casa te sientes tensa e inquieta y nada te satisface ni interesa, habla con tu niña interna. Muy probablemente te dirá que se siente sola y teme permanecer así. Cuando te das cuenta de qué es lo que te afecta, tu angustia decrece. Descubrir las causas de tu angustia es como tener miedo de la oscuridad y encender la luz. Puede ser que lo que veas no te guste, pero será preferible a sentir miedo.

Quizá te baste con la reducción de tu angustia. Si es así, despídete de tu niña interna y continúa con tus actividades. Sin embargo, tal vez quieras aprovechar esta oportunidad para enfrentar tus temores subyacentes. Muchas veces, el simple conocimiento de cuál de tus temores básicos te está afectando no es suficiente para calmar tu angustia. Tal vez debas primero trabajar con tu miedo; continúa la plática con tu niña interna sobre su temor a la soledad. Dile que tú también tienes miedo (si no lo tuvieras no habrías tenido que esconder tu soledad). Cuéntale qué estás haciendo o planeas hacer para tener nuevos amigos. Dale aliento y apoyo. Dile que aceptas y te preocupas por sus sentimientos y que, con un poco de tiempo, juntas van a superar los problemas. Háblale de las medidas positivas que pueden tomar. Acaricia a tu niña interna. Cuando le brindas compasión, aceptación, respeto, incentivos, caricias y apoyo, estás ayudándote a sentirte más tranquila.

Celeste sentía angustia porque sabía que su amiga Peggy estaba a punto de terminar la relación entre ellas. Aunque estaba consciente de que su angustia surgía de su miedo a quedarse sola, no dejaba de sentirla. Interrogó entonces a su niña interna sobre sus miedos. Ésta le dijo que temía no ser capaz de volver a inspirar amor. Celeste le recordó los maravillosos atributos que hacían de ella una excelente compañera y le aseguró que muchas chicas desearían relacionarse con ella. También le dijo que siempre la amaría, cuidaría y reconfortaría. Su niña interna dejó de pensar que Peggy era la única fuente de seguridad y que sin ella la vida no tendría sentido. Se convenció de que aun estando sin pareja un tiempo se sentiría bien. Su angustia disminuyó.

La amenaza de abandono y el miedo a la soledad es un temor primario que echa sus raíces en una pérdida temprana en la vida, y todas padecimos algún tipo de éstas, porque nadie tuvo padres perfectos. Si temes una pérdida inminente, date cuenta de que ya no eres una niña indefensa. Las pérdidas son dolorosas, pero si te apoyas a ti misma, tendrás la fuerza para sobrellevarlas y superarlas. La sobrevivencia emocional no depende de una relación.

Paradójicamente, es más fácil lograr que una relación funcione cuando sientes que puedes sobrevivir a su disolución. Creer que puedes estar bien sola, si eso fuese necesario, te permite relacionarte de manera más fuerte y comprometida. Desarrollas tu relación porque realmente así lo deseas, no porque tengas miedo a perderla.

Por último, al tratar con la angustia intensa es muy importante recordar que si has padecido angustia gran parte de tu vida, ésta no va a desaparecer de la noche a la mañana. Las técnicas de este capítulo funcionan, pero no son infalibles (nada es infalible). No te decepciones si no identificas tus detonantes; hacerlo es difícil, pero con la práctica se vuelve sencillo. No interrumpas tu diálogo con tu niña interna. Recuerda que ella guarda todos tus sentimientos y puede decirte lo que necesitas saber. Si la acaricias, te ayudará. Si la agredes a causa de tus temores, tu angustia prevalecerá.

Fobias

Las fobias son temores irracionales, excesivos y persistentes a alguna cosa o situación. Generalmente producen angustia intensa, pero sólo cuando la persona fóbica está cerca, o intuye que lo estará, del objeto temido. La gente puede tener fobia a muchas cosas; las más comunes son perros, serpientes, elevadores, puentes y vuelos en avión. Algunas personas sufren fobias sociales, producto del miedo a estar incómodas en público (diferente a la timidez), y por tanto evitan comer, beber o hablar en público. Si son forzadas a hacerlo, sudan, tiemblan, se marean. Están convencidas de que los otros notan sus reacciones y huyen cuanto antes de esa "humillación". Las fobias sociales son el único tipo de angustia que aflige tanto a hombres como a mujeres en igual proporción. Todas las otras, como la angustia, afligen más a mujeres.

La manera de superar una fobia es exponiéndote gradualmente al objeto que la provoca, al tiempo que reduces tu angustia reuniendo en tu mente imágenes del objeto temido con imágenes relajantes, cosa que conviene hacer con ayuda profesional. Sin embargo, hazle saber a tu niña interna que, adecuadamente manejado, el objeto del miedo no representa ningún peligro (aunque tal vez ya lo sepa). Por ejemplo, ver serpientes en una caja de vidrio en el zoológico no implica ningún riesgo, y viajar en avión es más seguro que en coche.

Si tu niña interna sabe por qué le teme al objeto de la fobia, habla con ella sobre sus temores subyacentes y ayúdala a separarlos del objeto o situación temido. Por ejemplo, dile que sabes que le da miedo cruzar puentes porque se siente fuera de control, pero que en realidad tiene el mismo control de sí misma cuando cruza en automóvil un puente en la carretera. Pídele que te diga más sobre su miedo a la pérdida de control y escucha con empatía.

Luego habla con ella sobre la razón por la cual debe superar su fobia y los beneficios que obtendría. La motivación es clave para el cambio, mucho más importante que el grado de dificultad o el grado deseado de cambio. Pregúntale a tu niña si existe alguna razón por la que prefiera conservar su fobia. En caso afirmativo, explora con ella esos sentimientos. Antes de seguir adelante, tu niña debe estar de acuerdo en que es muy importante que supere sus fobias y desearlo realmente.

Recurre después a un centro de ayuda o médico especializado que pueda ayudarte a enfrentar el objeto o situación temido. (En Estados Unidos puedes acudir a la *Anxiety Disorders Association of America*, ADAA, 6000 Executive Blvd., Suite 513, Rockville, MD 20852, teléfono 301-231-9350. Por US$3.00 te enviarán información sobre fobias y angustia.)

Ataques de pánico y agorafobia
Un ataque de pánico es un estallido repentino de angustia que parece surgir de la nada (hay personas que los padecen mientras duermen) acompañado de respiración entrecortada, palpitaciones, sudor, temblores, mareos, dolor de pecho, sensación de asfixia, palidez, debilidad de piernas, ráfagas de calor o frío, temblor de manos y una sensación de muerte inminente. Estos síntomas indican una reacción de miedo intenso producida por el sistema nervioso simpático cuando es activado por la adrenalina que genera la sensación de enfrentamiento o fuga. Tales cambios fisiológicos son una reacción natural y útil a un peligro real y te predisponen a protegerte en la lucha o la huida. Sin embargo, cuando no hay un peligro que active un ataque, el paciente no tiene a qué enfrentarse, y se concentra en estos alarmantes cambios fisiológicos, de los que intenta escapar con desesperación.

El veinte o treinta por ciento de la población estadounidense ha sufrido estos ataques, al menos uno en su vida, en tanto que de 1 a 3% de la población, es decir de 3.5 a 7 millones de estadounidenses, tienen ataques recurrentes de pánico. La mayoría de los pacientes que sufren estos ataques son mujeres de edad promedio de 22 años.

Pese a que se desconoce la causa precisa de los ataques de pánico, existen evidencias de susceptibilidad genética a ellos, así como algunas personas son genéticamente propensas a desarrollar una úlcera como reacción al estrés. Las personas propensas al pánico, y sobre todo cuando padecen estrés emocional o físico, son particularmente susceptibles a reaccionar a miedos o conflictos con un ataque de pánico. También son sensibles a la cafeína, que estimula las glándulas suprarrenales, y pueden sufrir un ataque con apenas una o dos tazas de café.

Si bien los ataques de pánico son muy desconcertantes, no afectan el funcionamiento normal de una mujer el resto del tiempo. Por lo general sólo duran unos cuantos minutos, y después la persona puede continuar sus actividades. Sin embargo, es raro que se les acepte tranquilamente como un hecho ocasional (como podría ser una úlcera que estalla) y que pronto pasará. Más bien, cuando una mujer ha experimentado un ataque de pánico, vive con el pavor de que se repita. Desafortunadamente, este miedo y la corriente de adrenalina que engendra pueden ser suficientes para activar el temido ataque de pánico.

Es muy común, aunque erróneo, asociar los ataques de pánico con el lugar en que por azar ocurren. Por ejemplo, si el ataque de una mujer ocurrió mientras iba manejando, lo más probable es que asocie este hecho con el ataque, aun cuando no exista entre ellos un vínculo real. La siguiente vez que conduzca un automóvil, sentirá angustia (por el temor a otro ataque). Esta angustia anticipada (es decir, la angustia producida por el miedo a sentir ansiedad) la asustará aún más y puede producirle otro ataque, y por lo tanto reforzar su asociación con el hecho de conducir. Esto provocará que sus nervios se alteren con sólo pensar en colocarse frente al volante. Subsecuentes sensaciones de angustia anticipada mientras conduce un auto y los ataques de pánico que éstas causan producirán finalmente en ella el temor a conducir.

Quizá esta mujer sufra otro ataque de pánico en el supermercado. Su temor a ese lugar la inducirá a evitarlo. En algunas mujeres la agorafobia (miedo a salir a la calle o a ir a lugares de salida complicada) llega a ser tan severa que con el tiempo el único lugar donde se sienten seguras es en su casa. Cabe subrayar que, a diferencia de otras fobias, la agorafobia no implica temor a "cosas externas" como serpientes o arañas, sino a los propios sentimientos y sensaciones físicas creados por el miedo.

A pesar de que, como otras formas de angustia, los ataques de pánico parecen surgir de la nada, también son detonados a menudo por una idea, sentimiento, o expectativa que provoca alteración. Generalmente ocurren cuando una mujer se halla bajo estrés y en algún tipo de conflicto.

Rose, la mujer cuyo diálogo entre su "yo en control" y su "yo temerosa" se presentó en el capítulo 10, entró a tratamiento precisamente por este problema. Cuando la conocí, evitaba ir a muchos lugares públicos —teatros, cines, restaurantes, tiendas— por miedo a sentir angustia y tener un ataque. Sobra decir que esto limitó gravemente su vida social. Cuando aprendió a identificar los detonantes inmediatos de su angustia, relacionarlos con sus temores básicos y calmar a la preocupada niña en su interior, logró reducir su angustia. Ahora puede ir tranquilamente a cualquier lugar.

La angustia de Rose y sus ataques de pánico comenzaron cuando tenía 20 años, época en que padecía mucho estrés. Su padre estaba en proceso de recuperación de una prolongada enfermedad, que requirió de una estancia de dos años en el hospital. Ella estaba muy preocupada por su recuperación, pero también afligida y molesta por su relación con él. Antes, su padre había sido distante y egoísta, y mostrado una marcada predilección por su hermano. En su adolescencia, Rose había aprendido a protegerse del sentimiento de rechazo negando su amor a su padre y refugiándose en la lejanía y el enfado. Sin embargo, la enfermedad del padre venció estas barreras y provocó su anhelo de estar cerca de él. Pero en el hospital su padre se mantuvo indiferente a sus diarias visitas, y sólo se mostraba alegre cuando el hermano de Rose llegaba, cosa que aumentó su sentimiento de rechazo y abandono.

Al principio Rose no relacionaba su angustia con sus comprensibles preocupaciones y miedo de perder a su padre por abandono emocional o muerte. En cambio, se culpaba por ser débil y perder el control. Mientras más trataba de esconder su angustia y culparse, sus ataques de pánico se hacían más frecuentes, lo que a su vez le producía angustia anticipada, con la consecuencia fóbica de evitar muchos lugares. Su angustia arraigó profundamente en ella durante la prolongada hospitalización de su padre, y continuó mucho tiempo después de que éste se recuperó y regresó a casa.

Durante nuestro trabajo de terapia, Rose identificó su temor a la pérdida, base de su angustia, y aceptó y apoyó a su niña interna, gracias a lo cual su angustia disminuyó. Dejó de odiar a su niña interna por sentirse angustiada, débil y temerosa y aprendió a acariciarla, a darle la compasión, aceptación, respeto, incentivo, caricias y apoyo que necesitaba para sentirse menos temerosa (parte de este proceso aparece en el diálogo del capítulo 10). Aprendió también algunas técnicas de relajación, similares a las descritas al principio de este capítulo (respiración profunda, tensamiento y relajamiento de los músculos, contemplación mental de un lugar relajante, visualización positiva de la situación que genera angustia), para tranquilizarse cuando comenzara a sentirse tensa. Ahora acude libremente a los lugares que antes evitaba y sabe controlar su angustia.

Como Rose, la mayoría de las mujeres que tienen ataques de pánico se preocupan mucho por el control de sí mismas. Les avergüenza la falta de control que estos ataques representan y los consideran signo de debilidad, falla personal, más que una reacción fisiológica al miedo y el peligro. Les aterra que se fijen en ellas durante un ataque, cosa que sólo aumenta su angustia, miedo y tensión, y por lo tanto insisten en evitar situaciones sociales. Algunas mujeres piden ayuda a un familiar durante un ataque, pero esto las incita a quedarse en casa, donde está la ayuda. Platicar del problema con amigas y colegas puede resultar positivo para mujeres que padecen ataques de pánico recurrentes. Ésta suele ser una buena fuente de apoyo, además de permitir la liberación del temor a parecer débil y ridícula.

Qué hacer con ataques de pánico y agorafobia
Si sufres de ataques de pánico y agorafobia, sigue estos pasos para liberarte de tu angustia:

1. Comprende que los ataques de pánico no son culpa tuya. No te ocurren porque seas débil, mala, incapaz o merezcas castigo, y no es una vergüenza tenerlos, como tampoco es vergonzoso tener úlcera.

2. Aprende a aceptar tus ataques y ayúdate durante ellos.
   A. Toma en cuenta que el ataque tiene un límite de tiempo. Pasará; no importa qué tan mal te sientas, dite a ti misma que no te estás muriendo ni en verdadero peligro. La

mayoría de los ataques de pánico sólo duran unos cuantos minutos, aunque puedan parecer una eternidad.

B. Controla inmediatamente tu respiración para no lastimarte ni agravar tus síntomas. Respira profundamente y mantén la respiración el mayor tiempo que puedas; luego, exhala lentamente por la boca. Inhala lenta y profundamente por la nariz hasta tu diafragma haciendo salir tu estómago, y luego exhala por la boca. Cuenta los segundos mientras respiras y concéntrate en hacer rítmica y lenta tu respiración. Si inicialmente sólo puedes inhalar y exhalar durante un segundo en cada lapso, trata de que tu siguiente respiración dure dos segundos, luego tres, luego cuatro, cinco, seis. Cuando inhales y exhales cada seis segundos, tu respiración será lenta y profunda. Este modo de respiración ayuda al relajamiento y, por ende, reduce la angustia.

Practica esta respiración lenta cuando no tengas un ataque, para aplicarla debidamente cuando sucedan. Las madres que han dado a luz con la técnica Lamaze saben lo útil que resulta la práctica de la respiración para estar preparadas en el momento necesario.

C. Acepta tu angustia, no luches contra ella. Mientras más pretendas ocultar o luchar contra tu angustia, te pondrás más tensa y nerviosa, generarás más adrenalina y agravarás tus síntomas. En lugar de intentar detenerlos, échalos fuera. Mientras menos temas a tu miedo, menos angustia y pánico padecerás. La doctora Claire Weekes recomienda en sus libros (véase la bibliografía al final de este volumen) la aceptación de situaciones tensas y temidas, en lugar de luchar contra uno mismo o escapar.

3. Identifica y ayúdate a manejar tus temores básicos. Pregúntale a tu niña interna qué pasó en tu vida cuando empezaste a tener ataques de pánico. ¿Estabas enferma? ¿Te hallabas en conflicto por algún cambio? ¿Tus padres se habían separado recientemente? ¿Te ibas a ir a estudiar al extranjero? ¿Estabas enojada pero temías expresarlo? Intenta extraer algún significado del estrés que padecías cuan-

do tus ataques comenzaron. Luego identifica los tipos de estrés y problemas que tienes ahora, así como tus miedos. Esfuérzate por comprenderte, aceptarte, apoyarte y calmarte en vez de consumirte en la preocupación.

4. Rompe la asociación entre tus ataques y los lugares en que han sucedido. Como ya vimos, la angustia anticipada puede mantener activos a los ataques de pánico, aunque su detonante original haya desaparecido tiempo atrás. Para superar tu agorafobia asiste y exponte sistemáticamente a los lugares y situaciones temidos sin obsesionarte con el miedo de tener un ataque. Desafortunadamente, no dispongo de espacio para entrar en detalle, pero obtendrás información en los libros que recomiendo en la bibliografía. Te sugiero leerlos todos, pues cada uno ofrece información diferente. Un buen libro para comenzar es *Free From Fear*, de Ann Seagrave y Faison Covington, dos agorafóbicas ya recuperadas, fundadoras de CHAANGE (*The Center for Help for Agoraphobia/Anxiety through New Growth Experiences*). Para informarte de clínicas y terapeutas especializados en el tratamiento de ataques de pánico y agorafobia, escribe o llama a *The Anxiety Disorders Association of America*.

Para finalizar, quiero decir algo sobre los medicamentos. Los ataques de pánico frecuentemente pueden prevenirse con medicamentos. A pesar de que no son un remedio curativo, bien pueden proporcionar ayuda a corto plazo a mujeres que están aprendiendo a enfrentar y superar su pánico, y pueden servir para dejar de evitar los lugares asociados con el ataque. Los medicamentos deben ser prescritos por un médico con experiencia en el tratamiento de los desórdenes de pánico y su empleo debe ser adicional a un tratamiento con un enfoque más amplio. Todos los medicamentos tienen efectos secundarios, por lo cual es importante que se utilicen en las dosis apropiadas, las cuales varían según la persona, y someterse a vigilancia médica para detectar posibles reacciones adversas.

Trastorno de estrés postraumático

El pánico y la angustia severa son sólo dos de los síntomas de este síndrome, que puede surgir por traumas como violación, asalto o desastre natural. Otros síntomas son culpa, depresión, pesadillas recurrentes, *flashbacks*, irritabilidad, dificultad para concentrarse, sobresaltos sin motivo, falta de sensibilidad, deseo de reclusión y adicción a las drogas y al alcohol. Si has sufrido un trauma de esta naturaleza y tienes algunos de estos síntomas, busca ayuda profesional o de un grupo de ayuda mutua.

Sea cual sea el tipo de angustia que experimentes —incidental, generalizada o por fobias, ataques de pánico, agorafobia o trastorno postraumático—, puedes reducirla acariciándote. Cuando te diriges a ti misma con compasión y apoyo, te respetas, alientas y aceptas y reconoces el mérito de tus esfuerzos y logros, no sólo calmas a tu preocupada y asustada niña interna, sino que también elevas tu autoestima. Mientras más alta sea ésta, menos probabilidades tienes de obtener resultados negativos. ¡Acaríciate y sentirás menos angustia!

CAPÍTULO 14

VALÓRATE EN LA DEPRESIÓN

La depresión es un estado muy debilitante, y es dos veces más común en mujeres que en hombres. Esta preponderancia de la depresión entre mujeres es propia de muchos países y grupos étnicos. En Estados Unidos la padecen al menos 7 millones de mujeres.

Un estudio de la *American Psychological Association* publicado recientemente identifica los factores que exponen a las mujeres a un tan elevado riesgo de depresión. Después de examinar minuciosamente todas las investigaciones al respecto, en el estudio se llegó a la conclusión de que "las mujeres corren mayor riesgo de padecer depresión debido a una serie de factores de tipo social, económico, biológico y emocional", entre los que están la baja autoestima, los estilos de personalidad pasivos y evasivos, los patrones de pensamiento negativos y autocríticos, la excesiva concentración en sentimientos depresivos, el estrés y conflicto en las relaciones interpersonales, las ilusiones de perfección física, los estilos y expectativas de adaptación —desamparo y desaliento inclusive—, la discriminación, la pobreza, el abuso sexual y físico (quizás un 50% de las mujeres han sufrido abusos en algún momento de su vida) y la presencia de hijos pequeños.[5]

No es de extrañar que la baja autoestima se mencione como un factor de riesgo de depresión. Una persona deprimida siente que carece de valía, y quien se considera inferior e incompetente es propenso a la depresión. Baja autoestima y depresión suelen crear un círculo vicioso, pues a menor aprecio, mayor depresión.

Dado que nuestro género está devaluado por la sociedad, las mujeres somos particularmente propensas a caer en este círculo vicioso.

Romperemos este aplastante ciclo cuando aprendamos a tratarnos con compasión, afecto y respeto y a darnos incentivos, apoyo y estímulo por nuestro esfuerzo; es decir, cuando aprendamos a acariciarnos.

La depresión puede variar de débil (desánimo, falta de energía, ausencia de motivación para emprender algo) a moderada (con iguales síntomas a la anterior más pérdida de apetito, sueño irregular o deseo de dormir mucho, tristeza) a severa (todo lo mencionado más imposibilidad de un comportamiento normal e ideas e impulsos suicidas). Si estás deprimida, molesta contigo y con tu vida, probablemente te sientas desolada y escéptica de que las cosas mejoren.

Puede ser que ciertas presiones externas te afecten: escasez de recursos económicos, un empleo sin futuro, enfermedad, problemas con tus hijos, una relación problemática, el cuidado de tus padres ancianos, desempleo. Pero más allá de estos obstáculos, es probable que el trato que te das no contribuya en absoluto a sentirte bien.

Ya vimos que la autocrítica conduce a la baja autoestima. Pero también a la depresión. Si tu crítico interno te dice que la razón por la cual no tienes suficiente dinero es que cometiste errores o no planeaste bien tu vida, o que tu relación no funciona porque eres un desastre, o que tus hijos están en problemas porque eres una madre incompetente, o que estás desempleada porque no vales nada y que esto no va a cambiar porque no tienes remedio, ¿cómo habrías de sentirte? ¡Deprimida!

Nuestros problemas nos deprimen sólo cuando nos culpamos de ellos y renunciamos a nuestras ilusiones. Es cierto que el estrés que está fuera de nuestro control nos dificulta la vida a las mujeres y nos hace sentirnos preocupadas, asustadas, molestas y enojadas. Pero incluso en las circunstancias más difíciles hay mujeres que logran mantener un buen estado de ánimo, apoyándose y creyendo en sí mismas en lugar de culparse.

Estar deprimida no es lo mismo que estar triste. Hay muchos momentos en la vida en que es natural sentirse triste, en particular cuando se sufre un desengaño o una pérdida. En tales ocasiones es muy importante que te des el tiempo y apoyo necesarios para enfrentar tus sentimientos, en lugar de precipitarte a pretender superarlos. Cuando enfrentas tus sentimientos, te liberas de ellos. Si los niegas, permanecerán ahí y te envenenarán. Como vimos en el capítulo 2, mientras mejor identifiques y aceptes tus sentimientos, más fácil te resultará cambiarlos, y mientras más los niegues y reprimas, más se acumularán y más problemas podrán causarte.

Frecuentemente la bibliografía al respecto divide la depresión en dos tipos: reactiva y endógena. La reactiva es aquella que surge cuando las cosas no marchan bien, o cuando se cree que es así. La endógena se basa en una predisposición biológica a la depresión, y generalmente se trata con medicamentos antidepresivos.

En lo personal yo he encontrado que esta última definición es limitada. Las investigaciones indican que algunas mujeres son biológica o genéticamente vulnerables a la depresión, como definitivamente parece ser el caso de la depresión asociada al síndrome premenstrual (SPM), pero no comparto lo que se deduce de ello: que tales mujeres son víctimas indefensas de su depresión endógena y que lo único que pueden hacer es sobrellevarla con antidepresivos, a la espera de que estalle la siguiente depresión. Mi experiencia clínica me demuestra que esto no es necesariamente cierto.

La depresión, haya o no predisposición a ella, se intensifica cuando te sientes mal contigo misma o con un aspecto de tu vida; cuando te culpas y te sientes desesperada e incapaz de mejorar las cosas. En otras palabras, la depresión tiene mucho que ver con la opinión que tienes de ti misma y el trato que te das. Cuando aprendes a tratarte con compasión y aceptación, te respetas, apoyas y elogias y te das sobre todo los incentivos que tanto necesitas, te vuelves capaz de salir la depresión. Para comprender esto, pensemos en la manera en que la mayoría de las personas se tratan a sí mismas cuando están deprimidas. Yo las catalogo del siguiente modo:

Ocho maneras de deprimirte y mantenerte así

1. *Creerte responsable de todos los actos negativos de tu vida.* Las personas deprimidas sobrestiman su responsabilidad por las circunstancias adversas de su vida. Se creen culpables de aquello que salga mal, cuando otros factores económicos, sociales, naturales, etc. pueden haber contribuido.

Pamela, madre soltera que trabajaba como asistente administrativo en una casa de bolsa, fue despedida después de tres años de trabajo. Pese a que su despido fue parte de un recorte de personal y reestructuración de la empresa, se culpaba de no haberse hecho indispensable. Si no hubiese faltado tanto cuando sus hijos se enfermaban o se hubiera quedado hasta tarde cuando se necesitaba o hubiese sido más creativa, habría podido conservar el empleo.

El despido de Pamela se debió a circunstancias fuera de su alcance: el descenso de las utilidades de la compañía en años de recesión. Los hechos por los que se culpaba (haber faltado cuando sus hijos estaban enfermos, tener que salir a tiempo para poder cuidarlos) también se debían a factores fuera de su control (problemas de horarios en guarderías, imposibilidad de pagar una niñera dado los bajos salarios en trabajos tradicionalmente femeninos).

Un ejemplo elocuente de exageración de la responsabilidad personal y subestimación de los factores externos es el gran número de personas que confundieron la razón de sus pérdidas durante la Gran Depresión de la década de los treinta. Studs Terkel incluyó en su libro *Hard Times*, publicado en 1970, una serie de entrevistas a personas que se culpaban a sí mismas de sus pérdidas.[6] Estaban seguras de haberse equivocado al comprar una casa, elegir un empleo, comprar acciones, etc. Ponían tanto énfasis en su responsabilidad personal que perdían de vista los efectos de factores económicos fuera de su control.

2. *Criticarte.* Todas lo hacemos. Nos sentimos mal y nos culpamos de ello. Le decimos a nuestra niña interna:

"Ahora sí arruinaste las cosas. Nunca haces nada bien."
"Tu informe estuvo terrible. Eres muy torpe."
"Eres pésima como madre. ¿Cómo pudiste reaccionar así por algo tan simple?"
"Por supuesto que estás sola. ¿Quién te va a querer?"

Estoy segura que ahora podrás darte cuenta de lo destructiva que es la autocrítica. Para una persona propensa a la depresión o ya deprimida es aún peor, como patear a alguien que está tirado en el suelo.

3. *Insultarte.* ¿Te suena conocido? Cuando estás deprimida, ¿agravas las cosas diciéndote que eres un fracaso, buena para nada, incompetente, torpe, floja, débil, aburrida, gorda, indeseable? En lugar de motivar a tu niña deprimida, estos insultos la deprimen más.

4. R*eprocharte estar deprimida.* Éste es uno de nuestros reclamos favoritos, pero equivale a hacer más profunda la herida en vez de curarla. Como si no te sintieras lo suficientemente mal y no tuvieras problemas de sobra, ahora hay algo más que te disgusta: estar deprimida. A menudo esto se combina con insultos. Tu crítico interno te dice:

"Te la pasas lamentándote. Eres una fracasada, no puedes hacer nada bien. Ni siquiera eres capaz de abandonar la cama en la mañana. Me repugnas."
"Los demás hacen tantas cosas y tú ni siquiera puedes conseguir un empleo (una cita, un lugar decente para vivir, un ascenso). Y lo único que se te ocurre es deprimirte. Eres una llorona."

5. *Amenazarte.* Ésta es la vieja fórmula de "o te corriges o te atienes a las consecuencias", mezclada con predicciones negativas que se cumplen. Las predicciones que se cumplen son las que se formulan como amenazas o advertencias a fin de obligar a alguien a corregirse, pero llevan implícito el mensaje de que lo único que se puede esperar de aquella persona es que eche todo a perder. Este mensaje suele hacerse realidad, porque la mayoría de las personas tienden a comportarse según lo que se espera de ellas: si una hija adolescente llega tarde a casa y su padre le dice que es "desobediente", lo más probable es que interprete este mensaje como "siempre serás desobediente", y que comience a serlo. Algunos ejemplos de amenazas con predicciones que se cumplen son:

"Más vale que te apures o nunca acabarás ese trabajo y vas a perder el empleo y a fracasar." (El mensaje es: "No vas a terminar y fracasarás.")

"Si no te das prisa, se van a enojar contigo." (Lo que se espera en realidad es que no te des prisa.)

"Sigue deprimiéndote y sin hacer nada y terminarás peor de lo que estás." (Lo que se espera es que te deprimas más y arruines tu vida.)

Sobra decir que estas amenazas asustan y deprimen más a tu niña interna; esto te inmoviliza y produce angustia.

6. *Compararte injusta y desfavorablemente con otros.* En una sociedad tan competitiva como la nuestra, es fácil caer en esta trampa. Constantemente estamos midiendo qué tanto hacemos, y en especial qué tanto no hacemos. Y cuando estamos deprimidas sólo podemos ver que no somos tan capaces como los demás. Algunos ejemplos:

"Basta con que tu hija se enferme para que te atrases. En cambio Mary Sue siempre cumple a tiempo, y eso que tiene más problemas que tú."

"Seguramente estás deprimida. Los demás rinden más que tú."

Cuando las personas deprimidas se comparan con otras, parten de lo peor de sí mismas, por lo que sus comparaciones resultan imprecisas.

Fijarse en actitudes o comportamientos superficiales y tomarlos por verdaderos.

Alice está deprimida. Corre a casa de Mary Sue, que se está divorciando. Mary Sue está feliz y le cuenta de sus planes de vacaciones. Alice sonríe y conversa, pero en casa se reprocha su incapacidad para enfrentar sus problemas mientras que Mary Sue está tan bien.

¿Realmente Mary Sue está bien? Alice no puede saberlo. Mary Sue puede sentirse muy bien por haberse separado finalmente de un esposo muy crítico, o puede estar más deprimida que Alice y sólo finge la misma sonrisa que Alice fingió.

Cindy acaba de ingresar a la universidad. Se siente rebasada por las tareas, que no sólo son muchas, sino difíciles; piensa que fue un error que la hayan admitido. Se encuentra a Tara en el pasillo y le platica sobre lo abrumada que se siente. Tara ve a Cindy de manera algo burlona y extraña, y le dice que a ella los cursos le parecen muy interesantes. Cindy inventa rápidamente una excusa y se aleja, sintiéndose mucho peor. Se dice que si Tara puede hacerlo tan bien, entonces ella debe estar mal y se deprime.

Lo cierto puede ser que Tara tal vez no tome en serio la universidad o sea muy eficaz para aparentar superioridad. Cindy no lo sabe, pero tomó por verdadero lo que Tara le dijo.

Fijarse en alguien que está mejor que nosotras y luego generalizar que todo el mundo está mejor.

Charisse fue ascendida en el trabajo y Jessica no. Ésta piensa: "Todo el mundo está progresando menos yo."

Lydia no tiene con quien salir el sábado en la noche, pero algunas de sus amigas sí. Piensa: "Todo el mundo tiene pareja; yo soy la única que está sola."

Jessica y Lydia se sienten peor diciéndose que todos obtienen lo que quieren, lo cual implica que ellas no obtienen lo que quieren porque son incapaces, cosa que por supuesto no es verdad. Muchas mujeres no tienen pareja o no sólo no son ascendidas, sino que además poseen un empleo peor remunerado o menos satisfactorio que el de Jessica.

Cuando generalizas, añades a tu depresión la impresión de que todos te superan, y luego razonas que eres incompetente porque no te va tan bien como a "todos los demás".

7. *Humillarte.* Ésta es una actitud particularmente viciosa, pues se dirige contra uno de nuestros peores temores: el ridículo público, y su efecto es muy sencillo de alcanzar. Todo lo que tienes que hacer es decirte que todo el mundo ve y sabe lo incompetente e ineficaz que eres. Lo que facilita esta agresión es que no requiere de evidencia alguna; basta con una afirmación tajante. Algunas cosas que quizá te dices son:

"Ahora sí estás arruinada. Fuiste a un baile y nadie te sacó a bailar. 'Todo el mundo' sabe que no eres atractiva."

"Después de la tontería que dijiste en la junta de ayer, 'todos en la oficina' se deben estar riendo de ti."

"Después de haber tirado el café en tu blusa, no te atreverás a salir a comer con esa gente de nuevo. Ahora 'todos' saben lo torpe que eres."

"Después de gritarles a tus hijos en el parque, más te vale no volver ahí. Ahora 'todos' saben qué mala madre eres."

Por supuesto que ninguna de estas acusaciones es verdad. Es cierto que algunas personas pueden pensar que eres indeseable, torpe o mala como madre, pero no es lo más probable. La mayoría de las personas están muy ocupadas en sí mismas para fijarse en tus errores, y la mayoría de la gente considera las imperfecciones de otros como algo normal, no como muestra de incompetencia. Las únicas personas que te echarán en cara tus imperfecciones son las personas críticas y entrometidas, cuya opinión nunca debes tomar en cuenta, porque pretenden crecer a costa de subestimarte.

8. **Rechazar a tu niña interna.** Ésta es la actitud más destructiva de todas las mencionadas. Supone odio total a una misma, y produce una depresión profunda. Algunas frases reveladoras de esta actitud son:

"No te soporto. Deseo que te vayas y me dejes sola."
"Eres una incapaz, quisiera deshacerme de ti."
"Te odio y desearía que te murieras."

Si antes no te sentías desesperada, te garantizo que ahora sí. Abandonada por tu niñera interna, ¿cómo puede albergar esperanzas tu niña interna? ¿Cómo puedes mejorar tu estado de ánimo y tu vida cuando tu niña interna se siente totalmente desconsolada, sola y abandonada, incluso por ella misma? Es muy difícil emprender algo cuando te sientes deprimida, pero es imposible hacerlo cuando tu voz interna te dice que no tienes remedio y que se da por vencida.

Para salir de tu depresión debes aprender a darte esperanzas y ayudarte a creer que eres un ser humano competente y capaz de resolver problemas y superar adversidades, y que eres valiosa y mereces respeto y apoyo.

Levanta tu ánimo dejando de agredirte de las ocho maneras que garantizan la depresión y su permanencia. Si te parece difícil hacerlo es porque tu crítico interno está escondiéndose y no quiere salir. Saca tu lista de *Autocríticas* que hiciste en el paso 4 e identifica de nuevo de dónde vinieron. Si has descubierto nuevas, añádelas a la lista y luego enfréntalas aplicando el procedimiento descrito en los pasos 3 a 6. Habla de nuevo con tus críticos originales y exígeles que se vayan. Deshazte de identificaciones negativas. Vuelve a redactar tus críticas verdaderas, ahora como "metas", y concéntrate en la manera de alcanzarlas.

Recuerda que el cambio es un proceso difícil y lento. No te desanimes por ver que tu crítico interno vuelve a asomar su horrible cara. Después de una vida de intimidar a tu niña interna, no se va a alejar tan rápido. Sigue enfrentándote a él tanto como puedas, y con la práctica su voz se hará cada vez más débil. Recuerda que no tienes que hacer todo de una sola vez. Cualquier paso que des para acallar la voz de tu crítico interno y elevar la de tu niña interna te ayudará.

Escribe en un papel las ocho maneras de deprimirte y permanecer así y llévalo contigo. Utilízalo para ayudarte a identificar cuándo te tratas de alguna de estas formas destructivas y haz lo que puedas por detenerte. Luego reconfórtate, ya que el camino de salida de la depresión es la caricia.

Seis maneras de alegrarte

1. *Muéstrate compasión.* Cuando estés deprimida y te sientas mal, te será muy útil sentir que tienes a tu lado a alguien que te comprende y a quien le importa lo que te pasa. Si esa persona eres tú, la ayuda será mayor. En lugar de criticarte, trata de ser tan compasiva contigo como lo serías con una amiga. Hazte ver que es duro sentirse mal y que tienes muchos problemas que resolver. Díle a tu niña interna que te preocupas por ella y que estás ahí para ayudarla.

2. *Acéptate.* En lugar de reprocharte estar deprimida, acepta tu depresión. Date cuenta de que es correcto que te sientas así. Eres humana y toda la gente se decepciona y deprime de vez en cuando, o muchas veces. Díle a tu niña interna que no la amas menos por estar deprimida. Que no la juzgas. Al contrario, que te interesas por ella y que quieres ayudarla.

3. *Respétate.* Piensa en las cosas que te agradan de ti. Saca tu lista *Lo que más me gusta de mí*, la del paso 1, y léela de nuevo, lentamente, en voz alta. Luego háblale a tu niña interna y díle que aprecias sus cualidades. Díle qué es aquello de sí misma que la tiene molesta, que sea lo que sea es sólo una parte de ella. Díle que tiene muchos valores y quieres ayudarla a reencontrarlos. Si se ha estado comparando injusta y desfavorablemente con los demás, haz que se corrija. Ayúdala a que deje de

generalizar y a que advierta todos los atributos que posee y las cosas que han sido, son y pueden ser afortunadas en su vida.

4. Anímate. Esto es lo más importante que puedes hacer por ti misma, porque lo que más necesitas ahora es la esperanza. Si crees que nunca encontrarás a alguien a quien amar o un buen trabajo, o la manera de educar correctamente a tus hijos, o cómo mejorar tu relación, seguirás deprimida. Mientras más triste y desamparada te sientas, más te deprimirás. Necesitas decirle a tu niña interna que es valiosa, que juntas encontrarán la forma de alcanzar sus metas y que tú estarás ahí con ella para ayudarla. Si algunas de las metas no son posibles de alcanzar por ahora, trata de incentivarla para que tome en consideración otras formas de satisfacer sus anhelos. Si está deprimida porque siente que no ha logrado mucho, dile que no tiene que lograr nada para que la quieras. Hazle saber que la quieres tal como es.

Muchas mujeres deprimidas tienen serias dificultades para animarse a sí mismas. Les gustaría hacerlo, pero no creen en ellas. Su niñera permanece muda mientras su crítico interno tiene día de fiesta. Lo esencial de su diálogo interno es:

Niña: Me siento triste y desamparada.

Crítico interno: No tienes esperanzas y estás desamparada: ésa es la verdad.

Si éste es tu diálogo interno, necesitas silenciar a tu crítico y llamar a tu niñera. Una forma muy útil para atraer la voz de tu niñera es imaginar que hablas con una amiga que tiene los mismos problemas que tú. Imagina que se trata de una amiga que quieres y te preocupa mucho. Piensa en lo que podrías decirle para animarla y anótalo en un papel. Es importante escribirlo para que lo puedas ver después. Puede serte útil imaginar y anotar toda la conversación con tu amiga deprimida. Trata de ser creativa. Piensa en todo lo que podrías decirle para animarla. Quizás hasta has conocido a gente con tus mismos problemas. Recuerda cómo la estimulaste y haz lo mismo en esta conversación imaginaria escrita. Intenta pensar en al menos diez incentivos diferentes. Si no puedes, pídele a alguien en quien confíes que te ayude con algunas ideas sobre estímulos. A continuación encontrarás algunos ejemplos de estímulos que puedes darte, si son apropiados a tu situación:

- Ya has pasado por malos tiempos antes y puedes salir de ésta también.
- Quizás te sientas atrapada, pero no hay problema que no tenga solución.
- Estás obsesionada en lo que no has conseguido. Piensa en lo que has hecho muy bien.
- Esto te preocupa ahora, pero en cinco años no te acordarás ni de que sucedió, o pensarás en ello y te sentirás orgullosa de haber salido adelante.
- Puedes resolver esta situación; sólo date la oportunidad de hacerlo.
- No eres una víctima. Piensa en alguna manera de actuar.
- Ésta no es tu última oportunidad de ser feliz. La vida te ofrece muchas oportunidades para obtener lo que deseas. Búscalas y aprovéchalas.
- Tal vez no pueda controlar a las personas que nos rodean y obtener lo que quieres, pero puedo cuidarte. Veamos qué puedo ofrecerte ahora mismo.
- Sé que te sientes desamparada, pero es porque no has pensado en lo que puedes hacer. Veamos qué podemos planear.
- Podemos mantenernos unidas y sobrevivir el rompimiento de nuestra relación. El amor es importante y estar sola se siente horrible, pero juntas podremos superarlo. Nadie se ha muerto jamás por un corazón roto. Te amo y voy a estar aquí para ti.
- Sé que no tienes ganas de hacer nada hoy, pero cuando nos pasamos el día en la cama, nos sentimos peor. Tratemos de hacer algo divertido, aunque no se te antoje; después nos sentiremos mejor.

Un rasgo común de la depresión es la falta de interés por hacer cosas que antes disfrutábamos. Pese a la falta de interés, si logras convencerte de hacer algo, tu ánimo mejorará. En ocasiones, hacer cosas divertidas como reorganizar tu closet puede mejorar tu estado de ánimo.

Cuando hayas escrito el mayor número posible de frases alentadoras, empieza un diálogo con tu niña interna. Cuando diga que se siente sin esperanzas y desamparada, platícale de todas las consideraciones alentadoras que usaste con tu amiga imaginaria. No importa que no las creas por completo; si las repites comenzarás a creer en ellas, al igual que tu niña interna. Te sorprenderá el alivio que sentirás cuando te digas cosas como "Puedo lograr que mi relación funcione", en lugar de "Estoy confundida". O bien, "Si persisto en mi búsqueda, tarde o temprano encontraré trabajo", en lugar de "Nunca encontraré trabajo, perderé mi departamento y me quedaré sin nada". O quizás, "Soy una persona agradable y puedo encontrar a alguien especial que me ame." Dile a tu niña interna que estás a su lado y que crees en ella, y comenzará a sentirse mejor.

Cuando decidí escribir este libro, no sabía nada de qué era escribir o publicar. Ni siquiera tenía una computadora, no sabía cómo usar un procesador de textos. (Ahora que he aprendido, me parece asombroso que la gente haya podido escribir libros antes de las computadoras.) Mientras continuaba con mi propósito, algunas personas me alentaron, pero otras, aunque bien intencionadas, me dijeron que era una tontería escribir un libro sin tener contrato, agente, un nombre famoso, etc. Muchas veces, cuando me sentaba en mi escritorio a escribir (en los pocos ratos que me quedaban entre mi trabajo y el cuidado de mi familia) me sentía desanimada y deprimida. En esas ocasiones quedé muy agradecida con mi niñera interna por alentarme a seguir adelante, creer en mí y recordarme que no tenía nada que perder —excepto casi todo mi tiempo "libre"— y que no haría nada maravilloso con ese tiempo si no lo ocupaba en escribir (excepto, tal vez, dormir). Me dijo que independientemente de que mi libro se publicara o no, se sentía orgullosa de mí por intentar-lo, y de mi determinación y tenacidad. Si mi niñera interna no me hubiera motivado, no estarías leyendo este libro ahora.

Trata de darte el mismo tipo de incentivo. Di: "Creo en mí y encontraré la manera de alcanzar mis metas." Esto no es el cuento de Peter Pan, en el que la creencia en las hadas trae a Campanita a la vida —en la realidad el cambio no ocurre tan rápido ni de manera tan fácil—, pero creer en ti puede producir una magia lenta. Esta magia liberará tu energía para ayudarte e intensificará una buena imagen de ti misma.

5. *Apóyate.* Además de darte compasión, aceptación, respeto e incentivos, es importante que te brindes apoyo. Ya has empezado a apoyarte al contar emocionalmente contigo. También puede haber formas más concretas de darte apoyo cuando estés deprimida, como contratar a alguien para que haga la limpieza, para que no tengas que batallar con esa labor cuando no tienes energías. Si estás deprimida por estar desempleada, podrías ir a la biblioteca y leer sobre los tipos de trabajo que puedes solicitar o integrarte a un grupo de apoyo de mujeres que buscan trabajo.

Lo más importante es que estés atenta a tu niña interna, dispuesta a hablar con ella, a darle de comer aunque no tenga apetito, a comprarle flores para que se reanime, a llevarla al cine, a ser su amiga. Recuerda que el apoyo significa transmitirle a tu niña interna el sentimiento de que la amas y siempre estarás ahí para ella. Este apoyo puede ayudar mucho a curar la depresión. Háblale ahora y haz que sienta tu presencia.

6. *Acaríciate.* A las mujeres nos encantan las caricias físicas, y cuando estamos deprimidas las necesitamos más. Es maravilloso contar con alguien a quien le puedas pedir que te abrace cuando te sientes triste, sea tu madre, tu padre, abuelo, tía, hermano, esposo, amigo, hijo o nieto. Sin embargo, también es vital que nos acariciemos a nosotras mismas. Y esto es todavía más imperativo cuando no hay nadie a quien puedas recurrir para que te abrace.

Hay muchas maneras de acariciarse. Una de ellas es acariciar tu cuerpo con un elemento natural. Tomar el sol o darme un baño de agua caliente siempre me levanta el ánimo. Mi familia lo sabe, y cuando me pongo irritable o me siento triste, siempre me sugieren que me dé un baño, a sabiendas de que esto hará grata mi presencia. También puedes acariciarte de manera física. Acaricia suavemente tu rostro y siente el amor en tus manos; acaricia tu cuerpo y siente el afecto del contacto. Por último, mas no por ello menos importante, puedes acariciarte con palabras. Háblate de manera compasiva y cariñosa de lo que aprecias y valoras en ti. Elógiate y date el estímulo que mereces. Luego haz lo siguiente:

Siéntate con un animalito de peluche, muñeca o almohada en tu regazo. Ponte cómoda, cierra los ojos y respira profundo; inhala y exhala lentamente para que te relajes. Cuando estés relajada, imagina que tu niña interna está en tu regazo. Visualízate abrazándola y hablándole. Arrúllala en tus brazos mientras permites que tu amor la envuelva. Dile que crees en ella y que siempre la querrás, pase lo que pase. Imagina que, mientras la acaricias, ella se acurruca en ti. Acaricia el objeto que abrazas, el cual simboliza a tu niña. Pasa tus dedos por su cabello, acaricia su rostro y apriétala contra ti. Dale las caricias que necesita. Tómate tu tiempo. Abre los ojos y vuelve a la realidad hasta que te sientas realmente lista.

Ahora analiza cómo te sientes. ¿Te sientes más esperanzada, ves un panorama ligeramente más alegre? Recuerda que puedes seguir dándote cariño y ayudándote de esa manera.

Cuando te acaricias, te brindas la mano de ayuda que necesitas para salir de tu depresión. No obstante, algunas de ustedes pueden estar tan profundamente deprimidas que se sientan incapaces de alentar el deseo de ayudarse. Quizás sólo quieran morir y terminar con su desdicha. Si sientes impulsos suicidas, busca ayuda profesional de *inmediato*.

Eres una persona importante, y tu vida lo es. Tal vez no pienses así ahora. Puedes sentir que eres una nada y que jamás llegarás a ser alguien o que no volverás a ser feliz nunca. Esas palabras son el discurso de tu depresión. No lo escuches, es falso. Puedes recuperar tu entusiasmo, puedes aprender a disfrutar de la vida. Y, sobre todo, puedes aprender a valorarte y a valorar tu vida.

El suicidio puede parecer una solución a tus problemas, pero no lo es; es un escape, no una solución, y deja un cúmulo de problemas a aquéllos a quienes abandonas. Los parientes y seres queridos de las personas que se suicidan quedan llenos de enorme culpa, así como de ira y sentimientos de abandono y traición por muchos años, si no es que toda su vida. Suicidarte les abre a tus hijos, o a quienes amas, el mismo camino.

Piensa en la pequeña niña perdida, asustada, desesperanzada dentro de ti y deja que tu corazón vaya a ella. Hazte el propósito de rescatarla. Incluso en tu estado depresivo, si vieses a una niña en peligro de morir harías todo lo posible por salvarla. No hagas menos por ti, no tienes nada que perder intentando. El suicidio es una opción, pero ¿no te gustaría sentirte diferente? ¿Acaso no te gustaría valorarte y valorar tu vida? Date la oportunidad que necesitas. Si sientes impulsos suicidas, busca ayuda profesional de inmediato.

Acude a un psicólogo, psiquiatra u otro especialista en salud mental. Recurre al centro de salud mental, instituto de psicoterapia u otra clínica de tu comunidad o, si necesitas ayuda inmediata, preséntate en la sala de emergencias de un hospital. Si vives en Estados Unidos y deseas hablar con alguien ahora mismo, llama al número de prevención del suicidio (marca el 411 para obtener el número telefónico que te corresponde). También puedes llamar (de 9 a.m. a 5 p.m., hora de Colorado) o escribir a la *American Association of Suicidology* (303-692-0985, 2459 Ash Street, Denver, Co, 80222), que cuenta con un directorio para la atención de crisis de suicidio, o a la línea telefónica para la prevención del suicidio, con servicio las 24 horas, a cargo de la *Humanistic Mental Health Foundation* (800-333-5580). ¡No esperes!

Cuando estés deprimida, además de las seis maneras de reanimarte puedes hacer otras cosas para levantarte el ánimo. El ejercicio aeróbico es eficaz para combatir la depresión. A algunas personas les es útil meditar o escribir un diario. Todo lo que te motive es de utilidad para ti. Actuar ayuda a levantar el ánimo, y la inmovilidad lo debilita. Haz un esfuerzo adicional para darte el ánimo que necesitas para enfrentar tu vida de manera activa. Haz algo que antes disfrutabas, como ir al cine, a un museo, a visitar a una amiga, pintar tu cuarto. En su libro sobre la depresión, *Feeling Good*, David Burns recomienda calcular el porcentaje de satisfacción que se obtendrá de una actividad determinada, y luego de realizarla deducir qué tanto se disfrutó y si se hizo sola o con ayuda.[7] Es común que las personas se sorprendan de que su satisfacción real es mayor que la que previeron. Cuando te alientes a entrar en acción, habla con tu niña interna; mientras más deprimida estés, más necesitarás de su compañía. *Acaríciate y te sentirás mejor; agrédete y seguirás deprimida.*

CAPÍTULO 15

CÓMO VALORAR TU PAPEL DE MADRE

Si esperas encontrar la fórmula para ser una supermadre y formar niños perfectos, no puedo ayudarte. Mis hijas distan mucho de la perfección. Con frecuencia gritan; rara vez se acuerdan de decir "por favor", "gracias" y "de nada". A la edad de 13 y 11 años creen que saben mucho más que yo y no titubean en decírmelo; consideran que limpiar su cuarto es muy difícil, y creen que lo único bueno de tener una hermana es no tener que hacer solas el quehacer de la casa. Su respuesta al gran interés familiar por la lectura y otras actividades intelectuales ha sido convertirse en adictas a la televisión. En pocas palabras, son niñas normales, de las que puede una estar muy orgullosa, aunque no se atreva a presentarlas en público.

No obstante no poder ayudarte a convertirte en la madre perfecta, espero serte útil para que aprendas a sobrellevar la maternidad conservando intacta tu autoestima. Como cualquier madre sabe, esto se dice fácil, pero no lo es. Se nos educa para que consideremos a los hijos como un reflejo de nosotras mismas: según la sociedad, son la muestra más elocuente de nuestra creatividad —nuestras novelas, pinturas o esculturas que expresan nuestro ser interno—, punto de vista que nosotras adoptamos fácilmente. Pensamos que si nuestros hijos fallan, se portan mal, son malos estudiantes o tienen dificultades es porque nosotras hemos fracasado como madres, y mi campo de trabajo, el psicoanálisis y la psicoterapia, no ha contribuido gran cosa a modificar esta opinión. Desde Freud, con el descubrimiento de la relación entre una paternidad/maternidad errada y los problemas emocionales, la culpa de muchos de los males de la sociedad (delincuencia juvenil, deserción de las escuelas, adicción a las drogas, crimen) ha recaído en las madres. Si estuvieran más tiempo en casa, se interesaran más en su familia, fuesen más comprensivas, etc., sus hijos no tendrían problemas. El padre recibe algo de la culpa, pero en mucha menor escala, ya que, como "todo mundo sabe", la crianza de los hijos es responsabilidad de la madre, no importa qué tan pobre sea o tan discriminada, desamparada o sola esté. Es verdad que hemos aprendido algunas cosas desde Freud (los opresivos resultados de una sociedad patriarcal, que limita tanto a hombres como a mujeres a papeles que reducen nuestro potencial como personas y como padres). Sin embargo, cuando nuestros hijos tienen problemas, asumimos la visión imperante y nos creemos culpables.

Antes de tener hijos, pensaba que sería la mejor madre del mundo. "Después de todo", me decía, "tengo todas las cualidades para serlo." Era cariñosa, creativa, paciente, solidaria con otras personas, buena para escuchar, y casi toda la gente me decía que tenía don para los niños. "Si éstas no fueran cualidades suficientes", me decía, "conozco de psicología infantil y las técnicas para la educación de los niños, y mi experiencia en terapia familiar me indica que soy capaz para orientar a los padres a ayudar a sus hijos a desarrollarse." Luego tuve a mi primera hija.

Cuando Nuri y yo regresamos del hospital, sufrió cólicos durante dos semanas y media, lo cual significa que no dormía en toda la noche, todas las noches, lloraba incesantemente por motivos desconocidos y nada que yo hiciera podía calmarla, excepto, a veces, abrazarla y pasearla por la casa durante horas y horas, cosa que sólo reducía la intensidad de su llanto, no lo anulaba. Yo había tenido un parto difícil y no podía levantarme, ya no se diga caminar por horas. Steve, mi esposo, quien participó muy activamente en la atención de nuestras dos hijas, hacía lo que podía, pero tenía que levantarse a las cuatro y media de la mañana para irse a trabajar, así que no me ayudaba mucho durante las peores horas. Yo tampoco podía dormir mucho durante el día, pues Nuri se despertaba cada dos horas para comer; no tenía familiares que me ayudaran, era nueva en mi localidad y aún no tenía amigas entre mis vecinas, y no tenía sirvienta.

Dos semanas y media tal vez no te parezcan mucho tiempo; he conocido a madres con hijos que padecieron cólicos durante dos años. No me explico cómo lograron sobrevivir. Después de una semana de no dormir y la angustia de no poder ayudar a mi hija, lloraba, y lo único que quería hacer era tirar por la ventana a mi criatura, que con tanto anhelo había deseado, y luego tirarme yo. Por primera vez comprendí por qué es que los padres pueden abusar de sus hijos; no era que yo quisiera hacerlo, pero comprendí el impulso.

Cuando Nuri se alivió de los cólicos, mi concepto de qué tipo de madre iba a ser yo había cambiado por completo. Decidí que si lograba sobrevivir más o menos ilesa a esa primera experiencia (ni siquiera se me ocurría imaginar tener un segundo hijo), habría triunfado. Las semanas, meses y años que han pasado desde entonces no me han hecho cambiar de opinión.

Creo que quien no haya pasado noches y días enteros con bebés no puede apreciar lo tremendamente desgastante que es esta labor. En los primeros años de Nuri, yo iba a trabajar jornadas de 12 horas los dos días en que Steve descansaba, y el resto del tiempo lo pasaba en casa. Esos dos días de trabajo fuera de casa eran como unas vacaciones. Steve sentía lo mismo después de pasar 48 horas a cargo de la niña. Ambos estuvimos de acuerdo en que trabajar fuera de casa era mucho menos agotador que hacerse cargo de los hijos. Cuando Nuri creció y tuvimos a Robyn, 32 meses después, el trabajo en la oficina siguió siendo la parte fácil. En el trabajo hablaba con una sola persona a la vez y no tenía que enfrentarme a gritos y reclamos constantes sin un minuto de respiro para ordenar mis ideas o sentarme.

No estoy en contra de la maternidad; por el contrario, haber tenido hijos es una de las mayores alegrías de mi vida y nunca me he arrepentido de ello. Pero si tú eres madre y tus hijos aún son pequeños, es muy importante que aprecies la dificultad de tu tarea. Es especialmente importante que seas tú la que reconozcas este hecho, porque la mayoría de la gente no piensa así.

Los hombres que nunca han estado solos día tras día con un niño pequeño no pueden advertir lo extenuante de este trabajo. Una de mis anécdotas favoritas es aquella de cuando mi esposo regresó del trabajo estando Nuri recién nacida y encontró los pañales desechables (no sabíamos que eran antiecológicos) apilados fuera del cesto. Se quedó mirando el montón de pañales sucios y dijo, disgustado: "¡Acepto que no cocines ni limpies, pero al menos podrías tirar los pañales en el cesto!" Enojada por la crítica, que me hizo sentir desobligada, le expliqué que no podía detener a Nuri con una mano, cambiarle de pañal con la otra y alzar la tapa del cesto con la tercera para tirar el pañal. Eso no le quitó el disgusto a Steve pero, aunque ya no dijo nada, yo sabía que pensaba que para poder tirar los pañales al cesto era necesario no tener a Nuri en brazos, cosa que me era imposible. Seis semanas más tarde, cuando regresé a casa después de mi primer día de trabajo, encontré un montón de pañales apilados fuera del cesto. Quise exclamar: "¿Ya ves?", pero antes Steve me dijo amablemente: "No me digas nada, por favor; ya aprendí la lección y lo siento mucho." Jamás lo habría entendido sin la experiencia de no tener libres las manos ni un minuto. Desde entonces, el montón de pañales se convirtió en el signo de que las cosas suelen ser más difíciles de lo que aparentan.

Me he dado cuenta de que algunas mujeres se olvidan de lo difícil que es atender a los hijos, especialmente si los suyos ya son grandes. Tienden a recordar únicamente los buenos momentos. Eso es muy bello, pero cuando, nostálgicas, se pongan a recordar frente a ti cuánto gozaron a sus bebés, no des por cierto lo que dicen ni te sientas incapaz. Las mujeres de la generación de tu madre o abuela contaron con la ayuda de amigos y familiares. Algunas mujeres actuales gozan de esa ayuda, pero no es el caso de la gran mayoría. Lo común es que vivan lejos de su familia o estén distanciadas de ella, y que sus amigas estén muy ocupadas con sus propias responsabilidades familiares y laborales.

Para mí la parte más difícil de la maternidad cuando mis hijas eran pequeñas fueron el fastidio y no tener nunca un tiempo libre sin interrupciones para hacer otras cosas. Siempre había tenido mucha energía e intereses, y participado en actividades que me estimularan. A pesar de que el acuerdo entre Steve y yo de que él estaría en casa mientras yo trabajaba y viceversa fue muy positivo para nuestras hijas, significó estar muy poco tiempo en casa juntos, de modo que me sentía sola. Durante años no tuve idea de lo que ocurría en el mundo y pasé de ser una lectora constante a leer un libro al año. Esperaba a que mis hijas se fueran a dormir para poder hacerlo, pero para entonces estaba tan cansada que ya no podía hacer nada. (No podía pensar en dedicar a leer el rato en que Nuri dormía su siesta, ya que heredó la energía y el deseo de estímulo de su madre, así que su siesta era muy breve, y al despertar nunca estaba quieta, ni cuando bebé.)

Ahora que mis hijas son mayores, la vida es distinta y tengo mucho más tiempo para mí. Esto me recuerda una vieja historia: una mujer judía muy pobre que vivía en una choza de una sola habitación con su esposo y sus seis hijos se estaba volviendo loca en esas condiciones. Acudió al rabino y le pidió consejo. Éste le dijo que debía meter a la vaca en la casa. A la mujer aquello le pareció una aberración, pero puesto que era la sugerencia del rabino, la puso en práctica. A la siguiente semana volvió con el rabino a decirle que las cosas habían empeorado, pero el ministro le replicó que ahora también debía meter las gallinas. La mujer se opuso, pero él insistió en que no había otro remedio. A la siguiente semana, la mujer le dijo que no soportaba un día más, a lo que el rabino le contestó que había llegado el momento de meter los borregos a la choza. Al argumento de la madre de que en la habitación ya no cabía un alfiler, el rabino replicó con nuevas insistencias. A la siguiente semana le dijo al rabino que no deseaba desobedecerlo pero que no podía más; nadie en casa soportaba ya la situación. El rabino le dijo entonces que sacara a todos los animales y volviera en una semana. Cumplido el plazo, a la pregunta del rabino de cómo iban las cosas, respondió: "¡Vivo en un castillo! ¡Jamás imaginé que teníamos tanto espacio!"

Ahora yo vivo en un castillo de tiempo, puesto que cuando mis hijas están en casa no me necesitan a cada momento. No importa que gran parte de mi tiempo lo ocupe en trabajar, hacer las compras, limpiar, llevar y traer a las niñas de la escuela, etc. Al menos, parte de mi tiempo en casa lo puedo emplear en mis propias cosas (como escribir este libro). Esto me parece una gran bendición.

He descrito muchas de mis experiencias como madre porque pienso que son muy comunes. Si he de añadir algo, diría que he tenido suerte: poder ocuparme en un trabajo que me encanta, tener un esposo que estuvo dispuesto a participar día a día en el cuidado de nuestras hijas y contar con un nivel de vida desahogado. Para muchas mujeres esto es sumamente difícil, sobre todo si son madres solteras, de escasos recursos, adolescentes, con una enfermedad crónica o un esposo que no las apoya. Pero aun desde mi ventajosa posición me sentía acosada, fatigada y culpable.

La culpa es un sentimiento tan endémico en las madres que debería llamarse "el mal de las madres". Si algo sale mal con nuestros hijos, nos sentimos culpables. Si Susie se cae cuando salimos de casa, pensamos que no debimos haber salido, o no deberíamos trabajar, o deberíamos tener una buena niñera. Parecería que creyéramos que nuestra labor como madres consiste en ser un escudo protector contra todos los riesgos, y que si algo malo sucede, es por no haber cumplido con nuestra tarea, porque somos incapaces.

Pero ni siquiera necesitamos que ocurra algo malo para sentirnos culpables. Cuando me iba a trabajar y mis hijas se quedaban con mi esposo, que es un padre excelente, me sentía culpable. Algo agradable podía ocurrir y yo no estaría con ellos para compartirlo; podía pasar algo malo y no estaría para consolarlos; me extrañarían y yo no podía estar a su lado.

En las raras ocasiones en que salí sin mis hijas a algún lugar que no fuera la oficina, me sentía culpable, en especial si se trataba de hacer algo para mí. ¿Cómo podía preferir pasar tiempo lejos de mis hijas cuando ya pasaba "tanto" fuera de casa? Mi culpa contrastaba con la actitud de Steve, quien se sentía muy satisfecho como padre, hacía diez veces más por sus hijas de lo que fue educado a hacer y no tenía por qué sentirse culpable.

Para mí esta culpa era particularmente evidente, porque antes de tener hijos no era propensa a sentirme culpable, pero cuando no la sentía en el pecho, me acechaba en las sombras. Sopesaba la diferencia entre la ausencia de culpa de Steve y mi culpa constante. Era claro que la diferencia estaba en lo que esperábamos de nosotros mismos. Las expectativas de Steve arraigaban en la tradicional división de labores femeninas/ masculinas, por lo que cualquier labor del hogar que realizara —cuidar a las niñas, cocinar o hacer el aseo— lo hacía sentirse muy bien como padre y esposo. Pese a mis ideas feministas, también mis expectativas emocionales se basaban en los papeles tradicionales femenino/masculino. No obstante que reaccionaba de inmediato contra Steve si descuidaba sus labores en el hogar, en el fondo me consideraba la responsable de la casa y las hijas, y sabía que la sociedad me culparía si las cosas no salían bien. Si alguien llegaba a visitarme y la casa era un desorden, nadie diría que qué mal amo de casa era Steve; si mi hija iba a una guardería y peleaba por juguetes, nadie le hablaría a Steve para informárselo. Los ojos del mundo estaban puestos en mí como "mamá" y yo lo sabía. No es de extrañar que sintiese la obligación de estar a la altura.

También sentía que un paso mal dado podía arruinar a mis hijas de por vida. La primera vez que le grité a Nuri me sentí la peor madre del mundo. Tenía sólo dos años y yo me había atrevido a gritarle a sabiendas de que ésa no era la manera indicada de tratar a una niña. ¿Cómo había podido hacerle eso?

Luego de adquirir práctica y experiencia con pequeños llegué a creer que si podía convivir con una criatura de dos años gritándole muy de vez en cuando, era un éxito. Ahora, varios miles de gritos después, me preocupan menos sus efectos que la imposibilidad de modificar su comportamiento.

En pocas palabras, con los años aprendí que, si bien sensibles, mis hijas también eran fuertes. Que poseían una personalidad propia, no formada por mí ni por Steve, que jamás podríamos cambiar. Me di cuenta de que aunque como madres somos responsables de muchos aspectos del cuidado de nuestros hijos, como estar a su lado de manera empática y enseñarles valores positivos y un comportamiento adecuado, muchos aspectos de su conducta son estricta responsabilidad suya, puesto que son individuos libres, y que lo que debemos hacer es adaptarnos a su personalidad. Hacerme responsable de cada aspecto negativo de su personalidad y comportamiento me hacía sentirme culpable y me impedía aceptar a mis hijas tal como eran.

La culpa es útil cuando nos alienta a actuar de manera ética y honesta. Sin embargo, suele ser una emoción destructiva, porque nos induce a castigarnos por actos que no hemos cometido y a enojarnos con las personas mismas a las que creemos haber defraudado. La culpa conduce a la ira porque no nos gusta sentirnos culpables —es una sensación incómoda y nos produce insatisfacción—, y a ello se debe que a menudo busquemos a quién culpar, para descargar en otros la responsabilidad de un error.

Pongamos un ejemplo: sales en la noche y cuando regresas encuentras a tus hijos pequeños despiertos y llorando por tu ausencia. La niñera te dice que han estado llorando desde que intentó llevarlos a la cama, hace varias horas. Tú empiezas entonces a sentirte culpable de haberlos dejado, aunque realmente deseabas y necesitabas un tiempo para ti fuera de casa; pero como no quieres sentirte culpable por dedicarte tiempo a ti, tu culpa se convierte en enojo contra tus hijos, y les gritas por estar despiertos y por no hacerle caso a la niñera. Lo que en realidad te enoja es que ellos resientan tu ausencia, lo que te hace sentirte culpable. Si no te sintieras culpable aceptarías su derecho a resentir tu salida y extrañarte sin sentir que has hecho algo malo. Mientras menos culpable te sientas, es menos probable que te enojes irracionalmente con tus hijos.

Con el tiempo pude darme cuenta de que debía tolerar que algunas de las necesidades de mis hijas no fueran satisfechas sin sentirme mal como madre y como persona. No sólo eso, sino además que mientras más tolerante fuera, más tolerantes serían ellas.

Mientras más capaz seas de entender que tus hijos

son personas independientes y no la prueba de tu eficacia o
valía, más fácil te será corregirlos sin culparte.

Cuando mis hijas discuten, como frecuentemente
lo hacen, y se insultan una a otra, me reconforta
recordar que la rivalidad entre hermanos ha existido
desde que el mundo es mundo y que mi hermano, mis
hermanas y yo nos tratábamos igual. Espero que, al
igual que mis hermanos y yo, mis hijas superen esa
rivalidad y puedan contar una con otra cuando adultas.
A pesar de que las peleas y el ruido me exasperan, no
me siento mal conmigo. He desistido de intentar ser Salomón,
siempre con la respuesta justa para resolver sus diferencias,
porque me he dado cuenta de que, sin importar lo que yo
decida, su rivalidad no cede. Mientras menos siento que debo
"resolver" esa rivalidad, menos me enojo con ellas y más fácil
me resulta reaccionar empáticamente a sus inquietudes.

No quiero decir que nunca me sienta culpable, cosa
imposible para una madre, jamás tan perfecta como para
nunca decir o hacer cosas indebidas a sus hijos. Sin embargo,
he aprendido que si me disculpo con mis hijas y les permito
expresar sus sentimientos, el incidente se resuelve. También
he aprendido a perdonarme por no ser perfecta en vez de
permitirle a mi crítico interno un día de fiesta.

Un gran problema para las madres que luchan por no
sentirse culpables es determinar el equilibrio entre sus necesidades y las de sus hijos y familia. Las exigencias son interminables. ¿Cuál es la línea divisoria entre valorarnos y privar
a nuestros hijos de valoración? ¿Qué tanto de nuestro tiempo y recursos podemos dedicarnos sin quitárselos a ellos?
Esta pregunta no necesariamente desaparece cuando nuestros hijos son mayores. He conocido a abuelas que no pueden
negarse a cuidar a un nieto o a la mascota de un nieto mayor
sin sentirse culpables.

Este equilibrio es muy difícil para muchas mujeres
porque fuimos educadas para creer que nuestras necesidades no cuentan. Primero debemos ayudarles a los
demás y después ver por nosotras. Si nos atrevemos a
colocar primero nuestras necesidades, nos sentimos

egoístas y pensamos que estamos privando de algo a nuestros hijos, pero no es así. Al encargarte del cuidado de tus hijos no debes olvidar que

Tus necesidades son importantes.

Quiero hacer hincapié en esto. Aparte de madre, eres también persona, y tus necesidades cuentan. No les harás daño a tus hijos ocupándote en ti; por el contrario, mientras mejor satisfagas tus necesidades, contarán más contigo.

Si te sientes exhausta, no reconocida (la "maternidad" es digna de alabanza para la sociedad, pero no de reconocimiento como toda una profesión), sin apoyo, aislada, aburrida, agotada o abrumada, es importante que reconozcas que te sientes así. Te parecerá difícil hacerlo; querrás pensar que puedes arreglártelas y que estás haciendo bien tu trabajo como madre. No hay duda de que así es, pero eso no significa que a veces, o incluso todos los días, no puedas sentir que ya no puedes más.

Algunas madres tienen miedo de reconocer lo presionadas que están. Quizá a ti te ocurre; tal vez sabes que no cuentas con nadie que te apoye, o temes que si reconoces que necesitas ayuda te sentirás más sola y desconsolada. Puede ser que estés orgullosa de ti como madre y tengas miedo de aceptar tus sentimientos negativos para no sentirte mal. Quizá anhelabas tener hijos y no quieres parecer quejumbrosa después de haber hecho realidad tus deseos. Tal vez te es difícil sobrellevar la carga diaria pero temes que reconocer tus dificultades equivalga a perder el control. Cualesquiera que sean tus temores, permíteme asegurarte que reconocer tus sentimientos ante ti misma sólo puede hacerte un gran bien.

Cuando reconoces y aceptas tus sentimientos, te abres a tu niña interna. Quizá no desees hacerlo. Tal vez creas que, para cargas, ya tienes suficientes con atender a tus hijos. Sin embargo, así como no puedes darte el lujo de atender a tus hijos sólo cuando estás de humor, tampoco puedes desatender a tu niña interna. Ella siempre está contigo, te guste o no, de modo que es mejor atenderla. De no ser así, mientras más mal se sienta, más te molestará para llamar tu atención.

Habla con tu niña interna, pregúntale cómo se siente, qué le agrada de ser madre y qué le afecta, qué le gustaría obtener de ti, y escucha bien sus respuestas. Quizá no puedas darle todo lo que quisiera, como contratar a una sirvienta o disponer de parientes que la ayuden, o de un bebé sin enfermedades crónicas. Pero quizá puedas darle otras cosas, como un poco más de atención, o permiso para salir de casa más seguido sin sentirte culpable. Sea lo que sea, ten en cuenta que lo más valioso que le puedes dar lo tienes en abundancia: atención e interés por sus sentimientos.

Como madre tienes que dar mucho todos los días. Si no te abasteces, tu pozo se secará. Es maravilloso abastecerse del exterior, pero también debes abastecerte desde dentro, reconfortando a tu niña interna. Conviene separar un tiempo para ti, y mantenerte en comunicación con tu niña interna. Acaríciate de la siguiente manera:

Respeta tus necesidades y limitaciones
sin sentirte culpable.
Cualesquiera que sean tus necesidades e independientemente de que puedan ser satisfechas o no en un momento dado, tienes derecho a ellas: acéptalas como derecho propio. Todos los seres humanos tenemos necesidades; sin ellas sencillamente no seríamos humanos. Piensa en tus necesidades como parte de lo que te hace una mujer vulnerable, pero capaz también de comunicarse y dar afecto.

Haz las paces con tus limitaciones. Acepta que no podrás ser una madre tan hábil como querrías; no hay madres (ni padres) perfectas, y tú no serás la excepción. Ajusta tus expectativas, salvo la de que cometerás muchos errores. Si mi meta como madre es obtener un 8 de calificación, cuando supero esta nota me siento muy bien. Cuando mi meta es obtener 10, nunca lo consigo, me molesto conmigo y estoy tensa con mis hijas. De ahí que sea tan importante el principio que aparece a continuación:

Mientras más te aceptes y te apruebes, más apro-barás a tus hijos y estarás mejor con ellos.

Esto no es más que sentido común. Si te apruebas como persona y como madre, te será más fácil mante-nerte centrada y aprobar a tus hijos, incluso si no son unos angelitos. Si, por el contrario, pretendes ocultar tus sentimientos de incompetencia y hacerte creer que eres una madre excelente, no podrás menos que percibir un reflejo tuyo en el mal comportamiento de tus hijos. Tus intentos por corregirlos serán más para tu bien que para el suyo. Los niños se dan cuenta cuando sus padres los utilizan para valorarse, y en consecuencia se vuelven muy complacientes (para "ayudar-los") o muy rebeldes (porque resienten tener que alimentar el ego de sus padres y necesitan distinguir sus necesida-des propias de las de ellos). Toma en consideración esta paradoja:

Mientras más necesites probarte lo eficiente que eres como madre, más difícil te será lograrlo. En tanto más aceptes y te apruebes tal como eres, más fácil te será demostrar lo buena madre que eres.

Acéptate, no te hagas reproches
Es posible que tengas menos paciencia de la que te gustaría tener con tus hijos (es mi caso). Quizá les gritas pese a juzgar que ésa no es la mejor manera de resolver las cosas, o los has golpeado alguna vez, a pesar de no creer en la eficacia del castigo físico. Tal vez dices o haces cosas que dijeron o hicieron tus padres aun cuando juraste que jamás te comportarías así con tus hijos.

Si es así, no te agredas ni te digas que eres una madre terrible e incompetente. Tal vez ése sea tu primer impulso, pero es lo que menos puede ayudarte. En vez de eso, permítete manejar la situación lo mejor que puedas en ese momento, y piensa que después, cuando estés más tranquila, elaborarás un plan para ayudarte en el futuro.

Como vimos en el capítulo 2, la aceptación conduce al cambio, no al estancamiento. Mientras más te aprecies y apruebes, con todo y tus errores, dispondrás de más energía para controlar en forma positiva los aspectos de tu maternidad que quieras cambiar.

Sé compasiva contigo misma

Cuando te sientas relajada y en control de ti misma, piensa en lo que sucedió, convéncete de que no puedes arruinar a un niño por un incidente desafortunado. Aun creciendo en circunstancias difíciles, muchos niños son capaces de salir adelante, gracias a lo recio de la naturaleza humana. Luego pregúntate, en forma compasiva, por qué actuaste así; quizás te sentías muy presionada, o los "noes" de tu hijo te recordaron la actitud autoritaria de tu padre y te condicionaron. O actuaste igual que tu madre, porque ella era tu modelo a imitar y su forma de conducirse echó raíces en ti. No importa cuáles sean los motivos de tu conducta; simplemente no te odies por ser como eres.

Respétate y elógiate por tus aciertos como madre

Piensa en todas las cosas que haces bien (aunque no a la perfección) como madre, y escríbelas. Como vimos en el capítulo 3, basta con ser una madre "suficientemente buena", no perfecta. Titula esta lista: *"¡Madre suficientemente buena!"* Anota todo lo que haces, aunque parezcan cosas insignificantes o que no suelen tomarse en cuenta, como darles de comer a tus hijos, despertarlos para que vayan a la escuela, vestirlos adecuadamente y resolver sus necesidades. Piensa también en los aspectos emocionales, como escucharlos y prestarles atención, elogiarlos, sonreírles, abrazarlos y consolarlos. Cuando termines, es probable que tengas una lista muy larga; si no es así, quiere decir que no te estás dando el crédito que mereces. Pregúntales a tus conocidos —que no sean críticos— qué consideran que haces bien, o interroga a otras madres sobre qué pondrían en su lista. Fíjate cuando tus hijos se sienten felices y analiza qué hiciste para contribuir a su felicidad. No descanses hasta tener una lista larga; luego añádele diariamente otras cosas que adviertas que haces por tus hijos.

Siempre que te sientas disgustada con tu forma de ser madre, lee esta lista lentamente y en voz alta, comenzando cada afirmación con "Yo". Por ejemplo: "Yo les doy de comer a mis hijos tres veces al día." Al leer la lista, reconoce el mérito de cada cosa que haces y siéntete bien por ello. Cuando termines, repite lo siguiente: *Soy una madre suficientemente buena y me apruebo como tal.*

Utiliza esta frase como oración, como algo que puedes repetirte para tranquilizarte y sentirte equilibrada, bien contigo misma y como madre. Inhala y exhala lentamente mientras piensas: "Soy una madre suficientemente buena y me apruebo como tal." Aunque no tengas tiempo de repasar tu lista *Madre suficientemente buena*, recita esta oración, asimílala y siéntete bien contigo como madre.

Fíjate metas posibles

Cuando te sientas bien y te apruebes como madre, y sólo entonces, empieza a tratar de convertirte en una madre mejor. Antes quizá te fijabas metas de todo o nada, o te decías que para ser una buena madre no debías gritarles a tus hijos, ni permitir que pelearan, o que debías prepararles exquisitos guisos. Si acaso les gritabas o se peleaban, o no tenías tiempo de preparar una comida deliciosa, sentías que habías fracasado. Si seguías las pautas del fracaso mencionadas en el capítulo 1, tampoco te dabas crédito por intentar, sino que te agredías por no haber hecho lo que te habías propuesto, hasta concluir que no eras una buena madre, cosa que te hacía sentir muy mal.

Peor todavía, quizá te fijabas metas cuyo resultado estaba parcial o totalmente fuera de tu control. Por ejemplo, te decías que te reconocerías como madre sólo si tus hijos obtenían buenas calificaciones o tenían muchos amigos o eran desenvueltos o mantenían limpio su cuarto o llegaban temprano a casa. El problema con estas pruebas es que juzgas tu eficiencia por el comportamiento de tus hijos, y esto es precisamente lo que no debes hacer. Aquí es donde se mezclan tu autoestima y el comportamiento de tus hijos. Pero si ya es de por sí difícil motivar a tus hijos a actuar ética y responsablemente y procurar su pleno desarrollo, no debieras abrumarte al mismo tiempo con una autoestima baja.

Una forma más eficaz de abordar el problema es identificar un aspecto de tu comportamiento que te gustaría cambiar y hacer una lista de las modalidades específicas como te gustaría manejar ese aspecto. Por ejemplo, si crees que eres muy impaciente, puedes escribir algo así:

- Cuando los niños se tardan en salir del auto, me gustaría ser paciente en lugar de gritarles.
- Ya no quiero gritarle a Johnny cuando tira comida al suelo.
- Cuando los niños discuten, me gustaría hablarles con paciencia en lugar de gritarles que se callen.
- Cuando Jennifer se porta mal, me gustaría corregirla sin golpearla.
- Cuando Tommy habla y habla sobre algo, me gustaría poder escucharlo con atención.

Motívate y date apoyo para alcanzar tus metas
Cuando hayas terminado tu lista de comportamientos que te gustaría cambiar, reordénalos del más fácil al más difícil y comienza con el más fácil. Digamos que se trata de ser paciente mientras tus hijos bajan del auto. Primero analiza qué es lo que te molesta de esperarlos: ¿tienes cosas urgentes que hacer? ¿Te desagrada sentirte atada a ellos? ¿Te molesta que las cosas no se hagan como tú quieres? Para cambiar tus sentimientos debes saber qué es lo que te disgusta; tu impaciencia puede deberse a muchas razones. Cuando encuentres la respuesta, dialoga con tu niña interna, explícale por qué eres impaciente y determina la ayuda que necesitas para ser paciente mientras tus hijos descienden del auto.

Si tienes prisa de llegar a casa a descansar, emplea el

tiempo de espera en el coche como una breve relajación, respirando lenta y profundamente. Si estás agobiada por la cantidad de cosas que debes hacer y quieres pasar de inmediato a lo que sigue, calcula el tiempo que tardan tus hijos en bajar del auto cuando no los apresuras y cuando los presionas. Toma conciencia de que dos minutos no añadirán gran cosa a lo que puedas hacer. Utiliza esos dos minutos para sentirte orgullosa de ser paciente.

Quizá te molesta esperar porque toda la vida tuviste que esperar a tu hermano pequeño. En ese caso, habla con tu niña interna, acepta su frustración y enojo y pídele que hable contigo siempre que sienta enojo por tener que esperar en lugar de gritarles a tus hijos; dile que la quieres y deseas ayudarla. No esperes que de un momento a otro deje de sentir impaciencia; habla con ella siempre que debas aguardar. Dile: "Esperemos a los niños. Dime cómo te sientes." No dejes de hablar con ella hasta que los niños hayan bajado y entrado a casa.

Reconoce el mérito y esfuerzo que haces en cada paso que das

No dejes de reconocer tu mérito en todos tus intentos, sean o no acertados. Como te ocurrió en los pasos de la parte II de este libro, mientras más te alientes y gratifiques, más fácil te será cambiar; por el contrario, mientras más te critiques, más te estancarás.

Cuando controles el primer punto de tu lista, pasa al siguiente. Conforme te vayas sintiendo preparada para ello, trabaja uno a uno todos los comportamientos de tu lista. No olvides que los cambios son lentos e implican mucha práctica y numerosas repeticiones. No te compliques las cosas si les gritas a tus hijos por no apresurarse a bajar del auto. Recuerda que eres humana y que tus hijos te conocen y quieren. Di: "Soy una madre suficientemente buena y me apruebo como tal."

Cuando hayas mejorado tu conducta en un aspecto de tu relación con tus hijos, como la paciencia, dirige tu atención a otro aspecto en el que desees madurar como madre. Usa el mismo método de la lista y clasifica las conductas que deseas modificar. Empieza con el más fácil y trabaja con tu niña interna para lograr el cambio deseado. No dejes de darte la compasión, aceptación, respeto, incentivos, caricias y apoyo que te permitirán florecer.

Trátate como te gustaría que una
maestra tratara a tus hijos
Todos tenemos una idea de lo que debe ser una buena maestra. Para mí, la maestra ideal de mis hijas debe ser afectuosa, generosa, firme, congruente, creativa y dedicada. Si mis hijas hacen algo bien o tratan de hacerlo, quiero que se les elogie; si se esfuerzan por aprender algo difícil, la maestra debe motivarlas y apoyarlas; si se portan mal o son irrespetuosas, debe hacerles tomar conciencia de que tienen la capacidad de comportarse mejor y que espera que lo hagan. Si están molestas por algo, quisiera que su maestra se diera el tiempo de escucharlas y les sugiriera modos de aceptar la situación. En pocas palabras, me gustaría que la maestra no sólo les transmitiera conocimientos y habilidades, sino que también las ayudara a sentirse bien y apreciarse.

Este trato es el que necesitas: trátate con cariño, generosidad, interés y dedicación. Utiliza tu creatividad para resolver problemas, pero permítete cometer errores; establece metas que puedas alcanzar y ayúdate a lograrlas, motivándote y apoyándote. Elógiate por tu magnífico comportamiento y reconoce tu esfuerzo. De nada te servirá alcanzar tus metas si no te detienes a evaluar lo mucho que has avanzado. Repite tu oración varias veces al día. Repite para ti:

Soy una madre suficientemente buena y me apruebo como tal.

Detente y percibe tus buenos sentimientos como madre. Cuando tengas un día difícil, toma conciencia de que especialmente en esas ocasiones necesitas estar de tu lado. Date la caricia que necesitas para valorarte.

CAPÍTULO 16

VALÓRATE AL HACER EL AMOR

Si no soy yo para mí, ¿quién será para mí?
Si soy sólo para mí, ¿de qué sirvo?
Y si no ahora, ¿cuándo?
HILLEL (Sabio judío del siglo I)

Este antiguo proverbio encierra el dilema que muchas mujeres enfrentan actualmente cuando hacen el amor: cómo equilibrar nuestras necesidades y deseos sexuales con los de nuestra pareja. En esta época posterior a la revolución sexual, dudamos de cuánto "merecemos" y cuánto es pedir o exigir demasiado. Muchas vacilamos en pedir el tipo de placer y estimulación que deseamos por temor a que nuestra pareja se aburra, se canse o se cohiba. Asimismo, cuando nuestras necesidades sexuales no son satisfechas, nos sentimos frustradas, desdichadas y molestas.

La insatisfacción nos hace culpar a nuestra pareja y enojarnos y resentirnos con ella, o culparnos a nosotras. Nos reclamamos no ser atractivas, o ser temperamentales, egoístas e impacientes, o no ser apasionadas ni poder expresar nuestras necesidades, o no saber cómo mejorar nuestra vida sexual.

Jennifer tiene 24 años. Tuvo su primera relación sexual a los 19, con su novio; ahora tiene otro. Es de orgasmos múltiples con estimulación del clítoris. Le encanta que acaricien su clítoris por periodos prolongados para gozar un clímax tras otro. Sin embargo, después de unos 10 minutos de estimulación le pide a su novio que la penetre, porque piensa que ha disfrutado demasiado y se siente culpable.

Rhoda tiene 39 años, lleva 11 de casada y tiene orgasmos múltiples con estimulación clitoral o vaginal. Su esposo, Sam, disfruta mucho sus clímax, y Rhoda también, pero ella desearía más romanticismo: extraña los abrazos, besos y caricias de los primeros años de su relación. Lo ha hablado con Sam, pero cada vez que hacen el amor él dedica apenas unos minutos a la parte no genital, y luego reincide en su patrón. Rhoda está resentida por ello, pero vacila en darle importancia; piensa que pide demasiado.

Tracy tiene 42 años y durante siete ha tenido una relación formal con Maureen. Pese a que son muy afectuosas y siguen interesándose mutuamente, su ritmo es muy distinto: Maureen tiene orgasmos fáciles, rápidos y frecuentes, en tanto que a Tracy le basta con uno y necesita de 15 a 20 minutos de estimulación clitoral para alcanzarlo. Maureen la complace, pero a Tracy le angustia pensar que se tarda demasiado y que eso cansa a Maureen. Su sensación de culpa le impide disfrutar del acto.

Liz tiene 30 años y lleva un año saliendo con Roy. Suele gustarle cuando hacen el amor, pero no siempre está de ánimo. En esas ocasiones preferiría simplemente disfrutar de Roy, pero teme decírselo. Cree que se molestará, distanciará y hasta le propondrá terminar. Se culpa de no ser apasionada.

Jennifer, Rhoda, Tracy y Liz se resisten a admitir su derecho a tener lo que les agrada y les proporciona placer, y por lo tanto el respeto por sus propias necesidades. No aceptan como válidos sus gustos y necesidades, puesto que su crítico interno les dice que son exigentes y egoístas cuando sus deseos difieren de los de su pareja. Necesitan comprender que sus deseos son la materia prima para lograr una relación sexual plena, y que deben apreciarlos y celebrarlos como parte integral de su sexualidad.

Así como la necesidad del contacto emocional es lo que nos impulsa a establecer relaciones con los demás, el deseo sexual nos impele a relaciones de pareja sexualmente satisfactorias. Cuando una mujer reconoce y acepta que sus necesidades son válidas y razonables, aprende a expresar su sexualidad en beneficio propio y de su pareja.

Liz debe aprender que si no sabe decir "no", jamás podrá decir "sí" con sinceridad. Sólo cuando una mujer puede rehusarse a tener relaciones sexuales sin miedo a repercusiones internas o externas puede desear sinceramente hacer el amor. La participación sincera incrementa el placer, en tanto que la obligación lo reduce.

La última pregunta de Hillel, "Y si no ahora, ¿cuándo?", se aplica a las mujeres de hoy. Con tantas responsabilidades y tan poco tiempo libre, es difícil enfrentar la insatisfacción sexual, sobre todo si tu pareja está satisfecha o no se queja. Si estás en este caso, pregúntate: "¿Deseo acaso privarme de lo que me gusta?"

Algunas mujeres manejan su insatisfacción sexual resignándose a la situación. Se dicen que el sexo no es tan importante en comparación con otros aspectos de su relación, o que es natural que pierda importancia en relaciones prolongadas, o que están por encima del sexo, o que esto es lo de menos. Esta actitud sólo oculta su insatisfacción, que después resurge disfrazada de diferentes maneras: pésimo estado de ánimo, ira, depresión. Tal vez tú seas de quienes prefieren no indagar en su vida sexual.

Quizá la sola idea de hablar profundamente sobre el sexo te parezca un problema que ni siquiera vale la pena resolver, porque es irresoluble. Tal vez piensas que la mejor manera de afrontarlo es con una práctica sexual infrecuente, o súbita, breve y olvidable. Puede ser que no tengas pareja sexual y prefieras echar de tu mente ideas y deseos sexuales para evitar la frustración.

Cualquiera que sea tu caso, si te resistes a abordar tu vida sexual te exhorto a que reconsideres. Al reconfortarte, puedes acrecentar tu deseo y satisfacción sexuales. He visto a muchas personas superar complicaciones sexuales que las habían limitado por años. También tú puedes lograrlo. Explicaré algunas técnicas para elevar la calidad de la vida sexual; inténtalas. Las sensaciones y satisfacción sexuales pueden enriquecer enormemente la vida de una mujer, y dado que la mayoría de los problemas sexuales pueden resolverse, espero que te ofrezcas la ayuda que necesitas para disfrutar verdaderamente de tu sexualidad.

Como con todos los aspectos de tu vida, con la sexualidad la valoración comienza por la caricia. Muestra compasión por tus sentimientos y necesidades aceptándolos como son sin culparte ni criticarte. Ya vimos que culparse y criticarse sólo provoca depresión, angustia y baja autoestima, además de un círculo vicioso de culpa y odio. Así ocurre cuando te culpas de lo que consideras tus carencias sexuales. Todas somos vulnerables al despojarnos de nuestra ropa y ofrecer nuestro cuerpo y sentimientos a otra persona. Cualquier comentario negativo de nuestra pareja durante el acto sexual nos lastima profundamente.

También somos hipersensibles a los mensajes negativos que nos damos durante el acto, y por eso es especialmente importante que asumas tu sexualidad motivándote y apoyándote, a fin de satisfacer tus emociones y estimularte por tratar de hacer más placentera tu vida sexual. Acepta y respeta tus sentimientos y deseos sin crítica. Aliéntate a dejar a un lado culpa y censura y utiliza tu energía en favor de los cambios. Analiza qué debe mejorar en tu vida sexual. Hazte para ello cuatro importantes preguntas:

¿Estoy en el estado emocional apropiado cuando tengo relaciones sexuales?
¿Estoy en el estado mental apropiado cuando tengo relaciones sexuales?
¿Recibo el estímulo y el tipo adecuado de caricias?
¿Me comunico bien con mi pareja?

Estas preguntas son cruciales, porque para disfrutar realmente del sexo tienes que poder relajarte y abandonarte al tibio resplandor de tus sentimientos, a la estimulación de tus ideas, al placer de tu cuerpo y al deleite de estar con tu pareja.

El estado emocional apropiado

Tus emociones desempeñan un importante papel en el deseo, y sin deseo el sexo no tiene sabor, no ocurre. Si estás enojada o atemorizada quizá puedas excitarte, pero si estás deprimida seguramente no sentirás deseo. Si estás molesta, preocupada, insegura o angustiada o te sientes culpable, te será difícil desprenderte de estos sentimientos para relajarte y disfrutar de la relación sexual. Aunque cualquier sentimiento negativo puede aminorar el placer sexual, algunos son de efectos más graves que otros. Además de la depresión: *Dos sentimientos en particular extinguen la pasión: ira y miedo.*

Cuando la ira obstruye el deseo y la pasión

Si estás enojada con tu pareja, es de vital importancia que elimines el enfado, pues en medio del conflicto ninguno de los dos querrá iniciar el acto. Sin embargo, la ira no siempre se expresa, e incluso a veces no se siente directamente. Puedes estar resentida por pequeños detalles acumulados, y cuando tu pareja te hace una propuesta sexual quizás no te das cuenta de que estás enojada y de que eso te hace perder interés en el sexo. Supondrás que tu falta de interés se debe al cansancio o a que tu atención está puesta en tus planes o actividades del momento, o a que simplemente no estás de humor.

Si con frecuencia "no estás de humor", incluso cuando no estás fatigada, averigua qué obstruye tu deseo. Pregúntale a tu niña interna qué siente por tu pareja y respecto de hacer el amor. Si está enojada, busca la razón y resuelvan juntas el problema. Tal vez convenga que hables con tu pareja sobre estos sentimientos. Cuando lo hagas, recuerda las reglas de la comunicación empática del capítulo 11: *refleja los sentimientos, pide aclaraciones, alienta más expresión de sentimientos y manifiesta los propios.* No acuses ni culpes; expresa tus preocupaciones franca y claramente; procura despejar la atmósfera entre tu pareja y tú. Si tus repetidos esfuerzos por resolver la ira contra tu pareja sólo causan nuevas peleas, distanciamientos y enojos, busca ayuda profesional para restablecer la comunicación.

Incluso si tu relación es suficientemente plena, en ocasiones la pasión y la excitación pueden desvanecerse a causa de la ira.

Mary estaba excitada y deseaba cortejar a su pareja, Pat, pero cuando pensó que camino a la habitación se encontraría con la ropa y periódicos que Pat acostumbraba tirar por todas partes, recordó lo mucho que le molestaba actuar como general y tener que insistir para que él recogiera el tiradero. Antes de que cayera en la cuenta, dejó de sentir el deseo de hacer el amor y siguió viendo la televisión.

Fern y Bob realizaban el acto sexual cuando casualmente Fern abrió los ojos y vio el pelo descuidado de su pareja. Esto le hizo pensar en la tendencia de Bob a posponer muchas cosas, incluyendo cortarse el pelo. Mientras más pensaba en eso, más molesta y menos apasionada se sentía, y lo que comenzó como un apasionado acto se redujo a una experiencia mediocre en la que Fern participó muy poco.

Tanto Mary como Fern no debieron concentrarse en su enojo de esa forma. Piensa qué diferente se habría sentido Mary si en lugar de obsesionarse en el desorden de la habitación hubiese pensado en el placer que estaba por obtener y en lo responsable que era Pat en otras cosas. Por supuesto que si a ella le molesta el desorden de la habitación es importante enfrentar ese problema, pero ¿por qué en ese momento? ¿Por qué habría de privarse del placer sexual? Fern pudo haber pensado en lo generoso que era Bob o en lo mucho que se divierten juntos en vez de escatimarse una experiencia gratificante a causa del descuido de Bob. Hay momentos para pensar en el descuido de Bob y hablar del tema en forma constructiva, no cuando el enojo levanta barreras.

Cuando el miedo obstruye el deseo y la excitación

Igual que la ira, el miedo puede impedir, extinguir o disminuir el deseo y la excitación. Si tus deseos sexuales están obstruidos por el miedo, analiza si corres peligro —por ejemplo, si tu pareja es violenta, agresiva o muy crítica— o si tu temor es producto de experiencias dolorosas como violación, abuso sexual, abandono u hostilidad.

Si estás en peligro, ¡busca ayuda! Recurre a asesoría profesional o a grupos de ayuda sobre relaciones destructivas. Si eres víctima de golpes, ¡aléjate de inmediato! Nadie debe permitir que se le golpee ni se abuse de él. Si vives en Estados Unidos hay centros, consejeros y grupos de autoayuda que pueden ofrecerte apoyo y orientación en muchas ciudades. Consulta el directorio telefónico o acude al centro de salud mental de tu localidad para obtener información de estos servicios, o llama a la *National Coalition Against Domestic Violence* (800-333-7233).

Si tu miedo se basa en traumas sexuales pasados, también es recomendable que busques ayuda. Recientemente ha cundido la información sobre el abuso sexual contra los niños, y ahora sabemos lo extendido que está y lo traumático que puede ser. Este trauma causa problemas sexuales que tardan años en superarse. Si fuiste víctima de dichos abusos y experimentas dificultades sexuales, como es común que ocurra, quizá algunas de las sugerencias de este capítulo sobre el contacto físico no sean por lo pronto indicadas para ti, porque debes ser cauta y acentuar tu control del proceso en todo momento (dado que el abuso supone que el control está en manos del otro). Las fantasías también pueden resultarte contraproducentes, ya que tenderás a reproducir imágenes de experiencias negativas. Para mayor información, en la sección de bibliografía al final de este libro se ofrecen referencias sobre el abuso sexual; el libro de Wendy Maltz, *The Sexual Healing Journey: A Guide for Survivors of Sexual Abuse*, es particularmente útil, y contiene además una extensa guía de lugares donde obtener ayuda. También puede serte útil integrarte a un grupo de personas en condiciones similares a las tuyas o consultar a un especialista en efectos del abuso sexual. Obtendrás información sobre grupos de autoayuda en tu localidad si escribes a *Incest Survivors Anonymous*, P.O. Box 5613, Long Beach, CA 90805-0613. Al igual que muchas otras valientes personas, puedes aprender a gozar en vez de temer a tu sexualidad.

Los miedos basados en traumas pasados o peligros presentes no son los únicos temores que pueden interferir en el apetito sexual. También las ideas o experiencias que activan determinadas inseguridades pueden impedir o reducir el deseo y la excitación. Los miedos comunes que obstaculizan el deseo sexual son el temor al rechazo, a sufrir heridas sentimentales, al abandono y a la intromisión excesiva en la vida personal. Sin embargo, cualquier miedo puede tener este efecto.

Si estás temerosa antes o durante el acto sexual pero ignoras el motivo, pregúntaselo a tu niña interna. Ella lo sabe; hazlo como lo hiciste en el capítulo 13: pídele que analice cuál de los siguientes temores padece:

Miedo a la pérdida
Miedo al abandono
Miedo a la soledad
Miedo a la humillación
Miedo al fracaso
Miedo al éxito
Miedo al rechazo
Miedo a ser dominada
Miedo al daño, agresión o represalia
Miedo a la intromisión
Miedo a ser controlada
Miedo a perder el amor o la aprobación
Miedo a perder respeto
Miedo a la enfermedad

Cualquier idea, imagen, sensación o experiencia que accione alguno de estos miedos (u otro que tengas) puede interferir en tu habilidad para disfrutar de tu sexualidad.

Meg, por ejemplo, deseaba estar con su esposo, Tim, pero

le preocupaba que él no estuviera de humor y se molestara si lo interrumpía, pues estaba viendo la televisión. Temía su rechazo porque solía hacerla sentir indeseable. Mientras más pensaba en la posibilidad del rechazo, menos apasionada se sentía. Terminó por sentarse a ver la televisión y deprimirse.

Meg no tenía por qué haber avivado su miedo. En vez de pensar que Tim se molestaría o se mostraría indiferente, pudo haberlo imaginado sintiéndose feliz y excitado, como con frecuencia ocurría. Debía perderle miedo al rechazo, convencerse de que un desaire de Tim no significaba que careciera de atractivos. Cuando aprendió a reconstruir su autoestima acariciándose, su temor al rechazo disminuyó y se sintió con más libertad para iniciar una relación sexual.

En ocasiones el miedo ataca después de haberse iniciado el acto de hacer el amor. Repentinamente puedes comenzar a sentir miedo de que tu pareja te deje o te rechace, o de enloquecer si tienes un orgasmo. En esas condiciones tu entrega sexual y tu vulnerabilidad se ven emocionalmente amenazadas, y tenderás a retraerte. Tu cuerpo se tensará, a veces sin que te des cuenta, y tu placer se evaporará.

Si experimentas una reducción del placer a causa del temor, tranquiliza a tu niña interna y relájate. Escucha con compasión los temores de tu niña interna y dale la seguridad que necesita. Hazle saber que compartir el placer sexual no significa que tu pareja te abandonará; asegúrale que no permitirás que otro tome el mando; dile que aunque parezca que al tener un orgasmo pierdes todo control, en realidad no es así. (Tan sólo piensa en la rapidez con que recuperas el control cuando, por ejemplo, suena el teléfono.) Relájate y disfruta.

Para relajarte, respira lenta y profundamente. Percibe tu tensión y pídele a tu pareja que te diga cuando sienta que tus músculos se tensan. Luego inhala por la nariz y siente la entrada de aire fresco en tus contraídos músculos. Exhala por la boca y expulsa al mismo tiempo la tensión de tus músculos para que tu cuerpo se relaje. Repite varias veces esta respiración mientras te dices que es magnífico sentir placer, que no corres peligro; tranquiliza a tu asustada niña interna. Si tu miedo persiste, mira a los ojos a tu compañero o compañera, o háblale. A algunas mujeres este contacto con su pareja, que las apoya y acepta, les permite calmar sus temores transitorios. Otras prefieren desechar sus temores a través de fantasías.

Los temores que interfieren en la sexualidad al no tener pareja
Incluso si no tienes pareja, las emociones negativas pueden interferir en el disfrute de tu sexualidad. Por ejemplo, considera el caso de Sandy.

Sandy estaba leyendo una novela que la excitó. Dejó el libro y comenzó a pensar en lo mucho que desearía tener a alguien con quien hacer el amor. Luego pensó en lo sola y desafortunada que se sentía. Mientras más pensaba en su soledad, más desanimada se sentía, de modo que dejó de sentirse excitada y comenzó a deprimirse.

Pese a que la reacción de Sandy es común, no debió actuar así. Pudo haber pensado en lo que haría para encontrar una pareja o conservado su deseo y disfrutado de él. O pudo haber pensado en una fantasía que le brindara excitación y gratificación mental. Quizá deseó acariciarse. De una forma u otra, habría disfrutado la sensación de ser una mujer sexualmente capaz. Al valorar así su sexualidad, habría acrecentado su autoestima y disfrutado de ser como es.

El estado mental adecuado
Al hacer el amor puede ocurrir que, pese a tus mejores intenciones, te distraes por sentimientos ajenos al sexo. Por ejemplo, si estás preocupada por actividades pendientes o por un probable conflicto, tu mente divagará en esos temas en lugar de compartir con tu cuerpo el placer del presente.

Peor aún, tu mente puede estar demasiado presente, disfrazada de crítico interno observando y juzgándote. Si mientras haces el amor escuchas a tu crítico interno decirte que tu vientre está muy flojo y que te hace falta pasión, ¿cómo puedes relajarte para sentir placer? De igual forma, si mientras intentas alcanzar el clímax tu crítico interno te observa con la preocupación de que puedas fallar, tu angustia aumentará y bien puede ser que fracases. Al hecho de observarte en vez de participar en lo que experimentas se le llama "actitud de espectador", y puede reducir en gran medida el gozo de las relaciones sexuales.

Observar y criticar a tu pareja es igualmente nocivo. Esta actitud es una invitación abierta a sentirte preocupada, insatisfecha, enojada y resentida, sentimientos que impiden la pasión y el placer. Por ejemplo, si mientras tu pareja te acaricia tú piensas en lo mala que es su técnica, te distraes de las sensaciones placenteras y reduces las posibilidades de disfrutar las caricias de tu pareja.

Destierra a tu crítico interno y llama a tu niñera. Concéntrate en tus sensaciones placenteras y observa si pueden ser más intensas. Deja que tu niñera interna te apoye pidiéndole a tu pareja lo que deseas en vez de esperar de ella una técnica perfecta. Sobre todo, haz que tu niñera te motive a sumergirte en tu experiencia en lugar de observarte y juzgarte.

Cuando tienes la costumbre de observarte y preocuparte, te será difícil desterrar a tu crítico interno. Aunque sepas que tú misma te provocas angustia y tensión, puede resultarte complicado desechar ideas críticas que te distraen. Si tu mente se resiste a armonizar con tu cuerpo, entrégate a una fantasía sexual. Tu mente se sumergirá entonces en imágenes eróticas que te ayudarán a relajarte y disfrutar.

Fantasías

Algunas de ustedes pueden rehusarse a tener fantasías porque se sienten culpables o se avergüenzan de sus jugueteos sexuales mentales. Lo que les parece erótico puede ir en contra de su manera de ser o de su moral. Muchas mujeres se excitan imaginando escenas sexuales que en la vida real les parecerían impropias, tales como ser sometidas y violadas, o amarradas y golpeadas, o humilladas y dominadas, o haciendo el amor con una mujer si son heterosexuales o con un hombre si son lesbianas. Otras tienen fantasías sobre cosas que hasta cierto punto desean experimentar pero que se oponen a su código moral, como tener relaciones con el mejor amigo de la pareja, con la pareja de su mejor amiga, en un lugar público, etcétera.

Si tienes fantasías que chocan con el modo como quisieras ser tratada por tu pareja o conducir tu vida sexual, puedes encontrarte en conflicto. Por un lado, puedes avergonzarte de tus fantasías y considerar que son "perversas", "enfermas" o "antinaturales", pero por otro te estimulan y excitan. Quizá piensas que si tu pareja, amigos y parientes supiesen cuáles son tus fantasías, te menospreciarían.

Pero te sorprenderá saber que lo más probable es que tus amigos, parientes y pareja tengan fantasías similares e igualmente "antinaturales". Es muy común tener fantasías sobre parejas, actos y escenarios prohibidos. A las mujeres que sienten culpa por ello o que nunca han fantaseado, puede resultarles de gran utilidad leer los dos libros de Nancy Friday sobre las fantasías reales de las mujeres: *My Secret Garden* y *Forbidden Flowers* (véase bibliografía).

Algunas mujeres vacilan en fantasear porque temen que la fantasía las lleve a la acción; creen que porque disfrutan pensar en algo se verán tentadas a hacerlo. ¿Has pensado así? Por el contrario, las fantasías tienden a liberarnos, como ocurre al quitar la tapa de una olla de presión: salen sentimientos reprimidos por una vía de escape completamente segura. Es muy común disfrutar de actos fantasiosos de venganza y represalias (como causarle daño a tu jefe) que jamás harías en la realidad. Ciertamente, algunas mujeres se involucran en relaciones sexuales sadomasoquistas o tienen relaciones con el mejor amigo de su pareja, pero esto no ocurre porque sus fantasías las hayan conducido a ello.

Hago hincapié en el aspecto de la seguridad y la normalidad de las fantasías sexuales, por "antinaturales" que parezcan, porque disfrutar de ellas es parte importante del disfrute de la propia sexualidad. Tu órgano sexual más grande es tu cerebro. Como ya vimos, para que tu cuerpo funcione adecuadamente y para experimentar placer en su totalidad, necesitas que tu cerebro esté de tu parte; si estás distraída o, peor aún, atenta a tu crítico interno que te observa y critica, tu placer quedará muy disminuido.

Algunas mujeres no tienen límites en disfrutar de sus fantasías cuando están solas, pero se sienten culpables de tenerlas cuando hacen el amor, pues piensan que están siendo desleales a su pareja, especialmente si —como es lo más frecuente— sus fantasías involucran a una pareja o parejas distintas. Piensan que si su pareja se enterara de ello, se sentiría lastimada o molesta. Pero he comprobado que esto casi nunca ocurre. En la terapia sexual, que se sirve de las fantasías como herramienta útil para reducir la angustia y la "actitud de espectador", las parejas casi siempre aceptan y alientan las fantasías del otro. Esto es particularmente cierto cuando la pareja comprende que fantasear es una forma de vincularse con la propia sexualidad y no un indicador de insatisfacción con el otro.

Ello no significa que se deba fantasear siempre al hacer el amor. Algunas mujeres encuentran que esto incrementa su gozo, mientras que otras prefieren concentrarse en sus sensaciones placenteras. Es útil, sin embargo, tener a la mano tus fantasías para usarlas cuando lo desees o necesites.

Expectativas de decepción

Otra manera en que tu mente puede disminuir tu deseo es recordar experiencias insatisfactorias y suponer que esa ocasión "será como las otras". Estas ideas surgen de la intención sincera, pero mal encaminada, de proteger a tu niña interna, asustada por el riesgo de decepcionarse. Aliéntala, dile que es positivo intentar y que con esfuerzo, práctica y comunicación con tu pareja (tema que se explicará detalladamente más adelante) las cosas mejorarán. Aun así, mientras te esfuerzas por mejorar, el placer y el gozo están a tu alcance, y puedes concentrarte en esas sensaciones. Lo más importante es decirle a tu niña interna que no debe temer, porque tú estás ahí para ayudarla a superar cualquier decepción que pueda surgir.

Obtener las caricias necesarias y adecuadas

El tercer punto crucial para valorarte sexualmente es el de recibir la cantidad suficiente y el tipo apropiado de caricias. Esto se aplica lo mismo a acariciarte tú o que lo haga tu pareja.

Algunas mujeres, más allá de su edad o experiencia, desconocen qué tipo de caricias necesitan porque nunca han explorado su cuerpo. Quizá les disguste la sola idea de mirar sus genitales en un espejo porque piensan que son horribles, o porque desde niñas se les enseñó a no mirarse o tocarse. Si te incomoda o no estás familiarizada con tu cuerpo, cambia de actitud: explóralo amablemente. Jamás disfrutarás plenamente de tu sexualidad si no aceptas tu realidad física.

Algunas mujeres jamás se han masturbado, o lo han hecho pocas veces pero lo abandonaron porque no lo encontraron placentero o no alcanzaron el clímax. Otras se masturban sólo con vibrador y pueden ser "adictas" a este tipo de estimulación intensa, al grado de no experimentar orgasmo de ninguna otra forma. Es importante que las mujeres nos excitemos hasta alcanzar el orgasmo con nuestra propia mano, porque al hacerlo descubrimos el tipo de estimulación que nos agrada. (Consulta la bibliografía al respecto que se ofrece en este libro.) De este modo, contamos con más elementos al comunicarle nuestras necesidades a nuestra pareja.

Comunicarse bien con la pareja

La buena comunicación con tu pareja es el último factor, mas no el de menor importancia, para lograr que el sexo sea una experiencia excitante y satisfactoria. Mientras una pareja esté mejor capacitada para comunicar verbalmente lo que le excita emocional, mental y físicamente, mejores serán sus relaciones sexuales. Esto significa compartir sentimientos, ideas y deseos con la pareja sin temor al ridículo o al rechazo. Para poder comunicarte de esta manera necesitas confiar en ti misma, en que apoyas y respetas tus necesidades y las de tu pareja. Así, si por algún motivo ésta reacciona de manera negativa, tú no dejarás de sentirte bien contigo. Sólo cuando haces depender tu valor de las opiniones de tu pareja, una reacción negativa suya te hará dudar de ti. Date el apoyo que necesitas; si permites que tu crítico interno te haga sentir vergüenza o culpa, te será muy difícil comunicarte con tu pareja.

Martha y Jim llevan 15 años de casados y tienen tres hijos. Su matrimonio era sólido, y su vida sexual constante y mutuamente placentera, pero Martha anhelaba algo más. Jim era amable y considerado en sus relaciones, cosa que ella apreciaba, pero a veces deseaba que fuese más rudo: que la tomara contra su voluntad. Disfrutaba mucho el sexo oral, pero vacilaba en pedirlo porque sabía que a él no le entusiasmaba tanto. Así, nunca hablaba sobre esto con Jim, pues temía que considerara extraño su deseo de "tomarla" y muy exigente su anhelo de más sexo oral.

Después de analizar con Martha el problema, descubrimos que era solamente ella la que pensaba que era "extraño" su deseo de ser tomada por la fuerza y que era egoísta por desear algo que a Jim le disgustaba. Cuando aceptó sin criticarse la validez y legitimidad de sus deseos, pudo hablar con Jim sobre ellos. Él reconoció que no le parecía erótico ser rudo y que le incomodaba un poco hacer sexo oral; sin embargo, le excitaba mucho la idea de que Martha gozara más, así que estaba dispuesto a hacer ocasionalmente lo que a ella le gustaba, ahora que sabía lo mucho que la excitaba. También él comenzó a comunicarle más cosas acerca de sus deseos. Animados por el gusto de compartir, sus relaciones sexuales se volvieron más íntimas, se sintieron más cerca el uno del otro y su excitación creció al máximo sabiendo que podían satisfacer más profundamente su erotismo.

Así como Martha, tú también puedes mejorar tu vida sexual mediante la comunicación con tu pareja. Comienza por valorarte a ti misma; toma en cuenta que tienes todo el derecho de desear lo que quieres, de rechazar lo que te disgusta y de excitarte con lo que te excita. Reconoce que tu pareja también goza de ese privilegio. En el sexo no hay bueno ni malo (siempre y cuando el trato sea de común acuerdo entre adultos en igualdad de condiciones y sin que ninguno resulte lastimado), sólo dos personas con cuerpos, ideas y sentimientos diferentes unidas para compartir placer e intimidad. Mientras tú y tu pareja acepten y expresen más abierta y plenamente sus necesidades, mejores serán tus relaciones sexuales.

Hablar sobre cómo producir deseo
Una buena manera de comenzar esta mejor comunicación con tu pareja es hablar sobre lo que predispone a cada uno a tener relaciones sexuales. Si no lo sabes, pregúntaselo a tu niña

interna; ella te lo dirá. Piensa en lo que te provoca excitación en el cine, los libros y el contacto con tu pareja.

A las mujeres suele excitarnos el romance: seducir y ser seducidas. Disfrutamos del "trato especial", queremos sentirnos en contacto con nuestra pareja, ya sea momentáneamente o en una relación duradera. Es por ello que a muchas mujeres les gusta que se les hable durante el acto sexual: sienten que su pareja le hace el amor a todo su ser, no sólo a su cuerpo. Incluso cuando el encuentro es de sólo una noche con un desconocido, nos gusta sentir que nuestra pareja desea estar con nuestro "ser" y no únicamente con nuestro cuerpo.

Además del romance, puede haber cosas muy específicas que favorezcan o reduzcan tus deseos sexuales; identifícalas y comunícaselas a tu pareja. Al explorar lo que te excita, toma en consideración las siguientes preguntas:

¿Cómo y quién te gusta que inicie el encuentro sexual?
¿Qué tipo de incitaciones (tuyas y de tu pareja) te excitan? ¿Cuáles te desagradan?
¿Qué tipo de ambiente te excita: velas, música, incienso, telas, ropas, etcétera?
¿Te gusta la variedad —diferentes posiciones, lugares, horas del día, roles— o prefieres alternar entre formas probadas de placer para ambos?

Cuando una relación es nueva, todo es descubrimiento, y eso la hace emocionante. Está presente el reto de atraer al otro, el acrecentamiento del ego al ser encontrada atractiva, el misterio de aprender uno de otro, la cercanía que produce compartir intimidades y la emoción de explorar el cuerpo. Todo esto crea pasión y deseo.

En una relación duradera estos detalles tienden a faltar parcial o totalmente; atraer al otro deja de ser un desafío, los estímulos al ego se reducen, se han compartido ya muchos secretos y el cuerpo ajeno resulta tan conocido como el propio. Aunque el deseo persista, la relación puede haberse convertido en amistad, y carecer por tanto de la pasión candente de antes. *Si eres como la mayoría de las parejas que han estado mucho tiempo juntas, puede ser que prescindan de la seducción o el romance de la relación sexual y pasen directamente al acto físico.* Si es así, te estás privando de un poderoso afrodisiaco: la fase de la seducción en una relación sexual desempeña un papel importante para intensificar el deseo y la excitación.

Si estás en ese caso, comienza por la seducción antes de hacer el amor. No se trata de montar una elaborada escena de seducción cada vez; sólo piensa en lo que les excita a ti y a tu pareja. Pese a que esto pueda ser más importante para ti que para tu pareja masculina, los hombres también pueden involucrarse en ello, especialmente si lo vuelves divertido y "pícaro" en lugar de reducirlo a un deber adicional a lo que él tiene que hacer.

Hablar sobre caricias

Una manera de descubrir qué tipo de caricias no genitales te gustan es practicando la siguiente experiencia de los sentidos desarrollada por Masters y Johnson. Incluso si sabes muy bien cómo te gusta que te toquen, puedes hacer este ejercicio por el puro placer sensual que proporciona.

Asegúrate de que tu pareja y tú cuenten con un tiempo en el que no serán interrumpidos, además de no estar cansados. Primero dense un baño (separados o juntos). Luego, desnudos los dos, recuéstate boca abajo mientras tu pareja te acaricia suave y lentamente, con las puntas de los dedos y los labios, desde la punta de tu cabeza hasta los dedos de los pies. No tomes el tiempo, pero esto debe durar aproximadamente 10 minutos. Después voltéate boca arriba para que tu pareja te acaricie de la misma manera, sin pasar por tus pezones o tus genitales. Mientras eres acariciada, concéntrate en tus sensaciones, experimenta lo que te da más placer y recibe las sensaciones, mientras tu pareja se concentra en la sensación de dar. Cuando estés lista, cambien los papeles y repitan el procedimiento, de nuevo ignorando los genitales. Al ser ahora tú quien da, ambos experimentarán en una sesión el dar y recibir. Luego platiquen sobre esta experiencia.

Este ejercicio es una manera maravillosa para aprender no sólo cómo te gusta que te acaricien, sino también qué es lo que excita a tu pareja. Vale la pena repetir este ejercicio, ya que puedes experimentar sensaciones diferentes cada vez. También es de utilidad variar en la repetición el orden de los papeles; es decir, recibir o dar primero. Analiza si se te facilita recibir cuando das primero, o viceversa. ¿Qué prefieres?

Aunque también son placenteras para los hombres, este tipo de caricias son generalmente más importantes para las mujeres. Aun cuando sea la mujer la que se excita y alcanza el orgasmo más fácilmente, en general (aunque no siempre) prefiere comenzar a hacer el amor en esta forma lenta y sensual. Si un encuentro sexual comienza con unos cuantos abrazos, besos y caricias en los senos e inmediatamente se procede al tacto del clítoris y/o a la penetración, es probable que, sin importar qué tan prolongado, agradable o satisfactorio haya sido el tacto genital, la mujer (a diferencia de la mayoría de los hombres) sienta que no obtuvo todo lo que quería o necesitaba.

A veces las mujeres sienten pena, culpa o enojo por tener que pedir lo que desean, y más aún por tener que pedirlo constantemente y mostrar el tipo de caricias que les da placer. Creen que si su pareja las amase, sabría cuáles son sus necesidades y podría satisfacerlas. Evidentemente esto es falso.

Amar a alguien de ninguna manera capacita a una persona para leer la mente del ser amado o sentir cuáles son sus necesidades.

Algunas mujeres vacilan en expresar sus necesidades por temor a molestar o enojar a su pareja, que podría tomar estas recomendaciones como una objeción a su técnica. Otras temen parecer promiscuas, o muy agresivas, o demasiado ingenuas. Si tú tienes alguna de estas dudas, toma conciencia de que uno de los mayores regalos que le puedes dar a tu pareja es ser honesta con tus sentimientos y necesidades. Cuando corres el riesgo de mostrarte vulnerable, también te haces accesible, te colocas en un punto emocional en el que el otro puede alcanzarte, y al hacerlo no sólo realmente das para ti misma, sino das de ti misma. Ciertamente tu pareja puede sentirse agredida o lastimada; si esto ocurre, háblalo sin agresiones, pero mantén tu punto de vista y no te sientas culpable. Alienta a tu pareja a hablar sobre sus sentimientos y usa las técnicas de la comunicación empática que aprendiste en el capítulo 11. De este tipo de apertura real y de platicar las cosas surge la intimidad. Por supuesto que todo esto no sucede de inmediato; no te obligues a hablar más de lo que estás preparada a hacer. Apóyate y anímate a ser tan honesta como puedas; da pequeños pasos y reconoce tu mérito por ello. Con tiempo y persistencia alcanzarás mejores niveles de intimidad.

Para no cruzar la delgada línea divisoria entre expresar apropiadamente tus necesidades y ser demasiado exigente y egoísta, toma en cuenta las siguientes recomendaciones:

1. Trata de ser lo más específica que puedas, no sólo en lo general, sino en cada momento. Es tu responsabilidad comunicar tus deseos y necesidades.
2. No asumas nada respecto de lo que tu pareja piensa o siente. Si tu pareja está cansada o aburrida, es su responsabilidad comunicártelo directamente, no la tuya adivinar lo que piensa o siente.
3. Si tu pareja te dice que está cansada y quiere dejar de acariciarte, acéptalo sin culpa ni enojo. Tú no eres responsable de su estado emocional o físico (y viceversa). El hecho de que tu pareja esté fatigada no significa que estés pidiendo demasiado ni que ella sea egoísta o no se preocupe por ti.

Incluso las mejores y más amorosas parejas están, en ocasiones, fuera de sincronía. Esto es natural, así como a veces una pareja no está interesada en el mismo paseo o preparada para la misma intensidad o duración del acto sexual. En estas ocasiones la pareja debe llegar a un acuerdo, cumplir los deseos de una de las partes mientras que a la otra "se le deberá una". Esto funciona cuando no es siempre la misma parte la que hace el arreglo.

Cuando rara vez obtienes lo que necesitas

Si constantemente estás inquieta por no obtener el estímulo sexual que necesitas, háblalo con tu pareja, pregúntale qué piensa respecto de tus necesidades; quizá con gusto te daría más, tal vez no. Si es así, habla con tu pareja sobre la forma de hacer más gratificante la vida sexual para ambos. Algunas parejas gustan de tomar turnos: una vez hacen el amor de la forma que quiere una de las partes y la siguiente vez cambian. Otras prefieren encontrar formas que simultáneamente acrecienten el placer de ambos. Cualquiera que sea tu preferencia, no menosprecies la importancia de tus necesidades.

Cuando sólo uno en la pareja está dispuesto

Es bueno darle placer sexual a tu pareja cuando tú no estás en el ánimo de ser sexualmente satisfecha (y viceversa), así como es bueno darle masaje en la espalda incluso cuando tú no lo deseas para ti. Es bueno, con una condición: que tú quieras obsequiarle esto. Parte del amor es interesarse por el placer y la felicidad de tu pareja. Sin embargo, no es amor hacer algo por miedo al enojo, desaprobación o alejamiento del otro. Recuerda decir "sí" cuando quieras decir "sí" y "no" cuando deseas decir "no".

Cuando no alcanzas el orgasmo

Algunas mujeres se sienten culpables e inadaptadas cuando no tienen un orgasmo. Los hombres para quienes el orgasmo es lo único que importa, por lo general están impacientes de que su pareja quede satisfecha de la misma manera. Muchos hombres no comprenden que la mujer puede, en ocasiones, disfrutar mucho un encuentro sexual aun sin llegar al orgasmo.

Algunas mujeres, cuando no alcanzan el orgasmo, vacilan en admitirlo por miedo a decepcionar a su pareja o porque no quieren que ésta se sienta incompetente como amante, o bien porque no quieren sentirse más presionadas para alcanzar el orgasmo la siguiente vez. Si te ocurre esto, toma conciencia de que tu orgasmo es solamente para una persona en todo el mundo: tú. Si tuviste uno y lo disfrutaste, ¡maravilloso! Si no lo lograste, pero tuviste un buen encuentro sexual, ¡eso también es maravilloso! Aunque no hayas podido tener el orgasmo en esa ocasión, sabes que habrá otras oportunidades; si nunca has tenido uno, consulta alguno de los libros mencionados en la bibliografía, o a un terapeuta sexual. Indistintamente de lo que decidas hacer, no te menosprecies ni te culpes.

Compartir fantasías

Además de comunicarle a tu pareja cómo te gusta iniciar una relación sexual y qué tipo de caricias te resultan excitantes y satisfactorias, una forma muy especial y emocionante de comunicación es compartir fantasías. Ya vimos que las fantasías pueden aumentar tu placer al alejar pensamientos que te distraen y alteran, pero también son una excelente manera de añadirle variedad a tu vida amorosa.

La mayoría de las parejas, incluso aquellas que han estado juntas por muchos años, nunca han hablado entre sí de sus fantasías sexuales, porque se sienten avergonzados o turbados y no quieren arriesgarse a la aversión del otro. Al no expresarlas, se han privado de una magnífica forma de hacer emocionantes sus encuentros sexuales.

Una buena manera de iniciar esta práctica es leer las fantasías de otras personas y comentar con tu pareja las que les gustaron. Los libros de Nancy Friday son buenos para comenzar. Además de sus dos colecciones de fantasías de mujeres, ya recomendadas en este capítulo, *My Secret Garden* y *Forbidden Flowers*, también tiene una colección de fantasías sexuales de hombres llamadas *Men in Love* (véase bibliografía). No es necesario que tú y tu pareja se exciten con el mismo tipo de escenarios para poder emplear la fantasía y aumentar la pasión. Las diferencias pueden resolverse, siempre y cuando cada uno de ustedes desee excitarse y satisfacer al otro. Ver juntos películas xxx puede ser un buen inicio para hablar de fantasías, pero toma en cuenta que la mayoría de estos filmes están dirigidos a los hombres y por tanto pueden distar mucho de tus fantasías.

Algunas mujeres quizá no deseen incorporar sus fantasías a su vida amorosa; si es así, de acuerdo, y es importante aceptarlo. La verdadera intimidad se basa en ser honesta con lo que sientes y quieres. Cuando lo sepas, pídelo y acepta lo que necesitas cuando hagas el amor; entonces te estarás reconfortando en verdad, y mientras más lo hagas, más tendrás para dar a cambio. Podrás disfrutar en verdad y dar placer a tu pareja y a ti misma.

¿Qué pasa cuando tu pareja no es comunicativa?

Pese a que hablar sobre la relación sexual y compartir fantasías puede ser factible para algunas mujeres, otras quizá no puedan conversar con su pareja sobre cómo mejorar sus encuentros sexuales. Tal vez siempre que inicias este tipo de plática tu pareja se enoja y se sale del tema, o está de acuerdo con tus peticiones pero no las cumple. Quizá ya has expresado tus deseos y necesidades un sinnúmero de veces sin conseguir que tu pareja haga nada por satisfacerlos. Puede ser que para estos momentos estés tan decepcionada y resentida que no quieras ni molestarte en pedir, y toda conversación sobre el tema culmine en críticas, pero no te des por vencida. Se trata de tu vida sexual y no va a mejorar a menos que insistas en el asunto. Date el apoyo y los incentivos que necesitas y vuelve a intentar, y luego reconoce tu mérito por ello.

Cuando propongas este tema tan irritable para tu pareja, expon tus necesidades y deseos sin juzgar ni criticar. Si atacas, provocarás un contraataque, o al menos distanciamiento. Pero aunque seas sincera y empática, puede ocurrir que tu pareja se ponga a la defensiva, se muestre enojada o agresiva o se retire. La gente, y sobre todo los hombres, tienden a ser muy susceptibles respecto de su funcionamiento sexual. Ten cuidado de no enojarte ni culpar, pero no des marcha atrás hasta que tu pareja acceda a hablar contigo del asunto.

Cuando puedas hablar de ello, plantea primero lo que te

gusta de tu vida sexual y de tu pareja como amante. Luego sigue con los aspectos que pueden mejorarse; si nunca antes habías comunicado tus deseos, tómalo en cuenta, en lugar de culpar a tu pareja por no haberte leído la mente. Si en repetidas ocasiones has pedido lo que te gusta y no lo has obtenido, dile que sabes que debe tener una razón para no haber respondido, pero que es momento de hablarlo. Si está de acuerdo con todo sólo para dar por agotado el tema, no dejes que las cosas se queden ahí. Hazle entender que quieres comunicarte y no presionarla para que satisfaga tus necesidades. Que quieres igualmente satisfacer las suyas, ¡en verdad! Si todos tus intentos por abordar el asunto terminan en pleito o no conducen a nada, busca ayuda profesional para restablecer la comunicación.

Comentarios sobre disfunciones sexuales

Tú o tu pareja pueden tener una disfunción sexual. Ejemplos de disfunciones en mujeres son el deseo sexual inhibido (falta permanente de deseo sexual), miedo y abstinencia sexual, vaginismo (acalambramiento involuntario de los músculos vaginales y consecuente penetración dolorosa o imposible) e incapacidad de tener orgasmos, por causas personales o debido a una estimulación inadecuada por parte de la pareja. Las disfunciones en los hombres son deseo sexual inhibido, disfunción eréctil (incapacidad de lograr y/o mantener una erección), eyaculación precoz y eyaculación tardía (dificultad para eyacular, no poder hacerlo o sólo después de estimulación prolongada). Si alguno de los dos padece una disfunción, busquen ayuda profesional.

La terapia sexual iniciada por Masters y Johnson y desarrollada por Helen Singer Kaplan y otros ha sido un tratamiento eficaz para estas disfunciones, combinado con métodos de comportamiento y psicodinámicos. Asimismo, se han logrado ya importantes avances en el tratamiento médico de la disfunción eréctil. Hace 30 años las personas con problemas sexuales no disponían de lugares apropiados a los que acudir, pero ahora pueden optar entre numerosas clínicas de terapia sexual y médicos especializados en problemas sexuales. La terapia sexual es breve y por lo general incluye a ambos miembros de la pareja. Si vives en los Estados Unidos, la *American Association of Sex Educators, Counselors, and Therapists* (AASECT) ofrece información sobre terapeutas sexuales en Estados Unidos; para ubicar clínicas locales basta consultar el directorio telefónico. La AASECT puede proporcionarte una lista de terapeutas sexuales en tu localidad (escribe a 435 North Michigan Avenue, Suite 1717, Chicago, Illinois 60611).

El estímulo sexual y su funcionamiento pueden verse afectados por medicinas, drogas o alcohol. El alcohol puede hacerte sentir más sensual, pero reduce la excitación física y anula el impulso sexual de quienes beben con frecuencia u ocasionalmente, pero en grandes cantidades.8

Si tienes dudas sobre los efectos de un medicamento en tu funcionamiento sexual, habla con tu médico.

Resumen
En conclusión, para que el sexo sea satisfactorio las mujeres necesitamos:

- Desearlo.
- Estar libres de emociones negativas: enojo, miedo, desconfianza, depresión.
- Sentirnos en contacto con la pareja.
- Dejarnos llevar por nuestros sentimientos y sensaciones, no observar, juzgar o criticar a la pareja o a nosotras mismas.
- Pedir y obtener el tipo de caricias que necesitamos.
- Incorporar nuestras fantasías en forma aceptable para nosotras a fin de incrementar el goce.
- Interesarnos por nuestras necesidades y deseos y los de nuestra pareja y desear satisfacerlos.

Cuando te valoras sexualmente, aceptas y respetas tus necesidades, ideas y deseos sexuales con compasión, además de considerarlos válidos e importantes. Te incentivas para hacer lo que quieres de tu vida sexual, conociendo mejor tu sexualidad y compartiendo estos conocimientos con tu pareja, a la que motivas a compartir sus necesidades y deseos contigo. En este proceso te mantienes en contacto con tu niña interna, apoyándola cuando corre peligro, consolándola cuando lo necesita y reconociendo el mérito de sus esfuerzos.

Siente orgullo de ti misma por tratar de mejorar tu vida sexual y por alentarte a seguir intentando. No esperes grandes cambios rápidamente. En el sexo, como en cualquier otra cosa, el cambio ocurre lenta e irregularmente y requiere de esfuerzo permanente. Cree con firmeza que puedes mejorarlo, ¡y podrás!

CAPÍTULO 17

VALÓRATE EN EL TRABAJO

Puesto que pasamos tanto tiempo en el trabajo, es crucial que nos apreciemos en él, tanto en el que recibimos un salario como en el que desarrollamos en casa. Sin embargo, a veces no es fácil lograrlo. Al evaluarnos en el trabajo nos enfrentamos a problemas especiales, debido a barreras internas y externas levantadas específicamente alrededor de nosotras por el solo hecho de ser mujeres.

Obstáculos externos contra nuestra capacidad para valorarnos en el trabajo
Los obstáculos externos que bloquean nuestra capacidad para valorarnos en el trabajo son: la discriminación en las oportunidades tanto para puestos bien remunerados y de prestigio como para ascensos; la vulnerabilidad por dedicarnos a nuestros hijos; el hostigamiento sexual; las formas estereotipadas de juzgar nuestro trabajo, que impiden reconocimiento y ascenso, y la falta de aceptación y respeto por parte de los compañeros del sexo masculino. Aunque no todas las mujeres enfrentan estas barreras en su trabajo, un gran número de ellas las afrontan.

De acuerdo con las cifras más recientes de la Oficina de Censos de Estados Unidos,[9] un empleado de tiempo completo puede llegar a obtener ingresos anuales promedio de 35 076 dólares, con una media de 28 979, si es hombre, y de 23 392 dólares, con una media de 20 591, si es mujer. ¡Esto significa que la mitad de las mujeres que trabajan por tiempo completo en Estados Unidos ganan 23 392 dólares al año o menos! Esta cifra es todavía menor para las mujeres negras, pues mientras que las blancas tienen una media de ingreso de 23 722 dólares, la de las negras es de 20 719, y la de las hispanas de 18 542. Esto explica que más de 19 250 000 mujeres (15.2% de la población femenina) de Estados Unidos vivan por debajo de la línea de pobreza, de 6 800 dólares individuales.[10] Pese a que los hombres negros e hispanos también ganan menos que los blancos (cuya media de ingreso es de 36 178 dólares, mientras que la de negros e hispanos es de 24 690 y 23 377, respectivamente), sólo los hispanos ganan un poco menos que el grupo de mujeres mejor pagado. Esta diferencia también se da entre hombres y mujeres con cuatro años o más de estudios universitarios.[11] La media de ingreso es en este caso de 48 843 dólares para los hombres y 31 044 para las mujeres. Esta jerarquía se basa por supuesto en los papeles estereotipados de los sexos y en la discriminación, no en el valor propio de las mujeres.

La imposibilidad de acceso a empleos con ingresos elevados, prestigio y respeto les dificulta aún más a las mujeres apreciarse, porque, como señalan Sanford y Donovan en *Women and Self-Esteem*, nuestra sociedad está gobernada por el mito de la meritocracia, que sostiene que si una persona es trabajadora, inteligente e industriosa, será recompensada con el éxito. En contraposición, si una persona no tiene éxito es porque no se ha esforzado por obtenerlo, y por lo mismo merece el fracaso. Este mito es particularmente nocivo para las mujeres, por el alto grado de discriminación en su contra a causa de la raza, edad, etnia y disfunciones físicas en el campo laboral estadounidense. Desgraciadamente, el mito de la meritocracia esconde la discriminación para muchas mujeres, que en consecuencia asumen como deficiencia propia el injusto trato que reciben.[12]

El mito de la meritocracia induce a las mujeres a pensar que si no obtienen las "tres erres" —reconocimiento, respeto y recompensa—, algo debe estar mal en ellas.

Las mujeres que trabajan en el hogar, sin sueldo, como amas de casa y madres, tienen mayores dificultades para valorarse en su trabajo, dado que la sociedad concede muy baja categoría a esta labor. Pese a los encendidos elogios a las madres que "se sacrifican por los demás", la sociedad trata como desempleadas a las amas de casa. ¿Cómo puede valorar una mujer su trabajo cuando se le dice que "no hace nada" y que "tiene suerte de no tener que trabajar"? Aunque esté ocupada de sol a sol y con poco o nada de tiempo para sí, la mujer puede convencerse de que "no hace mucho" y no reconocerse como una trabajadora valiosa. Considera el caso de Eileen.

Eileen, de 33 años, con una maestría en terapia ocupacional, ha trabajado como ama de casa y madre desde que sus hijos, de seis y dos años, nacieron. Considera importante y gusta de estar en casa con sus hijos, pero siente que ha perdido prestigio y respeto. Cuando un desconocido le pregunta en una fiesta a qué se dedica, adopta una actitud defensiva por el hecho de ser ama de casa. Cuando en su hogar surge una labor extra, vacila en delegársela a su esposo, pues piensa que como ella trabaja en casa, su labor no es tan pesada como la de él. Así, acepta el punto de vista de la sociedad de que ser ama de casa y madre no es trabajar. Frente a la negación cultural de su labor, es incapaz de valorar su trabajo ante sí y los demás.

El acoso sexual, cuyo alcance en Estados Unidos apenas está siendo advertido gracias a los cargos de Anita Hill contra Clarence Thomas, es otro impedimento para que las mujeres se valoren en el trabajo. Una encuesta realizada en 1987 por Merit Systems Protection Board determinó que 42 por ciento de las mujeres que trabajan para el gobierno federal estadounidense han padecido algún tipo de acoso sexual.[13] Un estudio de la revista *Working Woman* publicado en 1988 reveló que de las 500 compañías más importantes según la revista *Fortune*, casi un 90 por ciento habían recibido quejas de acoso sexual; en más de una tercera parte de ellas se han presentado demandas por este delito y en casi una cuarta parte éstas han sido permanentes.[14] Es probable que en tales cifras se subestime el alcance del problema, porque, a diferencia del caso de Anita Hill, es común que acoso sexual y violación no sean denunciados.

A algunas mujeres se les niega empleo o aumento de sueldo por rehusarse a hacer algo, mientras que otras son hostigadas con "bromas" sexuales o comentarios y manoseos degradantes. Este acoso, que le da a la mujer el carácter de objeto, puede reducir la capacidad de valoración. Veamos el caso de Sylvia.

Sylvia, inteligente y trabajadora mujer, daba clases de química en una universidad, y además era rubia y muy atractiva. Pese a sus excelentes cualidades y desempeño como maestra, los miembros de su departamento académico —todos ellos hombres— tenían fija la mirada en su apariencia. Respondían a todo lo que decía con bromas cargadas de alusiones sexuales. Si ella objetaba esos comentarios, era calificada como "mala compañera". Sin importar el profesionalismo de su actuación, sus compañeros la limitaban al papel de "rubia despampanante" e ignoraban sus méritos académicos. Esta costumbre de estereotiparla y acosarla sexualmente no sólo le irritaba, sino que además afectaba a su autoestima. A pesar de su molestia por no ser tomada en serio, comenzó a preguntarse si no estaría haciendo algo mal, si no sabría comportarse o si había elegido la profesión equivocada.

Una mujer acosada desde el exterior y que ve reducido así el valor de su trabajo, encuentra difícil respetarse en él. Sin embargo, puede manejar la situación en beneficio de su autoestima si se percata de que sus dificultades son resultado de factores ajenos a su capacidad y se reafirma constantemente.

Gwen, diseñadora gráfica, trabajaba en un pequeño despacho de diseño en el que su excelente trabajo era poco reconocido. No obstante, sabía que su trabajo era muy bueno, lo cual la hacía sentirse satisfecha, pues le permitía crear y enfrentar nuevos retos. Su autoestima como artista era alta pese al escaso reconocimiento y modesto salario. Tiempo después abandonó ese empleo para desarrollarse en un lugar donde su trabajo fuera reconocido y debidamente remunerado, lo que fue posible gracias a su positivo concepto de sí misma y de su capacidad profesional.

Procesos internos que desgastan la autoestima femenina en el trabajo

Es poco común que las mujeres seamos tan seguras como Gwen para esquivar las barreras externas que agreden nuestra autoestima y no dudar de nuestro valor. La mayoría somos, en cuanto a nuestra valoración personal, como el queso gruyere; es decir, de autoestima sólida y consistente en algunas partes, pero llena de hoyos en otras. Algunas estamos convencidas de nuestra capacidad para manejar los problemas de trabajo, pero dudamos de nuestra habilidad para relacionarnos con los demás. Otras están seguras de su habilidad para relacionarse pero se sienten incapaces o poco creativas. Pero mientras más inseguras nos sentimos en cualquier aspecto de nuestro trabajo, más posibilidades tenemos de culparnos de todo lo que esté mal. Seguimos así el juego a las fuerzas externas que se proponen desgastarnos y disminuirnos emotivamente.

Brenda, divorciada, de 54 años, con dos hijas mayores, es un ejemplo de cómo la inseguridad puede fomentar la discriminación y desgastar la autoestima laboral. Después de haber tenido una pequeña tienda por muchos años, tuvo que cerrarla debido al alto costo de la renta. Siendo una mujer talentosa, vivaz y franca, aunque en el fondo insegura, consiguió trabajo como vendedora en una pequeña compañía en la que, pese a su magnífico desempeño, se le pagaba poco e ignoraba. Aunque desde su ingreso supo de los antecedentes de sus jefes como "abusivos" con las mujeres y de trato rudo, se culpaba de su mala relación con ellos y su escaso rendimiento. Pensaba que el motivo de que se le tratara mal era su ineficiencia, inexperiencia o agresividad.

Marie se vio forzada a trabajar a los 45 años porque su familia necesitaba dinero; trabajó como mesera en una cafetería cuyos principales clientes eran hombres de negocios. Estando tranquila, era una mesera amigable y eficiente, pero cuando se le presionaba, confundía las órdenes o las olvidaba. Casi todos sus clientes eran amables con ella, pero algunos la trataban hoscamente. No eran malas personas, pero creían tener derecho a darle órdenes a una mujer. Marie resentía ese trato, pero estaba acostumbrada a guardar una posición subordinada. Pensaba que los clientes tenían razón: no era eficiente ni merecía respeto. Mientras más se culpaba, más nerviosa y agitada se ponía y más errores cometía, con lo que los clientes se volvían más groseros con ella. Su malestar le hacía preferir abandonar el empleo, pero como no podía permitírselo se sentía atrapada y desdichada.

Aun sin la discriminación externa, algunas de nosotras nos atormentamos con agresiones internas contra nuestra autoestima en el trabajo, y el desprecio por nuestra supuesta incompetencia nos impide reconocer nuestros avances, aceptar el elogio de jefes y compañeros y admitir nuestro valor. Los hombres también sufren sentimientos de incompetencia, pero las mujeres somos más propensas a sentirnos inferiores por internalizar la visión de la sociedad de que somos menos talentosas que los hombres.

Debra, con 32 años como especialista en inversiones, lucha aún por creer en ella. En el año que lleva en su actual puesto se ha ganado el respeto de los funcionarios del banco, a pesar de lo cual sigue dudando de sí y culpándose cada vez que algo sale mal. Sabe que es capaz, pero en el fondo teme que su "incompetencia" sea descubierta. Así, a pesar de sus logros se siente una impostora y le aterra ser "desenmascarada".

Como todas las mujeres que atentan interiormente contra su autoestima, Debra lucha con sentimientos de incompetencia que ha arrastrado por muchos años. La mayor parte de su vida su crítico interno le ha dicho que algo está mal en ella, mensaje que comenzó en su niñez cuando, en el intento de explicar la inestabilidad emocional de sus padres, razonó que ella era la culpable por ser "mala". Cuando creció, los mensajes sociales sobre la pasividad, dependencia y emotividad de las mujeres — en contraste con la dominación, eficiencia e independencia de los hombres— se integraron a su imagen de sí misma. No obstante sus ideas feministas, duda de su capacidad y eficiencia. Sus logros la consuelan apenas parcialmente, puesto que su crítico interno no deja de decirle que es una impostora y que será descubierta. En un vano intento por impresionar a su crítico interno, exagera sus logros, pero ni siquiera así consigue valorar realmente sus éxitos.

La inseguridad contra la que luchan estas mujeres es muy común. Surge de experiencias familiares que las hacen sentirse incapaces y que se combinan con mensajes sociales que les asignan un papel "secundario" (siendo el de los hombres el "principal") y que les hacen creer que su valor depende de su capacidad para complacer a los demás.

Complacer a los demás

El gran énfasis puesto por la socialización de la mujer en su tarea de complacer a los demás no es nada nuevo. Este problema fue bautizado recientemente como "codependencia", la sensación de valor producida por servicios prestados a los demás, no por el aprecio de uno mismo. No es accidental que casi todas las personas codependientes sean mujeres: la sociedad nos enseña a derivar satisfacción únicamente de la complacencia para con los otros, no para con nosotras. Este hecho se convierte en un obstáculo, y en particular en el trabajo, con lo que la mujer resulta incapaz de imponerse y mostrar competencia, y por lo tanto de sentirse satisfecha de sí misma.

Por supuesto que no todas las mujeres se sienten incapaces ni les dan tanta importancia a los elogios, pero muchas otras sí. Por lo general, mientras menos aceptación, reconocimiento, respeto y recompensas haya recibido una mujer en su vida, más probabilidades tendrá de sentirse incompetente y de depender del reforzamiento externo para saberse valiosa. Sin embargo, aun la infancia más dichosa no nos libra de la sensación de incapacidad. Desde temprana edad se nos elogia por guardar silencio, ser obedientes y amigables, ayudar a los demás y ser generosas, modestas y, sobre todo, bonitas. Los medios de comunicación describen a las mujeres como lujosos accesorios de los hombres; los mensajes nunca están orientados a hacer que la mujer se sienta bien tal como es o a ayudarla a desarrollar sus habilidades laborales, campo este en el que la seguridad en uno mismo y la independencia son considerados elementos indispensables para el éxito.

¿Qué función ejerce el atractivo personal en el trabajo?
El énfasis cultural en hacer depender del atractivo el valor de las mujeres nos causa muchos problemas en el trabajo, pues a menudo nos sentimos inseguras de cómo manejar nuestra apariencia en el medio laboral. ¿Acaso es una herramienta que debemos utilizar sutilmente (o no tanto) para abrirnos camino, como sugieren los medios de comunicación, o se trata de una desventaja más por enfrentar? ¿Es algo que los hombres pueden usar en nuestra contra para manipularnos o menospreciarnos? Muchas de nosotras nos sentimos en la cuerda floja al tener que prestarnos a bromas y comentarios de corte sexual (para que no se nos considere "brujas") al tiempo que nos esforzamos por mantener una imagen profesional (para que se nos tome en serio).

¿Por qué no fui una estrella?
Otro problema que enfrentamos las mujeres que trabajamos fuera de casa cuando intentamos reafirmar nuestro valor es el de compararnos con la imagen femenina irreal de los medios de comunicación. La imagen televisiva de las mujeres que trabajan es la de una mujer delgada, atractiva, muy bien vestida, que puede formar a niños casi perfectos, tener un empleo de alto nivel, mantener inmaculada su casa, disponer de mucho tiempo para su familia y verse guapísima, todo al mismo

tiempo. Las mujeres que trabajan fuera del hogar saben qué lejos de la realidad está esa imagen. La mayoría de las mujeres trabajamos por necesidades económicas, y muchas son solteras, divorciadas, de edad mayor o sin hijos y ocupan puestos modestos. Las que tienen hijos pequeños desearían hacer todo para todos y quedan mal con todos. Muchas nos sentimos mal por no ser como la versión idealizada de la mujer que trabaja. (Una rara y excelente opción a la supermujer profesional-supermamá es Roseanne, obrera, franca, directa, vulnerable, de sencilla apariencia, imperfecta, pero que se esfuerza como persona y como madre.)

Las amas de casa también se sienten insatisfechas si se comparan con la imagen de la supermujer. La madre hacendosa de la televisión tiene encuentros conmovedores con sus hijos, los ayuda en las tareas escolares y promueve su madurez. Nosotras, en cambio, estamos mucho menos orgullosas de nuestros intentos por orientar a nuestros hijos, y nuestros problemas no se resuelven en media hora, si es que llegan a resolverse. Es muy fácil sentirnos incapaces si nos comparamos con modelos impuestos.

Valorarse en el trabajo

Frente a los innumerables factores que pueden desgastar la autoestima de la mujer en el trabajo —discriminación, acoso sexual, estereotipación de los papeles de los sexos, imágenes y expectativas fuera de la realidad— es muy importante que nos reafirmemos en el trabajo. En lugar de sabotear nuestra autoestima, pensando que somos la causa de lo que sale mal, necesitamos defendernos y acariciarnos.

Si te sientes ineficiente en el trabajo o te esfuerzas por hacer más para dar muestra de tu valor y evitar que descubran que careces de algo, replícale a tu crítico interno. Es él quien hace que sientas que estás por debajo de la medida. Nos sentimos fracasadas sólo cuando nos decimos que deberíamos hacer mejor las cosas pero que no lo logramos por nuestras fallas. No permitas que tu crítico se salga con la suya.

Cuando admites que tu crítico interno te haga reproches duplicas tus problemas, pues además de tener que resolver la situación en tu trabajo, debes enfrentar tu decepción. Mientras más inferior y desalentada te sientas, más difícil te será pensar clara y creativamente. Para contrarrestar tus sentimientos de incompetencia debes valorarte, y reemplazar para ello a tu crítico interno por tu niñera, a fin de reconocer que tu fuente de energía y afirmación se halla dentro de ti misma.

Valorarse en el trabajo implica acariciarse. Significa reconocer y valorar tus habilidades y aceptar tus fallas sin criticarte. Cuando tienes dificultades en el trabajo, no sabes cómo terminar una tarea, no encuentras la solución a un problema, no sabes cómo manejar un conflicto con tus compañeros o consideras que tu trabajo es monótono y por lo tanto te sientes frustrada, necesitas apoyo e incentivos.

Digamos que eres la nueva gerente y debes despedir a alguien. Te culpas pensando que si fueras una buena gerente habrías podido ayudar a aquella persona, e interpretas su incompetencia como prueba de tu incapacidad. Si en ese momento tu jefe te dijera que a él tampoco le gusta despedir a un empleado pero que aquél ya les había causado problemas a gerentes anteriores, probablemente te sentirías mejor.

O quizá eres secretaria en una gran empresa y te resulta difícil trabajar bajo presión, cosa que sí logran tus compañeros. Te sientes incompetente y querrías renunciar, pero tal vez te sentirías mejor si tus compañeros te dijeran que a ellos también les es difícil trabajar bajo presión y que también cometen errores.

No todo el mundo tiene un jefe o compañeros solidarios. Un jefe crítico podría decirte que el sello de un buen gerente es saber despedir a los empleados y que no hay por qué tener remordimientos, o compañeros competitivos para quienes es fácil llenar las formas y seguir los procedimientos y que el problema es que tú eres lenta.

Ante estas críticas, debes afirmar tu mérito, valor, capacidad y eficiencia haciendo a un lado a tu crítico interno y acogiéndote a tu niñera. Pídele que te apoye y te dé la compasión, respeto e incentivos que necesitas. Recuerda que eres competente, capaz y valiosa y que incluso las personas más talentosas cometen desatinos y en ocasiones se sienten preocupadas, abrumadas y asustadas. Aun los más inteligentes cometen errores graves, son incapaces de manejar alguna situación, necesitan consejo y deben esforzarse para encontrar la solución de un problema. Lo opuesto a "incompetente" es "competente", no "perfecto".

Cuando te valoras, sustituyes la búsqueda de respeto, aprecio y aprobación externos por los que te das a ti misma. No quiero decir que la aprobación externa no sea importante —es muy importante—, sino que no suple a la aprobación de una misma. Para mantener en alto tu autoestima debes concentrarte en ti y no en otras personas.

Cuando Debra, Brenda, Marie, Sylvia y Eileen aprendieron a valorarse, su autoestima en su trabajo aumentó, y pudieron enfrentar la crítica como sólo una parte de la retroalimentación que recibían del exterior y manejarla apropiadamente. Cuando Debra, la especialista en inversiones, aprendió a silenciar a su crítico interno, dejó de vivir con el temor de la desaprobación de su jefe. Cuando Brenda, la vendedora, se centró más en sí misma, se cambió a un trabajo en donde era más apreciada. Cuando Marie, la mesera, aprendió a evaluarse, aprendió también a controlar sus nervios y hasta a sentirse orgullosa por confiar en su valor frente a las agresiones de los clientes. Cuando Sylvia, la mujer acosada sexualmente, dejó de culparse, encontró maneras de enfrentar el hostigamiento. Cuando Eileen, el ama de casa, aprendió a valorar sus labores, dejó de rebajarse y estar a la defensiva.

Tú también puedes aprender a reemplazar la búsqueda de valoración externa en el trabajo valorándote a ti misma. Ya has aprendido mucho sobre cómo hacerlo siguiendo los pasos descritos. Ahora veamos cómo aplicar el procedimiento a la valoración en el trabajo.

Reconoce y afirma tus habilidades
El primer paso para valorarte en el trabajo es reconocer tus logros y habilidades. Este proceso es igual al del paso 1, cuando hiciste una lista de lo que te gusta de ti misma y lo reconociste como atributos tuyos. Ahora haz lo mismo en relación con tu trabajo: *escribe todo lo que haces bien en él, sin importar cuán insignificante te parezca.*

Por lo general hay cuatro áreas en el trabajo:

1. El trabajo mismo: vender, crear, hacer o componer algo, proporcionar un servicio, etcétera.
2. Complementos del trabajo: redactar informes, hacer presentaciones, recoger cuotas, etcétera.
3. Relaciones con los clientes.
4. Relaciones con los demás: colegas, jefe, administradores, supervisores.

Considéralas y anota tus cualidades en cada una. Por ejemplo, si eres maestra, tu trabajo consiste en transmitir información y ayudar al desarrollo intelectual y social de tus alumnos; los complementos de tu trabajo serían corregir las tareas, llenar formas, ordenar provisiones, etcétera; las relaciones con los clientes incluyen en tu caso tu trato con padres, visitantes y estudiantes, y tus relaciones de trabajo, tu trato con las demás maestras, la directora y el personal administrativo. Analiza tus capacidades y anota tus aciertos. Esta lista debe ser tan larga y detallada como te sea posible; utiliza "Yo" para empezar cada punto. En lugar de decir "Yo enseño bien", procura ser más específica: "Yo animo las discusiones", "Yo soy clara y precisa en mis explicaciones", "Yo estoy bien preparada", "Yo me quedo después de clases para ayudar a los alumnos", etc. Cuando tu lista sea larga, pídeles a tus colegas o a otras personas familiarizadas con tu trabajo que te digan algo que puedas añadir a ella.

Guarda esta lista en tu trabajo y léela lentamente tres veces al día: al llegar, después del almuerzo y justo antes de irte. Antes de leer tus cualidades, respira lentamente tres veces, y luego lee cada uno de tus atributos en el trabajo. Tómate tu tiempo y absorbe cada una de tus habilidades. Durante el curso del día proponte fijarte en más atributos y añádelos a tu lista.

El siguiente paso es respetarte por tus cualidades. Frecuentemente las mujeres se demeritan por dar por hecho sus habilidades y únicamente tomar en cuenta sus fallas. No lo hagas; toma en consideración que ninguna de tus capacidades apareció mágicamente, sino por obra de tu esfuerzo. ¡Siéntete orgullosa de ellas y de ti misma!

Enfrenta tus inseguridades en el trabajo

Después de reconocer tus virtudes laborales, haz un plan para enfrentar las situaciones que te hacen sentir insegura. Tu inseguridad es producto de la comparación entre situaciones de trabajo que crees que demuestran tu incapacidad con formas aceptadas como válidas. Por ejemplo, si piensas que no eres suficientemente inteligente porque no se dirigen a ti en una junta, puedes interpretar esto como prueba de que la gente no te toma en cuenta porque te considera pusilánime. Lo más probable es que ésta sea una interpretación errónea. Sin embargo, aunque así fuese, eso no te hace incompetente, pues significa nada más que has definido un área en la cual debes cambiar.

Algunas áreas comunes de inseguridad y sus detonantes son:

Detonadores	Inseguridades
Cometer un error o tener que repetir un trabajo	Pensar que no eres inteligente o no sabes lo suficiente

Tener problemas para realizar un trabajo o que una idea tuya sea rechazada	Pensar que no eres hábil o creativa
Ser saludada fríamente o sin una sonrisa	Pensar que no le agradas a la gente o que no sabes relacionarte
No obtener respuestas o recompensas iguales a las de tus colegas	Pensar que eres demasiado pasiva y no te reafirmas lo suficiente
Ser observada	Pensar que eres demasiado franca y agresiva
Ser ignorada	Pensar que no eres atractiva
Tener problemas con un compañero/jefe/empleado	Pensar que eres demasiado o poco femenina
Ser excluida de algo	Pensar que no puedes integrarte o no sabes cómo relacionarte con la gente
Ser objeto de gritos	Pensar que eres demasiado emotiva

Lo interesante de estas dos categorías es que casi cualquier hecho de la columna de "Detonadores" puede producir cualquiera de las inseguridades de la segunda columna. Por ejemplo, si cometes un error, puedes pensar que es porque tus conocimientos son insuficientes, no eres creativa, eres demasiado femenina, no eres suficientemente agresiva, etc. De igual manera, si no eres recompensada tanto como un colega, puedes pensar que ello es prueba de que no sabes lo suficiente, no eres habilidosa ni creativa, eres demasiado pasiva, no te relacionas bien con la gente o eres demasiado emocional. Éste es precisamente uno de los aspectos más engañosos de las inseguridades:

Si te sientes insegura en algo, interpretarás casi cualquier suceso negativo como prueba de tu deficiencia en ese aspecto.

Para empeorar el asunto, también es verdad que si eres insegura incluso la retroalimentación y los sucesos positivos pueden parecerte no una prueba de tu capacidad, sino señal de que has engañado a la gente, lo que corresponde a la pauta del fracaso número 2: "Si la gente me elogia, es porque se engaña sobre mí. Cuando me conozca mejor, cambiará de opinión."

Para salir de esta trampa debes dejar de hacer asociaciones falsas. Revisa el inventario de inseguridades previo y pon una señal en las que tengas. Luego añade otros puntos *vulnerables que poseas.* (Incluí sólo las inseguridades más comunes, pero existen más.) Éstos son tus puntos débiles, las áreas en las que necesitas ayuda y en las que debes dejar de castigarte. Luego revisa la lista de detonantes. Analiza cuáles de éstos u otros has experimentado. ¿Acaso reaccionaste de manera tal que tu idea de incompetencia aumentó? Si es así, proponte reaccionar en otra forma y comprométete a usar tu energía para ayudarte. Piensa cómo podrías interpretar y responder a estos detonantes de manera reafirmante.

Como ejemplo, digamos que te fue negado un ascenso. En vez de pensar en ello como prueba de incompetencia, date cuenta de que el solo hecho de haber sido considerada para el ascenso habla en tu favor y que pudo haber factores fuera de tu alcance que influyeran en que no hayas sido elegida. Si tu desempeño muestra deficiencias, toma este hecho como un indicio de que debes crecer en tal área, en lugar de tomarlo como señal de ineptitud. Ayúdate a desarrollar las habilidades que necesitas en vez de castigarte por no ser mejor.

Quizá algo aparentemente trivial ha determinado tu idea de incompetencia, como con frecuencia ocurre: ¿puedes reconfortarte en vez de tomar el hecho de que tu jefe no te conteste un saludo como prueba de no tener valía? Date cuenta de que puede haber muchas razones ajenas a ti que pudieron hacer que tu jefe te ignorase. Bien pudo ser que estuviese perdido en sus ideas y no te escuchó, o se siente culpable de encargarte tanto trabajo y prefiere evitarte, o le urge hacer una llamada. ¿Por qué habrías de sentirte mal por cualquiera de estos motivos? Incluso si tu jefe no te contestó el saludo porque no le agradas, ¿significa eso que vales menos? Quizá le recuerdas a alguna persona a la que preferiría olvidar: su madre, esposa, hija, hermana. O no le agradan las mujeres competentes. Nada de esto significa que algo esté mal en ti. Mírate con los ojos de tu niñera interna ¡y reafírmate!

En ocasiones, cuando mi trabajo no progresa al ritmo que yo quisiera, me empiezo a sentir ineficiente, como cuando he trabajado con una pareja que sale de la sesión sintiéndose más enojada que cuando llegó, o cuando un paciente sigue atrapado en el mismo conflicto en que hemos trabajado miles de veces, o cuando me doy cuenta de un factor psico-dinámico que se me había escapado. En ocasiones como éstas mi crítico interno surge de inmediato. Me dice que si fuese realmente buena, la pareja se abriría más, o mi paciente ya habría resuelto su conflicto, o no habría pasado por alto esa dinámica. Mientras más escucho a mi crítico interno, más decepcionada y molesta me siento. Si no enfrento esta decepción, mi eficiencia disminuye más todavía, dado que me es difícil sintonizar con otras personas cuando necesito que mejoren para revaluarme.

He aprendido que cuando comienzo a sentirme ineficiente, mientras más pronto hablo con mi niñera interna, mejor me va. Necesito que me diga que hago un buen trabajo y que he visto grandes progresos en mis pacientes; que me recuerde que mi trabajo no consiste en ser omnipotente. Cuando logro creer en mi eficiencia, puedo considerar la manera de mejorar mi trabajo sin ser abusiva conmigo a causa de mis deficiencias.

Acepta tus errores

Una parte importante de aprender a valorarte en el trabajo es desarrollar una actitud positiva respecto de los errores que cometes. Para lograrlo es crucial que creas que no sólo es natural, sino inevitable que cometas errores. No eres perfecta y no harás un trabajo perfecto. Acepta eso: es parte ineludible de la condición humana. Cuando, en efecto, cometas un error, en lugar de denigrarte acéptalo como normal y natural. Como hemos visto, mientras menos te critiques y agredas, más energía tendrás para resolver creativamente tus problemas.

Es una pérdida de tiempo y energía inventar excusas o buscar a alguien a quien culpar injustamente. Justificarte y buscar un chivo expiatorio cuando cometes un error es la actitud consecuente de la incapacidad de tolerar los sentimientos de ineficiencia, incompetencia y culpa que nos produce el hecho de estar equivocadas o fallar en algo, por lo cual buscamos a alguien a quien culpar. Esto es un proceso sin salida que a veces nos atrapa en la indecisión sobre nosotras mismas —si somos buenas o malas, dignas o indignas— en lugar de aceptarnos como personas valiosas.

Cuando cometas un error, acepta sin juzgar tu responsabilidad y haz algo pronto para remediarlo. Ahora le toca a tu niñera interna decirte que está bien cometer errores y que ella todavía te ama y te respeta y está ahí para ti; que sabe que estás molesta y que le afecta lo que te está ocurriendo; que este error, aunque grave, es sólo una parte de tu trabajo y que básicamente eres eficaz y competente.

Sentimientos que interfieren en el desempeño de tu trabajo

Es común que la gente tenga sentimientos que interfieren en el desempeño de su trabajo. Aunque el trabajo puede ser aburrido, agotador, tedioso, repetitivo, frustrante, confuso, abrumador, presionante, deprimente o demasiado aislante o arduo, es mucho más tolerable cuando nos sabemos apreciadas y apoyadas por nuestros compañeros. Cuando no es así, sentimos una mezcla de enojo, aflicción, resentimiento, confusión, tristeza, culpa e inseguridad.

Si la falta de valoración en el trabajo se debe a experiencias previas, es probable que la persona esté afligida y enojada, al tiempo que se culpa y se siente incompetente. Por ejemplo, una mujer que fue criticada cuando niña por ser demasiado lenta, puede reaccionar exageradamente a una queja similar de un colega, a causa de su resentimiento. Una mujer que no era cortejada cuando adolescente puede responder sintiéndose fea y antipática por no haber sido elegida para alguna labor.

Si tienes sentimientos que no has resuelto y minan el desempeño de tu trabajo, enfréntalos y analiza un mejor modo de manejarlos, para que dejes de padecerlos de manera improductiva y contraproducente, como empezar una pelea, rehusar defenderte, descuidar tus responsabilidades o cumplirlas de mala gana, o excusándote por enfermedad.

Descubre tus sentimientos hablando con tu niña interna y escuchándola con el corazón. Una vez que hayas comprendido lo que siente y por qué, habla con ella sobre acciones más benéficas y satisfactorias. A veces es mejor intervenir; otras veces vale más que te guardes tus consejos.

Frank le pidió a Allison que preparara parte de un informe. En el último momento Frank descubrió que Allison no había incluido información sobre cierto tema. Ella se disculpó explicando que no estaba familiarizada con el formato que él había pedido y no se dio cuenta de que se requería más información. Frank se molestó e insistió en que Allison había omitido la información a propósito para causarle problemas, y se negó a aceptar su explicación. Allison, que antes llevaba una buena relación de trabajo con Frank, se quedó confundida y sin habla. Mientras más la culpaba Frank, más dudaba de sí misma, cosa que le impedía pensar con claridad o enfrentar a Frank. Se sintió tan alterada que no pudo trabajar el resto del día.

Esa tarde, en su sesión de terapia, Allison estaba muy confundida. Era especialmente vulnerable a las acusaciones de salir adelante a expensas de otro, dado que en su infancia su dominante hermano la acusó con frecuencia de algo similar cada vez que ella trataba de valerse por sí misma. Su niña interna necesitaba que Allison creyera en ella y la apoyara, pero su crítico interno se preguntaba si su hermano y Frank tendrían razón; quizás sin saberlo estaba siendo vengativa. En nuestra sesión tuvo un diálogo interno que la llevó a comprender los sentimientos de su niña interna por haber sido agredida y mal entendida, y pudo dejar de coludirse con las acusaciones falsas y defender compasivamente a su niña, con lo cual su ansiedad disminuyó. Al día siguiente habló tranquilamente con Frank, sin ser defensiva ni agresiva. Éste terminó por disculparse y el incidente fue olvidado por ambos.

Leona, compañera de trabajo de Kendra, se daba aires de superioridad. A menudo le daba consejos no solicitados y tomaba la iniciativa cuando ambas tenían proyectos en conjunto. Con el tiempo, Kendra adoptó una actitud pasiva, dejando que Leona dirigiera las actividades en lugar de oponérsele, lo cual la enojaba y deprimía.

Alenté a Kendra a que en lugar de culpar a su niña interna, le preguntara por qué le era tan difícil imponerse. Su niña le dijo que había sufrido temor por las constantes discusiones de sus padres, y que deseaba evitar los enfrentamientos a cualquier precio. Kendra escuchó de manera empática los temores de su niña interna y luego le expresó su enorme necesidad de valerse por sí mismas, y prometió apoyarla y protegerla en el proceso. Después de varios diálogos reconfortantes, su niña se sintió suficientemente segura para permitir que Kendra se impusiera a Leona e insistiera en compartir la dirección de los proyectos colectivos. Puesto que Kendra siguió acariciándose y ganando seguridad, dejó de sentirse intimidada por la actitud de superioridad de Leona.

Tanto Allison como Kendra pudieron reconocer y afrontar sus sentimientos, en lugar de padecerlos. Estos incidentes pueden parecer simples, pero son las cosas cotidianas que impiden funcionar en el trabajo, minan la autoestima y conducen a añejar hostilidades. Al darle a su niña interna la compasión, aceptación, respeto, incentivos, caricias y apoyo que necesitaba, estas mujeres se ayudaron a elevar su autoestima enfrentando satisfactoriamente una situación problemática en el trabajo.

La relación con tu jefe

Muchas de nosotras tenemos especial dificultad para mantener nuestra autoestima cuando recibimos respuestas negativas de nuestros jefes. Idealmente los jefes están ahí para ayudarnos, guiarnos, hacernos críticas constructivas, enseñarnos lo que debemos aprender y evaluarnos y recompensarnos de manera justa, pero esto es poco común. Como todos sabemos, los jefes son humanos y pueden ser arbitrarios, temperamentales, fríos, explosivos, inconsistentes, ensimismados, prejuiciosos, chovinistas, egoístas, críticos o perfeccionistas. Al tratar con jefes difíciles es común sentir enojo, confusión e incompetencia.

Las mujeres que tienen un jefe injusto, demasiado exigente y difícil de complacer o que aprueba y recompensa de manera inconsistente, casi siempre oscilan entre la ira en contra de él y un sentimiento negativo para con ellas. El enojo parecería indicar que culpamos a nuestro jefe, y en efecto lo hacemos, pero muy en el fondo nos culpamos más a nosotras. Pensamos que deberíamos poder convertir a ese jefe difícil en una figura de autoridad aceptable. Un ejemplo de esto es Diane, la mujer cuyo proceso seguimos en los cap. 4, 5, 6 y 8.

Cuando Diane entró a tratamiento, su situación en el trabajo reflejaba la experiencia de su niñez: haber sido sobrecargada de trabajo y menospreciada por su padre alcohólico. Su jefe enfatizaba sus errores e ignoraba sus logros, le negaba cargo y salario apropiados y la sobrecargaba de responsabilidades. La respuesta de Diane ante esta situación era sentirse furiosa con él, Tom, aunque también se sentía ineficiente. Su razonamiento era que debía estar haciendo algo mal como para que Tom no la aprobase y recompensara como merecía. Pese a que en su trato con Tom se mostraba amable, en el fondo se sentía como un cero a la izquierda.

Muchas mujeres, como Diane, pese a reconocer en teoría los problemas de sus jefes, visceralmente se juzgan a sí mismas y se sienten indignas. Mientras más se culpan, peor se sienten y más se empantanan en una situación viciada, deseando ser reconocidas y respetadas por una persona que jamás lo hará. Sus amigos pueden decirles que no presten atención a las críticas de su jefe o busquen otro trabajo, pero frecuentemente permanecen estancadas por largos periodos, intentando en vano obtener la aprobación de quien jamás se la dará. Están atrapadas en una lucha de poder, pero, como ya vimos:

Nadie gana en una lucha de poder

Las luchas de poder surgen cuando colocamos la fuente de nuestro poder en otra persona (o grupo) en lugar de nosotras mismas. Una persona atrapada en una lucha de poder, en esencia se dice: "No puedo sentirme bien, eficiente y competente a menos que tú me digas que lo soy." ¿Quieres concederle a cualquiera, por no decir tu jefe en exceso crítico y egoísta, este poder sobre ti o calificar tus valores con un voto mayoritario de tus compañeros? Esto sería igualmente injusto. Si ése es el caso, estás cediendo el control sobre tu autoestima. Te exhorto a que no lo hagas. ¡Retoma tu concepción sobre tu valía y céntrala en ti!

No pretendo decir que debes hacer caso omiso de toda retroalimentación. Por el contrario, la retroalimentación puede ser de gran utilidad en el proceso del reconocimiento y desarrollo individual. Sin embargo, es esencial enfrentar la retroalimentación, y en especial la crítica, sobre bases firmes. Si la retroalimentación te parece válida, da un giro a tu trabajo, cambia. Si no es así, ten la capacidad de rechazarla sin sentirte obligada a convencer a la persona que te criticó de que está equivocada.

Si necesitas convencer a otra persona de que estás en lo correcto para sentirte bien contigo misma, entonces has perdido temporalmente el control sobre ti. Tú no querrías que tu hija creyera que es tonta, torpe o incompetente porque su maestra la llamó así, ni tampoco que creyera que su capacidad depende del hecho de convencer a su maestra de que la posee. Entonces, ¿por qué haces esto contigo?

Para salir de una lucha de poder en la cual estás encolerizada con tu jefe y empeñada en ganar su respeto y reconocimiento, debes reemplazar el enfoque de obtener valía de parte de tu jefe por tu capacidad para reconocerte como una persona valiosa. Yo llamo a esto "aprender a halagarte".

Halagarte

Cuando te dedicas a halagarte, instantáneamente cambias la dirección de tu enfoque del exterior al interior. Comienza este proceso repitiendo para ti misma 20 veces en voz alta: *Yo soy mi propio jefe, estoy a mi cargo y quiero mi aprobación.*

Pon tus sentimientos en estas palabras cuando las digas. ¡Dilo en verdad! No te preocupes si te parece forzado o artificial al principio; con el tiempo y las repeticiones lo sentirás de verdad. Luego bríndate la aprobación que tanto quieres: llama a tu niñera interna y enumera todas las cosas que valoras y aprecias de ti como trabajadora y como persona. Utiliza tu lista *Lo que más me gusta de mí del paso 1 y tu inventario de tus aptitudes en el trabajo. Puedes hablarte mentalmente, o si lo prefieres* hazlo en voz alta o por escrito. Sin importar el método que utilices, acaríciate siendo compasiva, aceptando, respetando, incentivando, acariciando y apoyándote. Considera los detalles específicos y asegúrate de darte el crédito que mereces por tus esfuerzos, incluso por algo tan simple como ir a trabajar cuando no quisieras hacerlo. Mientras te hablas así, imagina que eres una vasija y que tu niñera interna la está llenando, y visualízate tomando estos sentimientos y aferrándote a ellos. Toma conciencia de que puedes asirte de ellos y de que si se te escapan, posees un depósito inagotable de amor y respeto para volverte a llenar.

Si hay algo en tu desempeño laboral que interfiera en tu capacidad para sentirte bien como trabajadora, sigue el proceso del paso 4. Considera cuáles de tus preocupaciones son ciertas y cuáles surgen de expectativas perfeccionistas e irreales o de apreciaciones erradas. Luego cambia tus preocupaciones ciertas por directrices de cambio. Fíjate metas y valórate mientras trabajas en ellas. Date crédito. Acaríciate.

Quizá te preguntes: "¿Qué pasaría si en verdad no sirvo para mi trabajo o no puedo relacionarme eficientemente con mis compañeros? Si me doy caricias, ¿acaso no oculto mis fallas?" Definitivamente no. Cuando te acaricias, te abres a tu niña interna y te capacitas para ayudarte. Tal vez no estés desempeñando bien tu trabajo porque estás distraída por problemas personales, padeces angustia, te falta motivación, te sientes insegura o no eres la persona indicada para realizarlo. Cualquiera que sea el motivo, la elevación de tu autoestima te será de gran ayuda.

Mientras más creas en ti, más probabilidades tendrás de hacer un buen trabajo, o de cambiarte a uno más apropiado. Como hemos visto a lo largo de este libro, y como has experimentado al atravesar por los pasos descritos, el aumento de la autoestima libera la energía positiva para el crecimiento y el desarrollo. No hace que desaparezcan los problemas prácticos, pero te ayuda a disponer de tus recursos internos para encontrar una solución a tus problemas. Recuerda los siguientes puntos cuando estés en tu trabajo:

Directrices para valorate en el trabajo:
1. Reconoce y respeta tu capacidad de trabajo.
2. Deja de interpretar erróneamente respuestas neutras y negativas como muestras de incompetencia.
3. Enfrenta los problemas tratando de resolverlos en lugar de culparte.
4. Evita las luchas de poder y coloca tu fuente de poder dentro de ti, pero halagándote.
5. Acaríciate.

Palabras finales

Antes de que guardes este libro, detente y acaríciate. Date la compasión, aceptación, respeto, incentivos, caricias y apoyo que tú, igual que todas, necesitas. Otórgate el crédito que mereces por todo lo que has hecho. Recuerda que las metas que no has alcanzado son sólo eso: metas, algo de lo que puedes sentirte bien por pretender alcanzar. Prométele a tu niña interna que estarás con ella siempre, manteniendo una comunicación empática y estando a su lado como niñera protectora que la quiere, acepta y ama incondicionalmente. Luego recibe esta caricia y el sentido de autoestima que la acompaña. Comprométete a seguir acariciándote por el resto de tu vida.

BIBLIOGRAFÍA

Ansiedad, fobias y pánico
(Sugiero que leas varios de estos libros para que elijas el planteamiento que más te convenga.)
Goldstein, Alan, *Overcoming Agoraphobia: Conquering Fear of the Outside World* (Nueva York, Viking Penguin, 1987). (Útil guía que combina el comportamiento y la terapia de exposición con un enfoque psicológico y familiar para curar la agorafobia.)
Neuman, Frederic, *Fighting Fear: An Eight-Week Guide to Treating Your Own Phobias* (Nueva York, Macmillan, 1985). (Aunque limitado, lo he incluido porque ofrece una buena descripción de la terapia de exposición.)
Seagrave, Ann y Covington, Faison, *Free From Fears: New Help for Anxiety, Panic and Agoraphobia* (Nueva York, Poseidon Press, 1987). (Un libro maravilloso, escrito por dos agorafóbicas recuperadas que fundaron el Center for Help for Agarophobia/Anxiety through New Growth Experiences, CHAANGE. También tienen un programa en libro y cinta magnetofónica para usar en casa. Escribe o llama a CHAANGE, 128 Country Club Drive, Chula Vista, CA, (619) 425-3992.)
Weekes, Claire, *More Hope and Help For Your Nerves* (1a. ed., en Inglaterra, 1984. Nueva York, Bantam, 1987). (Una de las primeras autoras en orientar a personas afectadas por la angustia y la agorafobia. Los libros de la doctora Weekes son breves, útiles y alentadores. Véanse también sus otros títulos: *Peace from Nervous Suffering*, Nueva York, Hawthorn, 1972, y *Simple, Effective Treatment of Agoraphobia*, Nueva York, Hawthorn, 1976.)

Wilson, R. Reid, *Don't Panic: Taking Control of Anxiety Attacks* (Nueva York, Harper & Row, 1986). (Un libro muy útil.)

Incesto y abuso sexual
Bass, Ellen y Davis, Laura, *The Courage to Heal: A Guide for Women Survivors of Child Sexual Abuse* (Nueva York, Harper & Row, 1988). (Este libro es ya un clásico en el tema.)
Davis, Laura, *Allies in Healilng* (Nueva York, Harper Pernniall, 1991). (Un libro muy útil escrito especialmente para las parejas de las sobrevivientes de abuso sexual.)
Maltz, Wendy y Holman, Beverly, *Incest and Sexuality: A Guide To Understanding and Healing* (Lexington, MA, Lexington Books, 1987). (Un libro informativo sobre los efectos del incesto en una mujer, sus relaciones y su sexualidad.)
_____, *The Sexual Healing Journey* (Nueva York, Harper Collins, 1991). (Excelente libro con muchos consejos y sugerencias prácticas sobre el proceso de curación del abuso sexual. Indispensable para sobrevivientes que experimentan dificultades en las relaciones sexuales.)
Miller, Alice, *Thou Shalt Not Be Aware: Society's Betrayal of the Child* (Nueva York, New American Library, 1986). (Un libro obligatorio que rechaza la teoría de Edipo y demuestra que el abuso contra los niños es real. También *For Your Own Good: Hidden Cruelty in Child Rearing* es un libro excelente.)

Orgasmo
Barbach, Lonnie, *For Yourself: The Fulfillment of Female Sexuality* (Garden City, Nueva York, Anchor Press/ Doubleday, 1976).
Hieman, Julia y LoPiccolo, Joseph, *Becoming Orgasmic: A Sexual Growth Program for Women* (Englewood Cliffs, N.J., Prentice-Hall, 1988).

Comunicación y satisfacción sexual
Barbach, Lonnie y Levine, Linda, *Shared Intimacies: Women's Sexual Experiences* (Garden City, Nueva York,

Anchor Press/Doubleday, 1980). (Mujeres hablan sobre su experiencia sexual).

Barbach, Lonnie, *For Each Other: Sharing Sexual Intimacy* (Nueva York, New American Library, 1984).

Comfort, Alex, *The Joy of Sex: A Gourmet Guide to Love Making* (Nueva York, Fireside, 1972). (Véase también *More Joy of Sex*.)

Loulan, JoAnn, *Lesbian Sex* (San Francisco, Spinsters Book Co., 1984).

_____, *Lesbian Passion* (San Francisco, Spinsters Book Co., 1987).

Fantasías

Barbach, Lonnie (ed.), *Pleasures: Women Write Erotica* (Garden City, Nueva York, Doubleday, 1984). (Una colección de experiencias eróticas escritas por mujeres.)

_____, *Erotic Interludes* (Nueva York, Harper & Row, 1986). (Una colección de cuentos eróticos escritos por mujeres.)

Friday, Nancy, *My Secret Garden: Women's Sexual Fantasies* (Nueva York, Trident Press, 1973). (Una colección de fantasías sexuales cotidianas de mujeres.)

_____, *Forbidden Flowers: More Women's Sexual Fantasies* (Nueva York, Pocket Books, 1975).

_____, *Men in Love, Men's Sexual Fantasies: The Triumph of Love over Rage* (Nueva York, Dell, 1980).

Nin, Anais, *Delta of Venus: Erotica* (Nueva York, Pocket Books, First Pocket Book Printing, 1990).

_____, *Little Birds: Erotica* (Nueva York, Harcourt Brace Jovanovich, 1979).

Interés general

Lerner, Harriet Goldhor, *The Dance of Anger: A Woman's Guide to Courageous Acts of Change in Key Relationships* (Nueva York, Harper & Row, 1989). (Un libro muy bueno que enseña al lector a reconocer su ira y a usarla de manera constructiva.)

_____, *The Dance of Intimacy: A Woman's Guide to Courageous Acts of Change in Key Relationships* (Nueva York, Harper & Row, 1989). (Otro libro excelente. Hace hincapié en la necesidad de apreciarte, al igual que a tu relación.)

Miller, Alice, *The Drama of the Gifted Child: How Narcissistic Parents Form and Deform the Emotional Lives of Their Talented Children* (originalmente publicado con el título de *Prisoners of Childhood*. Nueva York, Basic Books, 1981). (Un libro maravilloso, lleno de sabiduría y compasión.)

Viorst, Judith, *Necessary Losses: The Loves, Illusions, Dependencies and Impossible Expectations that All of Us Have to Give Up in Order to Grow* (Nueva York, Fawcett Gold Medal, 1986). (Un libro fantástico, importante para la vida de toda mujer.)

Autoestima

Miller, Jean Baker, *Toward a New Psychology of Women* (Boston, Beacon Press, 1986). (Una exposición importante y obligada de cómo el sistema sociopolítico afecta a la mujer.)

Sanford, Linda y Donovan, Mary Ellen, *Women and Self-Esteem: Understanding and Improving the Way We Think and Feel about Ourselves* (Nueva York, Penquin, 1985). (Un excelente análisis de los factores socioculturales, familiares, teológicos, gubernamentales y económicos que fomentan la baja autoestima en las mujeres, con sugerencias para el crecimiento personal.)

Thoele, Sue Patton, *The Courage To Be Yourself: A Woman's Guide to Growing Beyond Emotional Dependence* (Berkeley, Conari Press, 1991).

Contacto con tu niña interna

Copacchione, Lucia, *Recovery of Your Inner Child* (Nueva York, Fireside, 1991).

Taylor, Cathryn L., *The Inner Child Workbook: What to do with your past when it just won't go away* (Los Angeles, Jeremy P. Tarcher, 1991).

Whitfield, Charles L., *Healing the Child Within* (Deerfield Beach, Health Communications, 1987).

Depresión

Burns, David, *Feeling Good: The New Mood Therapy* (Nueva York, William Morrow, 1980). (De enfoque teórico, con muchos ejercicios.)

Braiker, Harriet B., *Getting Up When You're Feeling Down: A Woman's Guide to Overcoming and Preventing Depression* (Nueva York, Pocket Books, 1988. Publicado por acuerdo con G. P. Putnam's Sons). (Un programa detallado que apunta directamente a la lucha de las mujeres con la depresión.)

De Rosis, Helen y Pellegrino, Victoria Y., *The Book of Hope: How Women Can Overcome Depression* (Nueva York, Macmillan, 1976). (Un libro que ha dado nuevas esperanzas a muchas mujeres deprimidas.)

NOTAS

1. Alexander Thomas y Stella Chess, *Temperament and Development* (Nueva York, Brunner Mazel, 1977).

2. D.W. Winnicott, *The Maturational Processes and the Facilitating Environment* (Londres, The Hogarth Press and the Institute of Psycho-Analysis; Nueva York, International Universities Press, 1965), pp. 145-146.

3. Ellen McGrath *et al.*, *Women and Depression* (Washington, D. C., American Psychological Association, 1990), p. xii.

4. S. Provence y R. C. Lipton, *Infants and Institutions: A Comparison of Their Development with Family-Reared Infants During the First Year of Life* (Nueva York, International Universities Press, 1962), pp. 78-86 y 163-174. Rene Spitz, "Hospitalism", en *The Psychoanalytic Study of the Child*, vol. 1 (Nueva York, International Universities Press, 1965), pp. 53-72.

5. McGrath *et al.*, *Women and Depression*, p. xii.

6. Studs Terkel, *Hard Times: An Oral History of the Great Depression* (Nueva York, Pantheon Books, 1970).

7. David Burns, *Feeling Good: The New Mood Therapy* (Nueva York, William Morrow, 1980), pp. 280-284.

8. Julia R. Heiman y Joseph LoPiccolo, *Becoming Orgasmic* (Nueva York, Prentice Hall Press, 1988), pp. 162 y 226.

9. Oficina de Censos de Estados Unidos, Informes actuales de población, serie P-60, núm. 174, *Money Income of Households, Families, and Persons in the United States: 1990* (Washington, D.C., U. S. Government Printing Office, agosto de 1991), pp. 109 y 111.

10. Oficina de Censos de Estados Unidos, Informes actuales de

población, serie P-60, no. 175, *Poverty in the United States: 1990* (Washington, D.C., U. S. Government Printing Office, 1991), p. 24.

11. Oficina de Censos de Estados Unidos, Informes actuales de población, serie P-60, núm. 174, *Money Income Households, Families, and Persons in the United States: 1990* (Washington, D.C., U.S. Government Printing Office, agosto de 1991), pp. 157 y 159.

12. Linda Tschirhart Sanford y Mary Ellen Donovan, *Women and Self-Esteem: Understanding and Improving the Way We Think and Feel about Ourselves* (Nueva York, Anchor/Doubleday, 1984), p. 211.

13. U.S. Merit Systems Protection Board, *Sexual Harassment in the Federal Governments: An Update, 1988* (Washington, D.C., U. S. Government Printing Office, 1988), p. 11.

14. Ronni Sandroff, "Sexual Harassment in the Fortune 500", en *Working Woman* (diciembre de 1988), p. 69.